Ulrich Beer

Scheiden vermeiden

Der Psychologe
aus »Ehen vor Gericht«
gibt Auskunft und Rat

Wilhelm Heyne Verlag
München

HEYNE LEBENSHILFE
Band 17/72

Copyright © 1988 F. A. Herbig Verlagsbuchhandlung GmbH, München
Wilhelm Heyne Verlag GmbH & Co. KG, München
Printed in Germany 1992
Umschlagillustration: The Image Bank / Michel Tcherevkoff, München
Umschlaggestaltung: Christian Diener, München
Satz: Kort Satz GmbH, München
Druck und Bindung: Presse-Druck Augsburg

ISBN 3-453-05359-1

Inhalt

Vorwort 7

1. Kriegsspiele und Krisenphasen 9

Die Ehe – ein Kriegsspiel... 9
... oder ein Glücksspiel? 33
Die kritischen Phasen und Altersstufen 36
Erfahrungen und Strategien 39

2. Der Scheidungsboom 43

Die Explosion der Scheidungsziffern 43
Die wahren Scheidungsgründe 44
Der Prozeß und seine Folgen 50

3. Der Scheideweg 57

Trennung ohne Scheidung 57
Die unheilbare Zerrüttung 67
Einverständliche Scheidung 73
Trennungsfristen und Härteklauseln 80

4. Muß Scheidung sein? 89

Warum sich gleich scheiden lassen? 89
Mögliche Alternativen 102
Neue Modelle 106
Flexible Lösungen: Offene Ehe? 108
Selbsthilfe der Partner 114

5. Wie Scheidung vermeidbar wird 121

Mit der Krise leben 121
Konflikttraining 129
Konfliktvermeidung 134
Ehekrisen-Management 168

Nachwort: ›Ehen vor Gericht‹ beginnen neu 185

Anhang 189
Adressen 189
Literatur 191

Vorwort

Jede dritte Ehe wird in der Bundesrepublik bereits geschieden – in den Vereinigten Staaten und in Schweden soll es bereits jede zweite sein. Scheidung wird dadurch noch nichts Normales, Vertrautes, aber doch etwas, das näher an die Haut rückt. Müssen wir damit leben? Immer mehr Menschen müssen sich damit auseinandersetzen, wie sie dem Schicksal der Scheidung entgehen, das auf fast jeden zukommen kann.

Von den Betroffenen wird die Scheidung als schwerer Schock und schicksalhafter Eingriff in ihr Leben empfunden. Sie kommen für eine lange Zeit aus dem Gleichgewicht, ja, werden aus allen gewohnten Gleisen geworfen. Sie wissen mit der neuen Existenzform nicht umzugehen, fühlen sich vereinsamt, ratlos und verlassen. Frauen erleiden meistens stärker die mangelnde Geborgenheit und wirtschaftliche Sicherheit, Männer den Verlust an menschlicher Wärme und häuslicher Versorgung. Muß das wirklich sein?

Als ich im Jahre 1971 gebeten wurde, die ZDF-Serie ›Ehen vor Gericht‹ zu kommentieren, schien mir dieses Schicksal unvorstellbar. Nach vierzehn Jahren und etwa siebzig Sendungen schien es mir keineswegs mehr so unwahrscheinlich – alle anderen ständigen Mitwirkenden der Reihe waren bereits geschieden, und fast erfüllte sich aufs neue ›Des Sängers Fluch‹ von Ludwig Uhland: »Noch eine hohe Säule zeugt von verschwund'ner Pracht, auch diese – schon geborsten – kann stürzen über Nacht.« Und das tat sie dann auch: In den fünf Jahren, in denen die Reihe aussetzte, erlebte ich Krisen und Katastrophen von Trennung und Scheidung, von denen ich mich mit Mühe gefangen und erholt hatte, als die Serie wieder in die Programmpläne gesetzt wurde, und ich – um einige Erfahrungen reicher – erneut dabeisein durfte.

Schon lange hegte ich die Absicht, einen Scheidungsratgeber abzufassen, der dem Zweck dient, Scheidungen nach Möglichkeit zu vermeiden und Ehen zu retten. Das Ergebnis liegt in diesem Buch vor, das eine Vielzahl von verarbeiteten Fallbeispielen und Schicksalen enthält, die in ihrer bunten Fülle vom Leben geschrieben und vom Autor festgehalten wurden: Lehrbeispiele für die alte Lebensweisheit, daß es erstens anders kommt und zweitens, als man denkt. Gerade die besten Erwartungen und Hoffnungen erfüllen sich im Leben meistens nicht, und häufig sind herbe Enttäuschungen die Früchte gerade der höchsten Erwartungen. Die Fülle dieser Schicksale bietet zugleich einen Fundus von Lernmöglichkeiten, Auskünften und Beratungschancen, einen Ausgangspunkt für Konsequenzen, um es besser zu machen oder doch das Schlimmste zu verhüten.

Meinem Freund, Rechtsanwalt und Notar Christian Graf von Hardenberg, bin ich für die Mitwirkung und Beratung beim juristischen Teil, meiner Mitarbeiterin Ursula Laubis für die Erarbeitung und Formulierung der praktischen Alternativen zur Scheidung dankbar.

Eisenbach-Oberbränd,
im Herbst 1988 *Ulrich Beer*

1. Kriegsspiele und Krisenphasen

Die Ehe – ein Kriegsspiel...

Es ist zweifellos paradox: Die Ehe – ein Unternehmen unseres Lebens, das auf Liebe gegründet sein sollte – ist geprägt von einem ständigen Kampf der beiden Partner gegeneinander. Um das Leben mit- oder nebeneinander dennoch erträglich zu gestalten, wird dieser Kampf ritualisiert, und es werden ganz bestimmte Regeln aufgestellt. Solange diese von beiden Partnern akzeptiert und eingehalten werden, kann man davon ausgehen, daß in dem Ehekriegsspiel der spielerische Charakter überwiegt. Dann stehen die Chancen für einen Weiterbestand der Ehe auch günstiger.

Anders sieht es aus, wenn einer der beiden Partner die notwendige Fairneß in diesem ›Spiel‹ vermissen läßt. Wenn er sich über die Regeln hinwegsetzt und den Krieg mit dem Ziel der teilweisen oder totalen Vernichtung des Gegners führt, muß dies zwangsläufig mit einer Tragödie enden. Und solche zeigen sich in der Praxis der Eheberatung leider immer wieder:

»Mein Mann war früher mir gegenüber ziemlich kalt. Wenn ich mich ihm zu nähern versuchte, zärtlich sein wollte, wandte er sich ab. Mittlerweile hat sich die Situation gerade ins Gegenteil verkehrt: Ich habe heute eine echte körperliche Abneigung gegen ihn, während er plötzlich nicht genug von mir bekommen kann. Doch seine Annäherungsversuche sind mir unangenehm.«

So schildert Frau G., eine attraktive junge Frau, ihr Problem dem Eheberater. Sie war in den ersten Jahren ihrer Ehe relativ glücklich, zumal sich ihr Mann als ein vorbildlicher Familienvater zeigte. Dennoch fühlte sie sich von ihm als Ehemann zu wenig geliebt und begehrt. Sie habe immer wieder versucht, ihn für sich zu interessieren, ihn zu reizen, habe aber nur Desinteresse geerntet. Schließlich habe sie es aufgegeben und bald darauf eine ihr unerklärliche körperliche Abneigung gegen ihren Mann verspürt. Das habe dazu geführt, daß sie die ohnehin recht seltenen intimen Begegnungen mit ihm zu umgehen suchte und sich völlig von ihm zurückzog. Dieses Verhalten habe aber nun bei ihrem Mann bewirkt, daß er plötzlich eine schier unersättliche Begierde nach ihr entwickelte. Trotz ihrer offensichtlichen Abneigung versuche er immer wieder mit aufdringlichen Zärtlichkeiten, sie umzustimmen und ihre Liebe zu erzwingen. »Ich verstehe mich selbst nicht mehr«, sagt sie. »Eigentlich liebe ich meinen Mann, aber es ist wie verhext: Wenn er will, will ich nicht, und umgekehrt. Was können wir dagegen tun?«

Solche Konflikte werden dem Eheberater häufig geschildert. Dabei beziehen sie sich keineswegs etwa nur auf den sexuellen Bereich, sondern umfassen die verschiedensten Gebiete des täglichen Umgangs miteinander. Und wenn auch die Anlässe in den einzelnen Fällen und deren jeweilige Entwicklung verschieden sein mögen, das Grundmuster, nach welchem solche Konflikte gestrickt sind, ist immer das gleiche. Es ist, als ob die Partner auf einer Wippschaukel säßen: Wenn der eine oben ist, hockt der andere unweigerlich ganz unten. Es ist fast nie möglich, daß sich beide auf der gleichen Ebene befinden, und wenn, dann nur für kurze Zeit, niemals auf Dauer.

So kann man in solchen ›Wippschaukelehen‹ Paare finden, bei denen sich der eine nur dann wohl fühlt, wenn es dem anderen schlecht geht. Befindet sich der eine in einer aktiven Phase, zeigt der andere mit Sicherheit Passivität, um allerdings sogleich sein Verhalten zu ändern, wenn sich der eine resigniert zurückgezogen hat. Je mehr sich der eine um den anderen bemüht und ihm sein Verlangen zeigt, desto größer wird der Überdruß beim anderen und schlägt erst dann in Begehren um, wenn der eine nun seinerseits Desinteresse bekundet.

Sicher ist es so, daß in jeder Ehe immer einer der beiden Partner der aktivere ist. Wenn sich diese Rollenverteilung jedoch gut eingespielt hat und die beiden Partner sich somit ergänzen, kann dies auch zu einer harmonischen Beziehung führen, unter Umständen sogar in solchen Fällen, in denen die Unterschiede zwischen den Partnern relativ groß sind. Anders ist dies natürlich bei den typischen Wippschaukelehen, weil hier eben gerade nicht einer von beiden immer der aktivere, optimistischere, fröhlichere ist, sondern sich beide hierin abwechseln.

Besonders fatal daran ist, daß sich zwar jeder von beiden wünscht, der andere möge sich seiner Verhaltensweise anpassen; tut er es aber, erfolgt die entgegengesetzte Reaktion. Das Ergebnis ist derselbe Konflikt wie zuvor, nur mit vertauschten Rollen. Das Tempo, in dem dieser Wechsel stattfindet, ist übrigens sehr unterschiedlich. Manchmal kann die Stimmung wochen- oder monatelang anhalten, ein anderes Mal schlägt sie sozusagen über Nacht um.

»Ich halte das bald nicht mehr aus«, klagt Frau Z. »Für meinen Mann gibt es nur noch seinen Sportverein, und wenn er mal zu Hause ist, bastelt er unentwegt an seinem Auto herum oder hockt vor dem Fernseher. Ich scheine für ihn überhaupt nicht mehr zu existieren, und um die Kinder kümmert er sich höchstens mal am Sonntagnachmittag. Sobald ich mich aber auch dafür interessiere, steht er auf und geht. Er entwickelt sich überhaupt immer mehr zu einem richtigen Haustyrannen. Sobald er den Fernsehapparat einschaltet, müssen die Kinder und ich ruhig sein. Wenn die Kinder dann im Bett sind und wir zusammen ein bißchen fernsehen könnten, hat er keine Lust mehr dazu.«

Nun, das ist nicht gerade schmeichelhaft, was Frau Z. über ihren Ehemann berichtet. Dieser allerdings sieht die Sache völlig anders:

»Für das, was mich beschäftigt, hat meine Frau so gut wie kein Interesse. Sobald ich mich aber abwende und mich anschicke, allein etwas zu tun, läuft sie mir regelrecht nach. So wirft sie mir z. B. immer vor, ich würde mich zu wenig um die Kinder kümmern. Kaum fange ich jedoch an, mich mit ihnen zu beschäftigen, drängt sie sich dazwischen und stört damit die ganze Beziehung zwischen den Kindern und mir. Ich habe überhaupt den Eindruck, daß sie prinzipiell das Gegenteil von dem will, was ich möchte. Wenn ich am Wochenende mal den Vorschlag mache, eine Radtour oder eine Wanderung zu unternehmen, hat sie mit Sicherheit Kopfschmerzen oder irgendein anderes Wehwehchen und will zu Hause bleiben. Bin ich aber total erschöpft und freue mich darauf, mich zu Hause zu erholen und zu entspannen, will sie garantiert groß ausgehen.«

Auch dieser Konflikt ist dem Eheberater bestens bekannt, da

er ebenso typisch wie weit verbreitet ist: Derjenige, der berufstätig und die ganze Woche über mehr oder minder großem Streß ausgesetzt ist, freut sich darauf, am Wochenende allen Trubel hinter sich zu lassen und es sich zu Hause so richtig gemütlich zu machen. Der andere Teil — meistens die Frau — möchte etwas unternehmen, sich mit anderen Menschen austauschen, gepflegt ausgehen, jedenfalls aus den eigenen vier Wänden und dem eintönigen Dasein fliehen.

In den Ehen, in denen nur einer der Partner berufstätig ist, scheint dieser Konflikt geradezu vorprogrammiert zu sein. Er läßt sich aber relativ leicht lösen, wenn beide Partner eine gewisse Kompromißbereitschaft zeigen und sich jeweils abwechselnd den Wünschen des anderen anschließen. Problematisch wird die Sache erst dann, wenn der Schaukeleffekt hinzukommt: Sobald der eine auch nur irgendeinen Vorschlag macht, wird dieser vom anderen abgelehnt, und zwar nicht etwa mit mehr oder minder plausiblen Argumenten, sondern anscheinend aus reiner Oppositionslust. Schlägt nun der andere etwas vor, stößt er auf dieselbe ablehnende Haltung, nicht zuletzt als eine Art Retourkutsche für die vorherige Absage.

In einer solchen Beziehung herrschen offenbar zwei gegensätzliche Kräfte, die sich ständig durchkreuzen. Dies kann zu Spannungszuständen führen, die den beiden Partnern einerseits ein Zusammensein über längere Zeit unmöglich machen, wobei sie es aber gleichwohl nicht aushalten, über längere Zeit voneinander getrennt zu sein. Und so unglaublich es auch klingen mag: Gerade ein solcher Zustand ist es, der so manche Ehe überhaupt am Leben erhält.

Die Ursache der Konflikte vom Typ ›Wippschaukel‹ ist im übrigen in der Entscheidung zwischen Selbstbehauptung und Selbsthingabe, Lusthaben und Rechthaben zu suchen. Früher, als noch niemand von Gleichberechtigung sprach, war dies keine Frage und barg somit auch kein Problem. Die Rollen waren klar verteilt: Dem Mann kam die Selbstbehauptung zu, die Frau war zur Selbsthingabe quasi ›verurteilt‹. Sicher gibt es auch heute noch genügend Fälle, in denen der Anspruch auf Selbstbehauptung des einen auf die Bereitschaft zur Selbsthingabe des anderen trifft. Aber die Rollen werden nicht mehr so restlos verteilt, der Konflikt wird vielmehr in den einzelnen verlegt und muß mit dem Partner ausgetragen werden. Daß dann, wenn gleichartige Antriebskräfte zusammentreffen, die Lösung dieses Konfliktes äußerst schwierig ist, liegt auf der Hand.

Es hat übrigens manchmal den Anschein, als ob es sich hier nicht nur um einen Konflikt menschlicher Antriebe, sondern vielmehr tierischer Instinkte handelt, wie etwa zwischen Jagd- und Fluchtinstinkt. So zeigt sich bei nicht wenigen Männern, daß ihr erotisches Verlangen nach der Partnerin in demselben Maße steigt, wie sich diese entzieht. Gibt sie jedoch ihr Fluchtverhalten auf und zeigt ihrerseits Bereitschaft, hat dies schlagartiges Desinteresse seinerseits zur Folge. Und um beim Tierreich zu bleiben: Es gibt sogenannte Friedfische, wie z. B. Karpfen und Schleie, die auf einen Köder vollkommen anders reagieren als etwa ein Hecht oder eine Forelle, also Raubfische. Dem Friedfisch erscheint jede Bewegung verdächtig, und er wird sich schleunigst davonmachen, wenn der Angler den Köder hochzieht, noch ehe der Fisch gebissen hat. Der Raubfisch hingegen setzt noch hinterher und packt erst recht zu. In vielen Ehen verhalten sich die Partner so, als ob sie eine Kreuzung aus Friedfisch und Raubfisch wären, so daß es für denjenigen, der den Köder auslegt, eigentlich reine Glückssache ist, ob er nun das Richtige tut — eine wahrlich nicht beneidenswerte Ausgangsbasis.

»Wie ist es möglich«, fragt Herr B., »daß meine Frau nur dann nett zu mir ist, wenn es mir gesundheitlich nicht gutgeht. Dann pflegt sie mich, ist liebevoll, erfüllt mir jeden Wunsch — ja, sie ist sogar richtig fröhlich und heiter. Das schlägt jedoch sofort um, sobald es mir besser geht. Dann kritisiert sie mich ständig, läßt kein gutes Haar an mir und verhöhnt mich sogar, bis ich wieder vollkommen am Boden zerstört bin. Dann blüht sie auf. Ich muß allerdings zugeben, daß ich ihr manchmal schon absichtlich die Laune verderbe. Aber oft provoziert sie mich derart, daß es schon zu Tätlichkeiten gekommen ist. Das tut mir natürlich hinterher leid, doch wenn ich Abbitte leisten möchte, weist sie mich zurück. Ich verstehe das alles nicht, denn eigentlich haben wir uns beide gern, aber wir schaffen es nicht, auf Dauer eine gewisse Harmonie zu erreichen.«

Auch diese beiden sitzen sozusagen auf der Wippschaukel: Ist der eine schwach und krank, fühlt sich der andere um so stärker; wer heute Oberwasser hat, kann morgen schon wieder ganz unten sein.

Die beiden Partner können meist selbst nicht verstehen, warum sie sich gegenseitig das Leben schwermachen. So wird auch, wenn sie schließlich einen Eheberater aufsuchen, immer wieder die Frage gestellt: »Warum ist das so? Wird das niemals ein Ende haben?« Leider ist es oft so, daß ein Dritter erst dann um Rat gebeten wird, wenn sich die Situation derart zugespitzt hat, daß eine Trennung anzuraten ist, damit die Partner sich nicht völlig aufreiben. Das Tragische dabei ist, daß – zumindest in vielen Fällen – beide sich lieben und im Grunde genommen den Wunsch haben zusammenzubleiben, dennoch aber nicht in der Lage sind, auf Dauer miteinander auszukommen ohne täglichen Zank und Streit. Sie erkennen nicht, daß es ihre Rivalität ist, die sie sowohl verbindet als auch auseinandertreibt. Ihnen ist auch nicht bewußt, daß es bei dem unterschwelligen Kampf, den sie gegeneinander austragen, um Herrschaftsansprüche geht. Und nachdem sie es versäumt haben, ihre Machtbereiche gegeneinander abzustecken, kommt es ständig zu Überschneidungen.

Auch dieses Problem kannten frühere Generationen nicht. Durch die starre Rollenverteilung waren auch die jeweiligen Machtbereiche klar abgegrenzt, es bedurfte keiner Diskussion. Heute müssen sich die Partner hierüber verständigen und sich klar aussprechen. Es wäre naiv zu erwarten, daß sich Harmonie von allein einstellt. Solche Glücksfälle mag es zwar geben, sind aber sicher die große Ausnahme. Meistens bedarf es einer relativ langen Zeit, bis man in ständigem gegenseitigen Bemühen ein gewisses Gleichgewicht gefunden hat, das die beiden Partner vor dem nervenzermürbenden Auf und Ab bewahrt. Eine der wesentlichsten Voraussetzungen zum Erreichen des Gleichgewichts ist, daß die beiden Partner gleichgewichtig sind. Selbstverständlich müssen sie ihre Stärken nicht auf dem gleichen Gebiet haben – unter Umständen könnte gerade diese Konstellation zu einer gewissen Rivalität führen. Wichtig ist, daß sich jeder seines Wertes bewußt ist und sich nicht in einer

Weise dem anderen unterlegen fühlt, die Anlaß zu immer neuen Machtkämpfen gibt. Wenn beide insgeheim um die Vormachtstellung ringen, wird dies über kurz oder lang das Ende ihrer Liebe sein.

Frau F. setzte ihr Liebesverlangen als Machtmittel ein. Sie wollte von ihrem Mann geliebt werden, wann sie es wünschte. Nachdem er sich weigerte, sich nach derartigen Vorschriften zu richten, gab sie schließlich klein bei. Prompt wurde ihr Ehemann sehr viel zugänglicher. Nun aber nahm sie eine ablehnende Haltung ein: Sie verweigerte sich, begegnete ihm mit Abneigung und konnte auf diese Weise schließlich doch ihre Macht durchsetzen, wenn auch nur in passiver Form.

Frau H. empfand es als Zumutung, daß ihr Mann einen Großteil seiner Freizeit auf dem Fußballplatz, im Schützenheim, beim Angeln − also auf jeden Fall außer Haus verbrachte. Er sollte viel mehr auf sie eingehen und sich mit den Kindern beschäftigen. Tat er dies, sah er sich ständiger Kritik und Reibereien ausgesetzt, weil seine Frau um ihre Vormachtstellung bei den Kindern fürchtete. Andererseits nutzte er seine spärlichen Machtpositionen innerhalb des Hauses, indem er − jegliche Diskussion ablehnend − einsame Entscheidungen bei der Auswahl des Fernsehprogramms traf. Oder er wählte ebenfalls die passive Form des Widerstands und begab sich wieder − sehr zum Leidwesen seiner Frau − häufiger auf den Fußballplatz. Ob ausgehen oder daheimbleiben: Jeder hat die Möglichkeit, den anderen seine Macht spüren zu lassen, sei es, daß er die Wünsche des anderen ignoriert, sei es, daß er zwar auf sie eingeht, dabei aber ein Verhalten an den Tag legt, welches dem anderen die Freude an der gemeinsamen Unternehmung gründlich verdirbt.

Es ist offenbar sehr schwer, Selbsthingabe und Selbstbehauptung zu einem Ausgleich zu bringen. Die Schaukel kann stillstehen, wenn derjenige, der sich unten befindet, dort auch bleiben will. Machen jedoch beide denselben Machtanspruch geltend, setzt sich die Schaukel in Bewegung, das zermürbende Auf und Ab beginnt.

Dieses Ringen um die Macht läßt sich auch mit den uns bekannten Revierkämpfen im Tierreich vergleichen: Wenn ein

Tier sein Revier, das als Lebensraum und für sein Machtgefühl wichtig ist, von einem anderen bedroht sieht, wird es auf jeden Fall kämpfen. Meist ist der Kontrahent ein Artgenosse gleichen Geschlechts, während das Weibchen in der Regel nicht mit einbezogen ist.

In früheren Zeiten war das beim Menschen ähnlich. Im Zuge der Gleichberechtigung sind hier jedoch einschneidende Veränderungen eingetreten. Die Frauen dringen mehr und mehr in Bereiche ein, die bislang nur den Männern vorbehalten waren. Diese sehen sich von ihrer ursprünglichen Rolle des Beschützers der Frau plötzlich in die Rolle des Schützers des eigenen Reviers versetzt. Sicher wird niemand leugnen, daß die althergebrachte Rollenverteilung zwischen der schwachen, unterwürfigen, anpassungsfähigen Frau und dem starken, herrschenden, beschützenden Mann korrekturbedürftig war, weil sie vor allen Dingen die Frau in erheblichem Maße benachteiligte. Andererseits brachte diese Polarisierung den Vorteil, daß es kaum zu Revierkämpfen zwischen den Geschlechtern kam und der Frau dadurch Kampf und Konkurrenz erspart wurde. Aufgrund ihrer körperlichen Unterlegenheit gegenüber dem Mann wäre sie in diesem Fall benachteiligt gewesen.

Heute spielt die körperliche Kraft allerdings eine nurmehr unbedeutende Rolle im Vergleich zu der ständig wachsenden Bedeutung intellektueller Energie. Darin lag auch die Chance für die Frau, sich aus dem alten Rollenklischee zu befreien und den Weg in die Gleichberechtigung anzutreten. Allerdings gab sie damit gleichzeitig ihre Sonderstellung als schutzbedürftiges, schwächeres Wesen auf und sieht sich nun neben dem täglichen Konkurrenzkampf etwa im Berufsleben auch den zwangsläufig eintretenden Revierkämpfen mit dem anderen Geschlecht ausgesetzt, die sich selbstverständlich auch in der Ehe zeigen. Die Frauen sind nicht mehr bereit, das Heimchen am Herd zu spielen, sondern wollen einem Beruf nachgehen, sei es, um darin eine Bestätigung zu finden, sei es, um anhand eines eigenen Einkommens eine gewisse Unabhängigkeit zu erreichen. Sie erwarten vom Mann Mithilfe bei der Erledigung der Hausarbeit und nehmen für sich Dinge in Anspruch, die früher im großen und ganzen ausschließlich den Männern vorbehalten waren, wie etwa Rauchen, Alkohol trinken, alleine ausgehen usw.

Durch dieses Verhalten übernehmen sie die Auslösereize für die Kampfhaltung, die der Mann — wie das Tiermännchen — aus den Gleichheitsmerkmalen entnehmen muß. Auch Männer, die im Grunde genommen die Gleichberechtigung positiv beurteilen, sind von diesem biologischen Zwangsmechanismus nicht ausgeschlossen. Sie zeigen aggressive Reaktionen und bekämpfen emanzipierte Frauen. In manchen Ehen führt gerade dieser Punkt zu zahlreichen Schwierigkeiten, wobei den Partnern die Ursachen hierfür oft erst im Gespräch mit dem Eheberater aufgedeckt werden: Da ist etwa Herr K., der seiner Frau das Rauchen verbieten will, weil es ihrem Teint schade. Frau B. weigert sich, am Abend zu kochen, mit der Begründung, ihr Mann könne mittags in der Kantine essen, und eine warme Mahlzeit pro Tag reiche schließlich aus. Herr A. fühlt sich von seiner Frau erotisch zu wenig stimuliert und klagt nun über Potenzstörungen.

Die Reihe solcher und ähnlicher Konflikte ist schier endlos. Es sind alles Beweise eines ständigen Machtkampfes zwischen zwei Menschen, die viel mehr Rivalen als Liebespartner sind. In einer partnerschaftlichen Liebesbeziehung muß eine deutliche Rollenverteilung vorgenommen werden, die sich natürlich nicht benachteiligend auf einen von beiden auswirken sollte. Auf jeden Fall muß sie eine wesentliche Gruppe von Unterscheidungen herausstellen, die Signalwirkung haben. Besonders wichtig dabei ist das Signal des aufgebenden Machtanspruches, da es sich bei all diesen Auseinandersetzungen ja um Machtkämpfe handelt. Wird ein solches Signal nicht gesetzt, wird der eine nicht ruhen, bis der andere nachgibt. Wenn beide solche Auseinandersetzungen nicht wollen, müssen sie ihre Reviere trennen. Jeder hat dadurch einen bestimmten Bereich, der nur ihm zusteht und in den der andere ohne seine Zustimmung nicht eindringen kann.

Eine Ehe muß an der Tatsache des Revierzwangs nicht zerbrechen. Auf jeden Fall ist es ratsam, dieses schon seit Urzeiten im Menschen steckende Motiv nicht einfach beiseitezuschieben, um dann von unlösbar scheinenden Konflikten überrascht zu werden. Es gibt viele Möglichkeiten, wie etwa gegenseitige Arrangements, Rituale und Spiele, mit denen Revierkämpfe überwunden werden können. So spielen manche Frauen das schwache Weibchen, weil sie dadurch den Machtkampf übergehen, im Ergebnis aber dennoch Gleichberechtigung erfahren.

Eine andere Möglichkeit, ständige Rivalitäten ein für allemal zu vermeiden, liegt sicher darin, daß sich einer der beiden Partner tatsächlich unterordnet. Daß die Ehe dadurch keineswegs auf Dauer glücklich werden muß, zeigt das folgende Beispiel sehr deutlich:

Herr B., eine strahlende Erscheinung – groß, schlank, gutaussehend, gut gekleidet –, aber mit Sorgenfalten und einem Blick, der schiere Verzweiflung vermuten läßt, fleht den Eheberater an: »Bitte helfen Sie mir. Ich kann das Leben mit meiner Frau nicht mehr ertragen. Sie beherrscht mich völlig. Mir ist manchmal, als könnte ich in ihrer Gegenwart nicht mehr atmen. Ich weiß nicht, wie ich das bisher ausgehalten habe. Am liebsten möchte ich überhaupt nicht mehr leben.«

Herr B. leidet offensichtlich unter Depressionen und scheint jeglichen Lebenswillen verloren zu haben. Mühsam und immer wieder um Konzentration ringend schildert er den Verlauf seiner sechzehnjährigen Ehe. Es war eine echte Liebesheirat. Die unkomplizierte, fröhliche und unbeschwerte Art seiner Frau hatte ihn fasziniert, zumal er ein eher nachdenklicher Mensch war, der auch Kleinigkeiten oft schwernahm. Die Art seiner Frau wirkte dann oft ermutigend und belebend auf ihn. Bald brachte er es zu Ansehen und Wohlstand, den vor allem seine Frau genoß. Sie führte einen überaus aufwendigen Lebensstil, gab Feste und unternahm kostspielige Reisen. Schließlich beteiligte sie sich mit hohen Summen an risikobehafteten Geschäften, die letztlich den erhofften Gewinn nicht brachten und schwere finanzielle Einbußen zur Folge hatten. Dennoch änderte sich Frau B. in keiner Weise. Sie führte nach wie vor ein aufwendiges Leben und ließ sich schließlich auch noch einen stattlichen Teil des noch vorhandenen Vermögens überschreiben. Herr B. wurde dadurch immer mehr an die Wand gedrückt und in die Rolle desjenigen gedrängt, der mit seinem Fleiß und seiner Gewissenhaftigkeit die Voraussetzungen schaffte, die seiner Frau Ansehen, Reichtum und Erfolg brachten. Ihr Aufstieg drückte ihn immer mehr nieder, während sie ihn bedenkenlos über all die Jahre hinweg sozusagen als Spitzbubenleiter benutzte. So nennt man die Methode von Schuljungen, mit denen sie fehlende Körpergröße ausgleichen, um etwa an die Äpfel im Nachbargarten zu gelangen: Einer von beiden faltet die Hände auf dem Rücken und bietet so die erste Sprosse dieser Leiter für den anderen. Dieser kann sich nun über den Rücken des ersten hinweg an den Früchten bedienen.

In der Ehe sind es meistens die Männer, die sich einer solchen Spitzbubenleiter bedienen. Sie stehen in der Öffentlichkeit, im Beruf und haben dadurch die größeren Chancen, während die Frauen zu Hause verkümmern. Ihre Aufgabe ist es, dafür zu sorgen, daß der Mann täglich sein frisches Hemd, seinen gebügelten Anzug und geputzte Schuhe vorfindet und im übrigen nach Feierabend nicht etwa mit Problemen der Kindererziehung belastet wird. An dieser Situation ändert sich auch mit wachsendem Erfolg des Mannes meist nicht viel. Im Gegenteil: Oft hat er noch weniger Zeit als zuvor, stellt immer höhere Ansprüche und zeigt Allüren. Die Frauen, mit denen er im Beruf zu tun hat, sind in vielen Fällen charmant, gebildet und gewandt, und sie werden auch nicht älter, da sie irgendwann von jüngeren abgelöst werden. Die eigene Frau zu Hause bleibt dieselbe und wird darüber hinaus auch nicht jünger. Bei seinen Problemen kann sie nicht mitreden, weil sie sich nicht weiterbildet und für das Tagesgeschehen kaum Interesse zeigt. Zum früheren Beruf und den Kolleginnen hat sie schon lange den Kontakt verloren. Sie lebt nur noch für die Familie und den Haushalt und freut sich im übrigen auf die wenigen gemeinsamen Stunden am Abend oder am Wochenende. So gerät sie in eine totale Abhängigkeit von ihrem Mann. Dieser wiederum bräuchte viel eher eine Partnerin, mit der er sich über die mit wachsendem Erfolg schwieriger werdenden Fragen austauschen, sich beraten kann. Wenn eine Frau am beruflichen und gesellschaftlichen Leben ihres Mannes nur bei Firmenjubiläen, beim Geburtstag des Chefs und ähnlichen Anlässen teilnimmt, für alle anderen Belange aber kein Interesse zeigt, wird dies in den meisten Fällen über kurz oder lang zu Problemen führen.

Trotz allem kann sich die Frau im goldenen Käfig im Vergleich zu manch anderen Geschlechtsgenossinnen glücklich schätzen. Diejenigen, die für ihren Mann die Hände zur Spitzbubenleiter kreuzen, haben das weitaus schlechtere Los.

Ein Beispiel dafür ist Frau H.: »Als ich meinen Mann kennenlernte, war er neunzehn, ich siebzehn Jahre alt. Drei Jahre später heirateten wir. Zunächst studierten wir beide, doch als sich dann einige Monate später unser Sohn anmeldete, brach ich das Studium ab und nahm eine Stelle im Büro an, um das nötige Geld für den Lebensunterhalt zu verdienen. Wir wohnten bei meinen Eltern, die sich tagsüber um unser Kind kümmerten und uns auch sonst tatkräftig unterstützten. Mit ihrer Hilfe schafften wir es auch, uns ein Haus zu bauen. Als mein Mann sein Studium beendet hatte, wollte er sich unbedingt selbständig machen. Meine anfänglichen Bedenken habe ich dann zurückgestellt und ihm so gut ich konnte geholfen. Einfach war das nicht, denn wir hatten zwischenzeitlich drei Kinder, das Haus war zu versorgen, und nun kam auch noch die Arbeit für das Büro meines Mannes dazu. Aber trotz aller Entbehrungen und manchmal auch Sorgen waren wir glücklich und zufrieden, auch wenn wir uns nicht mal einen Urlaub leisten konnten. Schließlich lief das Geschäft immer besser, und mein Mann hatte großen Erfolg.

Doch während wir in dieser ganzen Zeit alles gemeinsam getan und erlebt hatten, trat bei meinem Mann vor einigen Jahren eine mir völlig unbegreifliche Wandlung ein: Er fing plötzlich an, alleine wegzugehen und erst am anderen Morgen wieder nach Hause zu kommen. Er trieb sich in Bars herum und besuchte Freudenhäuser. Wenn er tagsüber für mehrere Stunden weg war und ich ihn fragte, wo er denn gewesen sei, gab er mir entweder keine oder eine beleidigende Antwort. Trotz dieser angespannten Situation haben wir uns auf sexuellem Gebiet nach wie vor gut verstanden, und schließlich wurde ich mit unserem vierten Kind schwanger. Etwa zur gleichen Zeit wurde mir zugetragen, daß mein Mann ein Verhältnis mit einer wesentlich jüngeren Angestellten von uns hatte. Doch schon nach einigen Wochen kam mein Mann zu mir zurück und sagte, er bereue die Fehler, die er gemacht habe. Ich verzieh ihm gerne, weil ich ihn ja nach wie vor liebte und froh war, daß er offenbar wieder zu Verstand gekommen war.

Aber leider änderte sich nichts. Schon ein paar Tage später fing er wieder an, sich herumzutreiben, und kam und ging, wann er wollte. Auf mich nahm er keinerlei Rücksicht, unseren Sohn, der zwischenzeitlich geboren war, beachtete er überhaupt nicht. Als ich ihn einmal zur Rede stellte, erklärte er, heute sei es nun mal üblich, daß ein Mann in den besten Jahren eine Freundin habe. Er sehe nicht ein, warum er auf dieses Recht verzichten solle. Was soll ich davon halten?«

Nachdem Frau H. sich jahrelang für ihren Mann geopfert und unter Zurückstellung der eigenen Bedürfnisse ihm zunächst das Studium, dann den beruflichen Aufstieg ermöglicht hat, ist sie nun nicht mehr gut genug für ihn. Den Unterschied, der die beiden heute trennt, hat sie erst möglich gemacht. Im Gegensatz zum Spitzbuben, der die mit Hilfe des Komplicen errungene Beute auch mit diesem teilt, distanziert Herr H. sich von seiner Frau und legt die Beute anderen, jüngeren Frauen zu Füßen.

Gerade die Frau um vierzig hat es heute nicht leicht, vor allem dann, wenn sie früh die Ehe einging und sich dann ausschließlich um die Familie gekümmert hat. Meist verfügt sie über keine abgeschlossene Berufsausbildung, wodurch ihr ein neuer Einstieg ins Berufsleben äußerst erschwert wird. Im Laufe der Jahre schwinden Schönheit und Attraktivität, fehlende Erfüllung und Zufriedenheit bewirken ein übriges, um diesen Prozeß zu beschleunigen. Wenn dann auch noch ein Mangel an Kontakt und Bewunderung hinzukommt, führt dies oft zu einer gewissen Verbitterung. Sie hat ihr ganzes Leben dem geliebten Mann geopfert, und wenn dieser sie nun verläßt, erscheint ihr das Leben völlig sinnlos.

Wer die Schuld an einer solchen Entwicklung trägt, ist schwer zu sagen. Wahrscheinlich ist es so, daß nie einer allein völlig schuld ist. Die beiden Partner in einer Ehe stehen in derart enger Wechselwirkung miteinander, daß alles, was der eine tut, auch den anderen berührt. Wenn der eine rücksichtslos seine Vorstellungen durchsetzt, wird der andere verkümmern. Der eine erniedrigt sich und dient damit dem anderen als Steigbügel für den Erfolg.

Doch keiner der beiden Partner, auch nicht der, der den anderen für seine Zwecke benutzt, wird auf die Dauer glücklich sein. Dennoch wird es solche Konstellationen immer wieder geben, solange die Entwicklungsvoraussetzungen für beide Partner so unterschiedlich bleiben und der Aufstieg in einer nach Klassen eingeteilten Gesellschaft erstrebenswert erscheint. So kann es passieren, daß ein kleiner Angestellter, verheiratet mit einer Frau aus seinen Kreisen, es durch Fleiß, Weiterbildung und vielleicht auch etwas Glück schafft, in der Chef-Etage zu landen. Mit seiner Frau, die sich in all den Jahren nur um den Haushalt und die Erziehung der Kinder gekümmert hat, kann er plötzlich nichts mehr anfangen. Sie hat sich nicht geändert, ist ihm aber nun zu ungebildet, zu unsicher – ja, er geniert sich etwas mit ihr. Wenn er da an seine Sekretärin denkt: Sie versteht ihn, bewundert ihn und ist immer hübsch und charmant. Bis zum Beginn eines Verhältnisses ist es meist nur noch ein kleiner Schritt, sofern sie sich mit dem Status einer Geliebten zufriedengibt. Denn die Ehe wird selbstverständlich – wenn auch nur auf dem Papier – aufrechterhalten; eine Scheidung würde dem Ansehen und Ruf des Mannes unter Umständen schaden. Aber er verbringt immer häufiger die Wochenenden mit seiner Bürogeliebten in einer jener verschwiegenen Prominentenabsteigen. Das erfordert natürlich einiges Kleingeld, und der Spitzbube vergißt nur zu oft, daß sein Ursprungspartner an seinem Verdienst – soweit beide im gesetzlichen Güterstand leben – zur Hälfte beteiligt ist. Allerdings spürt dieser meist sehr wenig davon. Außer einem Blumenstrauß zu ganz bestimmten Anlässen und vielleicht einem Weihnachtsgeschenk bleibt ihm meist nicht viel.

Wenn in der Kommunikation beider Partner einmal ein Bruch eingetreten ist und sie das Interesse füreinander zu verlieren beginnen, geht es mit dem einen meist genauso schnell bergab wie mit dem anderen bergauf. Je größere Erfolge der eine verbuchen kann, desto mehr Bitterkeit spürt der andere. Die althergebrachte Rollenzuweisung zwischen Außen- und Innendienst mag für eine sinnvolle Arbeitsteilung ratsam sein, sie verursacht aber einseitige Abhängigkeiten und gegensätzliche Entwicklungstendenzen. Das mochte gutgehen, solange andere stabilisierende Voraussetzungen für diese ungleiche Rollenzuweisung gegeben waren, und selbst dann brachte sie genug menschliches Elend. In einer Zeit jedoch, die die Partnerschaft preist, ist sie kaum noch vertretbar, weil ungerecht für die Entwicklung des einzelnen, hinderlich für den Fortschritt der Gesellschaft und schließlich zerstörerisch für die Ehe.

Daß sich die Frauen gegen dieses Unrecht wehren, kann ihnen niemand verdenken. Gleichwohl muß sich ein solcher Kampf nicht unbedingt vorteilhaft auf die Ehe auswirken. Das Paradoxe ist: Bleibt sie nach wie vor die stille Duldrin und läßt sich unterdrücken, wird den Kindern ein völlig verzerrtes Bild der Ehe vermittelt. Protestiert sie und macht sie sich unabhängig, ohne daß es ihr gelingt, den Mann zu ändern und zu überzeugen, führt dies zu vermehrten Konflikten und mit großer Wahrscheinlichkeit zum Scheitern der Ehe.

Und immer wieder ist die Ursache eine unterschiedliche, gesellschaftliche und traditionell bedingte Rollenverteilung zwischen den beiden Ehepartnern. Der eine glaubt, das Recht zu haben, sich auf Kosten des anderen weiterzuentwickeln, der andere fügt sich. Der sich hieraus ergebende Konflikt wird meist erst dann spürbar, wenn der Gesprächsfaden zwischen den beiden abreißt. Man hat keine Lust mehr, gemeinsam etwas zu unternehmen, sich für die Interessen des anderen aufzuschließen. So geht irgendwann jeder seiner eigenen Wege, weil man glaubt, ein konfliktfreies Nebeneinander sei allemal erträglicher als ein Miteinander, das geprägt ist von Streit und Ärger. Dennoch ist diese Meinung nicht unbedingt richtig, denn der Streit ist immerhin noch eine Form des Gesprächs und somit geeignet, neue Berührungspunkte zu schaffen. Auch wird dadurch die Spannung erst richtig deutlich und verstärkt den Drang, sich wieder zu vertragen. Das gelingt allerdings nur, wenn genug Gemeinsamkeiten und ähnliche Bezugsebenen vorhanden sind, die den Kontakt mit dem anderen ergiebig machen.

Wichtig ist, daß im Falle von Differenzen die Partner sich nicht zu weit voneinander entfernen. Das Band, das die beiden verbindet, kann gespannt sein. Es darf auch gedehnt werden, doch niemals im Übermaß, so daß etwa die Gefahr des Reißens gegeben ist. Deutet sich dies an, dann ist es höchste Zeit, sich intensiv miteinander zu beschäftigen, vielleicht gemeinsam Urlaub zu machen, auf jeden Fall sich über die Ursachen, Zusammenhänge und Folgen des Konflikts klar zu werden. Um ihn lösen zu können, wird einer zurückstecken, der andere aufholen müssen. Die Voraussetzung dafür ist jedoch die Einstellung, daß beide das gleiche Recht haben, sich zu entfalten, am gesellschaftlichen Leben Anteil zu nehmen, mitzureden und mitzuentscheiden. Dazu müssen überkommene Vorstellungen von der Rolle des Mannes und der Rolle der Frau, von Vorrechten und Pflichten abgelegt und für immer überwunden werden.

Es sind aber nicht nur die gesellschaftlichen Rollenerwartungen, die für die Bildung von Rollengegensätzen in einer Ehe verantwortlich sind. Sie polarisieren sich in Typen, die sich gegenseitig ergänzen, aber auch spannungsvoll aufeinander bezogen sind. In gewissem Maße wird man solche Gegensätzlichkeiten in jeder Ehe finden, und sie wirken sich nicht selten sogar vorteilhaft aus. In manchen Ehen jedoch erreichen diese Typisierungen ein geradezu verblüffendes Maß und bilden dann den Nährboden für viele Konflikte, weil die Lebensauffassungen beider Partner zu kraß voneinander abweichen und somit unweigerlich aufeinanderprallen, wie etwa hier in der Frage der Geldverwendung:

»Wenn meine Frau aus der Stadt zurückkommt, und ich sie frage, was sie denn heute wieder eingekauft habe, schreit sie mich sofort an und wirft mir vor, ich würde ihr überhaupt nichts gönnen und ihr mit meiner Fragerei die ganze Freude verderben. Ich habe die größte Mühe, sie dann wieder zu beruhigen, damit sie mir wenigstens zeigt, was sie gekauft hat. Wenn ich dann aber nach dem Preis der Sachen frage, ist der Teufel los. Sicher, ich könnte mir natürlich die Frage verkneifen, andererseits sehe ich das nicht ein. Was ist denn daran so schlimm?«

Herr F., der nach einer Lösung für diesen Dauerkonflikt zwischen ihm und seiner Frau sucht, fühlt sich durch deren freizügiges Kaufverhalten, ihre unzähligen Wünsche, ihren anspruchsvollen Geschmack überfahren und übervorteilt, ausgenutzt und ausgenommen. Würden beide ihre Stärken erkennen und die unterschiedlichen Auffassungen respektieren, wäre dies eine Basis für eine sinnvolle Ergänzung.

Das gleiche gilt für zwei Partner von unterschiedlichem Temperament. Der eine ist phlegmatisch und so leicht nicht aus der Ruhe und in Bewegung zu bringen; der andere folgt jedem kleinen Reiz, ob nun das Telefon läutet oder ob es an der Tür klingelt. Bevor es der eine richtig registriert hat, rennt der andere schon. Das hindert ihn jedoch nicht, dem Partner vorzuwerfen, daß er sich nicht genug um ihn bemühe. Aber im Grunde ist er auch selbst die Ursache: Er läßt den anderen, schwerfälligeren, erst gar nicht zum Zuge kommen, sondern in einer Mischung aus Neugier und dem Bemühen, es allen recht zu machen, macht er dann schon alles gleich selbst. Da er für diese Anlagen natürlich auch nichts kann, ist ihm im Grunde genommen auch nicht allein die Schuld zuzuschieben.

Eine Rollenverteilung dieser Art wird man wohl in jeder Ehe finden, und es schadet absolut nichts, wenn der eine etwas reger, der andere etwas phlegmatischer ist. In Extremfällen muß man allerdings versuchen, die schlimmsten Unvereinbarkeiten und damit einseitige Belastungen zu vermeiden.

Weitaus problematischer ist jedoch der Gegensatz zwischen extravertierten und introvertierten Menschen. Die einen tragen ihr Herz auf der Zunge, sprechen sich leicht aus und verarbeiten dadurch ihre Konflikte relativ schnell. Die anderen schlukken die Erlebnisse in sich hinein, nagen im stillen daran und sind darum auch eher geneigt, übelzunehmen und nachzutragen. Das Schlimme daran ist, daß diese Rollenverteilung sich sehr häufig im Laufe der Ehe noch verschärft und daß einer am anderen schuldig wird. Weil der eine so schwer aus sich herausgeht, redet der andere immerzu und läßt schließlich den anderen gar nicht mehr zu Wort kommen, auch wenn dieser ausnahmsweise doch mal etwas sagen wollte. Jeder von uns kennt sicher Ehepaare, bei denen einer munter die Konversation bestreitet, während der andere mehr oder minder glücklich still danebensitzt. Im besten Fall fühlt er sich dabei wohl und behaglich, daß ihm der Partner die Mühe der Unterhaltung abnimmt, oft aber wirkt er gequält und ein wenig verkümmert.

Denn der Mensch lebt auch durch das, was er redet, und darin, wie er sich äußert. Zu einem ausgewogenen Prozeß ehelicher Kommunikation gehört nun einmal der einigermaßen ausbalancierte Austausch zwischen den Partnern. Daß er nicht durch Gardinenpredigten, Ausbrüche und sonstige Monologe ersetzt werden kann, liegt auf der Hand.

Es gäbe noch eine Vielzahl von anderen Gegensätzen, auf die man näher eingehen könnte. Gleich ist ihnen allen die Problematik, daß anfänglich kleine Unterschiede sich im Laufe einer Ehe verstärkt und die Gatten auseinandergetrieben haben. Gleich ist auch, daß der Grad der Auseinanderentwicklung über die Qualität der Ehe entscheidet. Zu ausschließlich vertretene Gegensätze sind letztlich nicht mehr vereinbar. Solche aber, die sich im Rahmen des gegenseitigen Einverständnisses halten und dadurch sinnvolle Ergänzungen bilden, sind durchaus begründet und begrüßenswert.

Im Grunde lassen sich alle ehelichen Spannungen auf das Spannungsverhältnis zwischen Macht und Liebe zurückführen. Carl Gustav Jung sagte einmal: »Wo die Liebe herrscht, da gibt es keinen Machtwillen, und wo die Macht den Vorrang hat, da fehlt die Liebe. Das eine ist der Schatten des andern.« Leider setzt sich statt der Selbsthingabetendenz, wie sie der Liebe innewohnt, immer wieder die Selbstbehauptungstendenz bis hin zum Streben nach Macht und Herrschaft über den anderen durch. Zwischen beiden schwanken wir hin und her, und dies gehört offenbar zum Menschen. Auch für die Stetigkeit der Gefühle, die die Dauerinstitution Ehe verlangt, scheint er nicht geschaffen, und schwankt von einem Konflikt in den nächsten.

Je weniger Normen den Menschen von außen bestimmen und je weniger verpflichtend das innere Band von Tradition und Sitte für ihn ist, desto mehr ist er dem Risiko der Freiheit und damit dem Konflikt ausgesetzt. Als Einzelwesen, das nicht fähig ist, allein zu sein, klammert er sich mehr und früher denn je an einen Menschen, den er damit häufig überfordert. Die Aggressionen, die die Folge dieser Überhitzung und Überreizung sind, führen dazu, daß beide einander immer wieder abstoßen, aber schon bald, des Alleinseins überdrüssig, wieder

die Nähe des anderen suchen. Arthur Schopenhauer hat diesen Mechanismus in eine einprägsame Fabel gekleidet:
»Eine Gesellschaft Stachelschweine drängte sich an einem kalten Wintertage recht nahe zusammen, um durch die gegenseitige Wärme sich vor dem Erfrieren zu schützen. Jedoch bald empfanden sie die gegenseitigen Stacheln, welches sie dann wieder voneinander entfernte. Wenn nun das Bedürfnis der Erwärmung sie wieder näher zusammenbrachte, wiederholte sich jenes zweite Übel, so daß sie zwischen beiden Leiden hin- und hergeworfen wurden, bis sie eine mäßige Entfernung voneinander herausgefunden hatten, in der sie es am besten aushalten konnten.«
Treffender könnte man den Zustand mancher Ehe nicht beschreiben. Eine wesentliche Ursache hierfür ist die Rollenunsicherheit, deren Ursprung wiederum in der wachsenden Gleichberechtigung zu suchen ist. Da der Mensch aber ein Rollenwesen ist, kann das Zusammenleben mit anderen, zumal auf so engem Raum wie in der Ehe, nur funktionieren, wenn die Rollen aufeinander bezogen sind, wenn sie sich ergänzen und ineinander fügen. Jede gesellschaftliche Normierung sozialer Beziehungen hat den Sinn, die Rollenverteilung zu einem eingepaßten, sich sinnvoll fügenden Ganzen zu ordnen. Diese Ordnung kann häufig ungerecht sein, aber sie garantiert in der Regel eine weitgehende Konfliktfreiheit. So sagte Goethe, wenn er sich nicht zwischen Ordnung und Gerechtigkeit zu entscheiden brauche, sei es gut, müsse er aber zwischen Chaos und Ungerechtigkeit wählen, würde er sich für die Ungerechtigkeit entscheiden. Unsere Zeit entscheidet sich in der Beziehung der Geschlechter mit gutem Grund für die Gerechtigkeit. Dafür muß sie aber auch Rollenunsicherheit und vermehrte Konflikte in Kauf nehmen. Solange Zahnräder sich mit Zahn und Lücke ineinander fügen, solange Größe und Geschwindigkeit aufeinander abgestimmt sind, läuft die Maschine reibungslos. Minimale Abweichungen des einen oder anderen Faktors können jedoch schon erhebliche Störungen verursachen. Eine weitaus kompliziertere Aufgabe ist mit dem Justieren zwischenmenschlicher Beziehungen verbunden, vor allem dann, wenn jeder Teil nicht etwa einem übergeordneten Plan folgt, sondern sich nach

eigenen Gesetzen bewegt oder gar – was nicht zu selten vorkommt – überhaupt nicht nach Gesetzen, sondern höchst unregelmäßig, ohne einen bestimmten Rhythmus erkennen zu lassen. Das macht auch die Aufgabe der Eheberatung so schwierig.

Beratung bezweckt Lernprozesse, deren erster die Einsicht in den Rollenspielcharakter der Ehe ist. Die Ehe ist nicht nur Institution, sondern sie ist auch Zusammenspiel mit Aktionen und Reaktionen. Sie ist nicht nur ein Liebesverhältnis, sondern ein kompliziertes Gebilde, in dem die Partner miteinander, nebeneinander und gegeneinander leben. Die Ehe ist nicht nur Quelle höchsten Glücks, sondern auch Kriegsschauplatz und Ursprung tiefsten Unglücks. Sie ist nicht nur eine private Angelegenheit, sondern auch Ursprung und Brennpunkt gesellschaftlicher Prozesse. Ein individuell orientiertes Denkmodell der Ehe, wie es dem alten Scheidungsrecht zugrunde liegt, vermag die Funktionen stark zu trennen: Der eine ist aktiv, der andere passiv, der eine befiehlt, der andere gehorcht, der eine ist schuldig, der andere nicht schuldig.

Im Gegensatz dazu sieht ein sozialdynamisches Modell die Ehe als Funktionseinheit, wenn man so will als Regelkreis. Selbst in ungleichwertigen, also nicht ehegerechten Konstellationen kann dieser Regelkreis funktionieren. Etwa wenn der eine krank ist und der andere ihn pflegt, der eine sich als Held fühlt und der andere ihm die entsprechende Bewunderung zuteil werden läßt, der eine berufstätig ist und der andere sich um die Kindererziehung kümmert. Aber solche Rollenverteilungen lassen sich heute nicht mehr starr festlegen, schon gar nicht etwa für das ganze Leben. Die Übergänge werden immer fließender, die Definitionen müssen für Veränderungen offen sein. Dadurch erhöhen sich die Chancen zur Verwirklichung der Gleichberechtigung, aber natürlich auch die Zahl der Konfliktursachen.

Konflikte entstehen in aller Regel dann, wenn einer nicht mitspielt oder beide nicht mitspielen oder einer oder beide gar nicht wissen, was sie spielen sollen und nach welchen Regeln. Meist entscheidet man sich dann für das Kriegsspiel. Man versucht, verlorenes Terrain wiederzugewinnen oder gar neues hinzuzubekommen. Krieg spielen heißt, Konflikte nicht lösen, sondern immer wieder vom Zaun brechen, auf die Rollenverteilung von Sieger und Verlierer aus sein. Es heißt aber zugleich, die Grenzen zwischen Spiel und Ernst zu überschreiten. Wenn man bedenkt, wie leicht und oft im Ehekriegsspiel die Grenze zum bitteren, sogar blutigen Ernst überschritten wird, dürfte man den Ausdruck ›Spiel‹ eigentlich gar nicht verwenden. Denn zum Spiel gehört ja vor allen Dingen, daß man die vorgegebenen oder zwischen den Spielern vereinbarten Regeln auch einhält.

Natürlich heißt das nicht, daß Konflikte für alle Zeiten ausgeräumt sind, wenn es gelingt, die vernichtende Kriegsstrategie in Spielregeln umzuwandeln, die von beiden Partnern anerkannt werden. Aber die Konflikte werden zumindest erträglicher. Nicht die ideale Ehe kann unser Ziel sein. Selbst in der harmonischsten Beziehung wird es immer wieder Enttäuschungen und Verzweiflung statt Glück geben. Wichtig ist, erträgliche Kompromisse zu finden, die beiden Partnern das Leben lebens- und liebenswert machen.

Daß dies alles andere als einfach ist, zeigt der Bericht von Frau B.: »Die Atmosphäre bei uns zu Hause ist manchmal unerträglich. Es gibt Tage, an denen wir nicht ein Wort miteinander reden. Mein Mann sitzt an seinem Schreibtisch und stiert vor sich hin, ich sitze stundenlang am Fenster und wünsche mich ans Ende der Welt. Wir wissen, daß eine Trennung für uns beide wie eine Erlösung wäre. Aber es geht nicht. Wir leben in einer Kleinstadt. Mein Mann ist Leiter des hiesigen Gymnasiums, eine Scheidung würde ihm große Nachteile bringen, wenn es nicht gar das Ende seiner Karriere wäre. Aber sollen wir verurteilt sein, auch den Rest unseres Lebens auf diese Weise zu verbringen? Wir leben wie zwei Raubtiere im Käfig, die sich ständig mißtrauisch und wachsam beäugen. Wir haben keine Chance, den Käfig zu verlassen. Wir sind gezwungen, uns zu arrangieren. Aber wie?«

Die Situation, die hier geschildert wird, weicht im Grunde genommen nicht auffällig von den Gewohnheiten einer Durchschnittsehe ab. Er schikaniert sie mit der Lektüre der Morgenzeitung beim Frühstück, sie revanchiert sich mit Lockenwicklern. Er belacht höhnisch ihr Interesse für moderne Musik, sie nennt ihn einen opportunistischen Ehrgeizling. Er hält ihr das Haushaltsgeld kurz, sie nimmt darum, ohne ihn zu fragen, eine Halbtagsstelle an. Er beginnt in seinem Hobbykeller zu hämmern, sie bekommt sonntags ihre Migräne.

Beide haben natürlich schon einen oder mehrere Ausbruchsversuche unternommen: Sie nahm Schlaftabletten, aber natürlich nur soviel, daß keine echte Gefahr für ihr Leben bestand; er verließ das Haus, kam aber schon nach zwei Tagen wieder zurück. Über beides wurde kein Wort verloren. Man spielt weiter und ritualisiert den Krieg so, daß es für den anderen schmerzhaft, für einen selbst gerade noch erträglich ist. Da man selbst nicht glücklich ist, soll es der andere auch nicht sein. Um die Lage allerdings etwas zu entspannen, mildert man sie durch Höflichkeiten ab. Man erkundigt sich nach dem Befinden des anderen und erfährt, daß es schlecht ist. Man behält konventionelle Liebesgesten bei, gibt sich ein Küßchen zum Abschied. Man pflegt das, was die Verhaltensforschung als Beschwichtigungsritus kennt. Es ist eine – übrigens auch im Tierreich bekannte – Form von Aggressionsbewältigung, die Schlimmes verhüten soll. Durch räumliche Nähe steigert sich der Aggressionstrieb, vor allem, wenn er nach außen nicht entladen werden kann. Er sucht nach der Gelegenheit, sich abzureagieren. Die kleinsten Anlässe genügen, wenn nicht die Lage durch rechtzeitiges Gegensteuern des Partners immer wieder entschärft wird.

Um den totalen Krieg mit tödlichem Ausgang zu verhindern, greift man zu Besänftigungsformeln, um dem anderen sein Waffenstillstandsangebot zu signalisieren: »Oh, das tut mir aber leid«, »Natürlich hast du recht«, »Möchtest du, daß ich dir helfe?« Als Spuren einer einstmals vielleicht noch lebendigen Liebeszuwendung sind sie jetzt zu Umgangsfloskeln erstarrt. Immerhin erfordern diese Gesten einen Rest von Liebe oder doch ein hohes Maß an Überwindung.

Gelingt es irgendwann nicht mehr, die Aggressionen auf zivilisierte Weise zu meistern, wenden sie sich in der Ehe häufig nach innen. Ein Partner wird krank, oder die beiden terrorisieren sich gegenseitig mit ihren Leiden. Auf diese Weise halten sie einander in Schach und den nötigen Abstand. Das Leben ist dadurch zwar auch nicht gerade angenehm, aber wenn die Aggressionen sich statt nach innen ungefiltert und ungebrochen nach außen kehrten, wäre es unerträglich und würde unweigerlich zur Trennung führen.

Immer mehr Ehepartner ziehen eine Trennung vor, da ihnen die Strategie des begrenzten Konflikts nach den geschilderten Modellen nicht zumutbar erscheint. Sie sehen nicht ein, warum die Ehe um jeden Preis weitergeführt werden soll, wenn sie schon nicht das gehalten hat, was sie sich von ihr versprochen haben, nämlich eine Garantie des Glücks. Ein Ende mit Schrekken erscheint vielen menschlicher als ein Schrecken ohne Ende. Seit die Ehe von den unterschiedlichsten Gesellschaftskritikern als Krankheitsursache, als Aggressionsventil, als Haftanstalt hingestellt wurde, beginnt auch der gutwilligste Zeitgenosse darüber nachzudenken, ob Ehe unausweichliches Schicksal ist. Es waren zwar noch nie so viele Menschen verheiratet wie heute, es wird immer früher geheiratet, und die Ehen dauern aufgrund der gestiegenen Lebenserwartung immer länger. Aber auch nie zuvor wurde am Wert der Institution Ehe so stark gezweifelt wie heute. Die Zahl der Scheidungen steigt ständig, die Zerrüttungsschwelle wird zunehmend niedriger. Der Punkt, an dem man eine Ehe als nicht mehr lohnend oder tragbar ansieht, wird viel schneller erreicht.

Manche sprechen vom Sterben der Ehe. So auch Sebastian Haffner, der die Monogamie in eine Linie mit Monotheismus und Monarchie einordnet, die sich gemeinsam überlebt hätten. »Aus der bloßen Feststellung, daß es die Ehe immer gegeben hat, folgt nicht unbedingt, daß es sie auch immer geben wird. – Mit der Ehe ist in den letzten hundert oder zweihundert Jahren unverkennbar etwas Ähnliches vorgegangen wie mit der Monarchie (und wahrscheinlich aus denselben Ursachen): Sie ist ideologisiert, personalisiert und neuen Ansprüchen unterworfen worden – Glücksansprüchen, denen sie sich nicht entziehen, die sie aber ihrem Wesen nach höchstens zeitweise oder ausnahmsweise erfüllen kann. Wie gestern die Monarchie hat heute die Ehe ihre ursprünglichen historischen Grundlagen verloren oder aufgegeben und ist auf neue Fundamente gesetzt worden – die sich vielleicht als nicht tragfähig erweisen werden. Indem man die Ehe auf individuelle Liebeswahl gestellt hat, hat man mit ihr dasselbe getan wie mit der Monarchie, als man sie in eine bürgerlich-demokratische Verfassung einzubauen versuchte: Man hat ihr etwas Widersprüchliches, Unmögliches zugemutet. Wer es auszubaden hat, sind die Monarchen von gestern und die Ehepaare von heute. Die Ehe alten Stils war keine Glücksquelle, aber niemand erwartete das von ihr. Die Ehe heutiger Prägung ist nächst dem Krieg die größte existierende Unglücksquelle, und zwar gerade deswegen, weil sie jetzt als obligatorische Glücksquelle, als Liebes- und Lebenserfüllung deklariert ist.«

Haffners Schlußfolgerung ist nicht etwa eine Abschaffung der Ehe, er will ihr aber den Anspruch auf Ausschließlichkeit und vor allem Dauer aberkennen. Durch die Verlängerung des Lebensalters und durch die Vorverlegung der Heiratstermine ist die Ehedauer für die meisten Menschen tatsächlich enorm gestiegen. Haffner sieht darin eine übermenschliche Zumutung und möchte den mehrfachen Wechsel des Lebenspartners empfehlen, etwa in der Form einer Probeehe, einer Elternehe und einer Altersehe. Er sieht, daß eine solche Forderung die rechtliche und wirtschaftliche Gleichstellung der Frau voraussetzt, die nicht vom Mann abhängig sein darf. Daneben muß auch der Schutz der heranwachsenden Kinder gewährleistet sein. Wenn beides der Fall ist, sollten die Ehescheidungsbestimmungen gelockert werden, im Sinne der Freiheit der Partner.

All diese Gedanken sind sicher eine Überlegung wert, werfen aber zugleich eine Reihe von Fragen auf:

– Ist es überhaupt möglich, durch rechtliche und wirtschaftliche Gleichstellung die gegenseitige Abhängigkeit in der Ehe aufzuheben?
– Wird die Frau nicht auch nach ihrer Gleichstellung benachteiligt sein, weil die Chance, daß ein älterer Herr sich ein junges Mädchen anlacht, ungleich größer ist als der umgekehrte Fall?
– Beschränkt sich die Beziehung der Kinder zu ihren Eltern etwa auf die Entwicklungsjahre?

- Und vor allem: Stimmt denn die Voraussetzung – die Entsprechung von Monogamie und Monarchie? Erlaubt nicht gerade die Monogamie die partnerschaftlich-gleichberechtigte Beziehung zweier Menschen, die sich ergänzen und zusammen ein Ganzes bilden?

In den Fällen, in denen eine Ehe tatsächlich unheilbar zerrüttet ist oder nie wirklich bestanden hat, sollte eine mögliche Scheidung auch als echte Hilfe angeboten und gesellschaftlich sanktioniert werden. Die Partner erleben das Scheitern ihrer Ehe ohnehin als ein Versagen, eine zusätzliche Strafe in Form von Mißachtung durch die Gesellschaft oder moralischer Diskriminierung durch Staat und Kirche nützt niemandem.

Wenn ein Ende mit Schrecken menschlicher ist als ein Schrecken ohne Ende, kann eine Scheidung eine anständige und faire Lösung sein. Auch diese Möglichkeit müssen wir an den Grenzen des Spielfeldes, auf dem der Ehekrieg stattfindet, in Erwägung ziehen.

...oder ein Glücksspiel

Die hohen Glückserwartungen, die heute an die Ehe gestellt werden, zeigen sich nicht zuletzt auch darin, daß nie soviel geheiratet wurde wie heute: 95 Prozent der Menschen heiraten, vor hundertfünfzig Jahren waren es knapp 50 Prozent. Aber es ist die paradoxe Gegentatsache, daß eben auch noch nie so viel geschieden wurde. Noch nie dauerte die Ehe so lange, und noch nie wurde in der Ehe so viel abgewechselt wie heute. Noch nie wurden so viele Alternativen diskutiert und dennoch die Ehe einfach so weitergeführt wie bisher. Man kann diese Diskussion nicht einfach ignorieren und abbrechen, man muß sie ernst nehmen, und wir müssen uns fragen: Soll man angesichts dieser Komplikationen, angesichts dieses hohen Konflikts- und Aggressionsgehalts nicht doch besser nach Alternativen Ausschau halten für die Ehe? Gibt es denn nicht schon Alternativen für die Ehe herkömmlicher Art, die praktiziert werden und über die bereits Erfahrungen vorliegen?

Neben der Monogamie gibt es inzwischen einen ganzen Katalog von Angeboten. Das beginnt bei der Selbstlösung dieser Probleme, die es natürlich seit eh und je gegeben hat, dem Seitensprung und Ehebruch – nach dem Motto: »Ehebruch ist kein Beinbruch.« Gewiß, wenn Ehebrüche auch nur für die Ehe als Institution sich katastrophal auswirken müßten, müßte jede zweite Ehe geschieden werden. Denn wir wissen aus Befragungen, die darüber vorliegen, daß es in jeder zweiten Ehe Ehebruch gibt. Dagegen werden bei uns etwa ein Drittel der jährlich geschlossenen Ehen geschieden. Darin wird also nur die Spitze des Eisberges ehelicher Entfremdung sichtbar. Wenn Untreue ein Scheidungsgrund wäre, dann wäre die Scheidungsrate weitaus höher.

Auch der englische Biologe Comfort mit seinem Buch ›Der aufgeklärte Eros‹ und der Schweizer Eheberater Bovet stimmen in diesem Punkt erstaunlich überein. Comfort schreibt: »Vermutlich ist Untreue weniger oft die Ursache für das Zerbrechen einer Ehe als die vorsätzliche Zerstörung der Verbindung zwischen Ehepartnern, die sich bereits aus anderen Gründen nicht mehr vertragen.« Und Theodor Bovet sagt, »daß Ehebruch in Wirklichkeit nur das letzte Glied einer langen Kette bildet« und daß vor allem wichtig ist, ihre Vorgeschichte zu behandeln – die Vorgeschichte der Untreue. Diese reicht oft sehr weit zurück, nicht selten bis in die Kindheit, wo man nicht gelernt hat, auf eigene Wünsche zu verzichten, wo man sein Ich ohne Korrektive der Mitwelt entwickelt hat, durch Verwöhnung vielleicht sogar hat wuchern lassen, wo man vielleicht einseitig an eine bestimmte Mutter- oder Vaterfigur gebunden war. Oder in die Jugend, in der man sich an Abwechslung gewöhnt hat. Wir wissen, daß Abwechslung von Sexualpartnern vor der Ehe statistisch auffallend korreliert mit Abwechslung von Partnern in der Ehe.

Nun gibt es tatsächlich Meinungen, wonach der Ehebruch als Rezept zur ›Sanierung‹ einer Ehe zu empfehlen sei. Trotz einer sicher verständnisvollen Kausalherstellung ist eine solche ›Heilmethode‹ schwerlich zu verantworten. Denn mit der intensiven Zuwendung zu einem anderen Partner, die – auch wenn sie gar nicht beabsichtigt war – in aller Regel die Folge ist, wird dem eigenen Partner weitere Liebesenergie entzogen, und die Basis für eine Weiterführung der Ehe wird oft noch schmaler, als sie es ohnehin schon ist.

Seitensprung kann also keine Alternative sein, sondern nur der Kompromiß derer, die sich für die konsequente Fortführung der Ehe nicht für geeignet halten. Und ein Dreiecksverhältnis auf Dauer, wie es insbesondere manchen Männern vorschwebt, mag zwar in einer polygamen Natur des Mannes verankert sein; mir ist jedoch kein Fall bekannt, in dem es sich ohne größere Probleme jemals in der Einehe auf Dauer verwirklichen ließ. Das gleiche gilt natürlich für ein Viereckverhältnis, den Partnertausch oder den Gruppensex, wenn man es noch erweitern will.

Sexuelle Lebensgemeinschaften in Form von Ehekommunen waren ebenfalls Experimente, die nicht sehr hoffnungsvoll verlaufen sind. Sie haben sich in der Regel bald aufgelöst, weil die schweren Konflikte nicht mehr tragbar waren, die neben der wirtschaftlichen Gemeinschaft auch sexuelle Gemeinschaft erzeugten. Und diejenigen, die für die Kommune nach wie vor eintreten, wie etwa Helmut Kentler, sagen eindeutig, es müsse die sexuelle Intimität des Paares respektiert werden, wenn im übrigen die Vorteile der Kommune sich durchsetzen sollen.

Eine echte und ernsthafte Alternative bietet allenfalls die Wohngemeinschaft zwischen Paaren und Familien. Sie kann für die Frau eine Befreiung aus den Zwängen des Haushaltsalltages bedeuten, für die Kinder die Erweiterung ihrer so einseitig eingeengten Umwelt und für alle Beteiligten die Sprengung der Grenzen der konventionellen Kleinfamilie. Insofern wird man diese Experimente, wenn sie unter Auswertung aller Erfahrungen und Berücksichtigung aller Gefahren in Zukunft sorgfältig eingegangen werden, mehr und mehr ernst nehmen und sicher auch fördern müssen, weil sie gegenüber der Kleinfamilie erhebliche Vorteile enthalten.

Aber auch hier bleibt es Glückssache, an welche Partner man kommt und wie lange solche Beziehungen halten. Sicherheit gibt es nicht mehr, und die Chance der Scheidung hat in jedem Falle zugenommen. Allerdings unterscheiden sich diese Chancen nach den jeweiligen Alters- und Lebensphasen.

Die kritischen Phasen und Altersstufen
Die Faszinationskrise

Die Liberalisierung der Sexualität und auch die Tatsache, daß junge Leute heutzutage früher reifen, hat dazu geführt, daß die Jugend viel zwangloser miteinander umgeht. Das schließt auch frühzeitige intime Kontakte mit dem anderen Geschlecht ein, wobei dies nicht unbedingt als Zeichen für eine schlechte Moral anzusehen ist.

Ganz im Gegenteil kann man beobachten, daß die Paare völlig aufeinander fixiert sind und nicht selten heiraten, kaum daß sie volljährig sind.

Oft liegt der Grund für eine solche Frühehe darin, daß die Partner auf der Suche sind nach der Liebe und Geborgenheit, die ihnen zu Hause vorenthalten wurde. Die so entstehende starke Anlehnungs- oder Bindungsbereitschaft ist letztendlich nur die Suche nach einem Vater- bzw. Mutterersatz. Dadurch sind jedoch beide Partner auf die Dauer überfordert, zumal sie darüber hinaus durch die Ehe quasi über Nacht eine große Zahl von Belastungen verarbeiten müssen. Das beginnt bei der Trennung vom Elternhaus, über die Wohnungssuche und -einrichtung, den Umgang mit Geld, die Führung des Haushalts bis hin zu der Schwierigkeit, mit dem Partner zurechtzukommen, mit dem man bislang vielleicht immer nur einige Stunden zusammen war.

Wenn dann noch etwa eine unerwünschte, weil zu frühe Schwangerschaft hinzukommt, bleibt die Krise meist nicht aus: Der junge Ehemann fühlt sich bald vernachlässigt, die junge Ehefrau enttäuscht. Er schielt immer mehr nach seinen gleichaltrigen, unverheirateten Freunden und beneidet sie um ihre Freiheit.

Sie sieht sich herausgerissen aus dem Berufsleben und hineingedrängt in eine ungeliebte Hausfrauenrolle. Die Probleme verstärken sich mehr und mehr und führen – laut Statistik – etwa im dritten Ehejahr häufig zur Scheidung. Aus dem ›verflixten siebenten Jahr‹ scheint also das ›verflixte dritte Jahr‹ geworden zu sein. Im siebenten Jahr ist bereits die Hälfte aller Scheidungen erfolgt.

Die Emanzipationskrise

Ein Paar, welches die ersten drei Jahre durchsteht, hat allerdings gute Chancen für die kommenden. Man ist damit beschäftigt, die anfangs geschmiedeten Pläne zu verwirklichen. Der Blick ist hoffnungsvoll in die Zukunft gerichtet. Natürlich bleiben dennoch Auseinandersetzungen nicht aus. Aber man überwindet sie im Interesse der Kinder, der Erhaltung des bisher Erreichten und des gemeinsam angestrebten Ziels. An diesem sollte man spätestens im Alter von etwa vierzig Jahren angekommen sein, denn als Faustregel gilt heute: Was man mit vierzig nicht erreicht hat, schafft man nicht mehr.

Das mag auch die Erklärung dafür sein, daß die vielzitierte ›Midlifecrisis‹ sogar denjenigen erfaßt, der beachtliche Erfolge aufweisen kann: Er spürt, daß der Gipfel erreicht ist, es kann also nun nur noch der Abstieg kommen, auch wenn er noch nicht sichtbar ist. Man blickt zurück und stellt sich unweigerlich die Frage: »Soll das alles gewesen sein?« Und auf einmal hat man das Gefühl, man hätte einiges versäumt, was es nun – bevor es endgültig zu spät ist – nachzuholen gilt. Bei Männern führt das oft dazu, daß sie sich in Affären und Romanzen stürzen, natürlich mit jüngeren Frauen, die ihnen das Gefühl des Älterwerdens nehmen. Gleichzeitig sind sie für ihn die Erfolgsbeweise, die er so dringend braucht und in seiner gewohnten Umgebung meist nicht mehr findet. Die allerersten Anzeichen der Krise um die Vierzig sind zum Beispiel: Der Mann legt plötzlich mehr Wert auf sein Äußeres, er will jünger wirken, sucht sich neue Hobbies und kritisiert häufig seine Frau. Viele Frauen nehmen dies übel, ziehen sich zurück bzw. wenden sich ab. Dabei wäre das Gegenteil genau das Richtige, denn das Verhalten des Mannes ist eigentlich nur eine verstärkte Suche nach Bestätigung. Er will immer wieder hören, daß ihm sein Lebenswerk gut gelungen ist, daß er selbstverständlich auch noch Chancen für die Zukunft hat.

Aber in einer Zeit, in der sich die Frau das gleiche Recht auf Selbstverwirklichung und Sinnerfüllung nimmt, erlebt auch sie in diesem Alter häufig eine ähnliche Krise: Die Kinder sind den überwiegenden Teil des Tages – oder bereits ganz – außer

Haus, durch den Haushalt allein kann sie sich nicht ausgefüllt fühlen. Ein Wiedereinstieg in den Beruf, sofern sie überhaupt einen erlernt hat, ist sehr schwierig. Diese Situation verstärkt bei vielen Frauen das Bewußtsein der Abhängigkeit, sie fühlen sich darüber hinaus von Mann und Kindern ausgebeutet und unterdrückt. Wenn dann noch unerwiderte Bedürfnisse nach Liebe und Zärtlichkeit hinzukommen, führt dies oft zum Ausbruch aus der Ehe und Hinwendung zu einem neuen Partner. Eine nicht unwichtige Rolle spielt hierbei die Tatsache, daß Frauen erst etwa Mitte Dreißig das Maximum ihrer vitalen Entfaltung und ihres sexuellen Verlangens erleben.

Um in einer solchen Krise den endgültigen Bruch zu vermeiden, bedarf es klarer, eindeutiger Entscheidungen. Wenn man sich für den Ehepartner entscheidet, heißt dies aber gleichzeitig, daß man sich gegen all die anderen lockenden Möglichkeiten entscheidet, die die eheliche Harmonie stören könnten. Erst dadurch ist die Chance eines Neuanfangs gegeben, die Schwierigkeiten und Probleme in einem gemeinsamen Lernprozeß zu lösen und so die Krise schließlich zu überwinden. Gelingt dies nicht, ist der Ausweg häufig eine Ergebenheit in ein Schicksal, das nur noch aus grauem Alltag zu bestehen scheint. Dem, der Ehen um sich herum beobachtet, drängt sich der Eindruck auf, daß sich die unhaltbarsten Zustände häufig am längsten halten.

Die Resignationskrise

Es ist wohl davon auszugehen, daß im Normalfall am Anfang einer Ehe immer der Wunsch steht, glücklich zu werden. Im Laufe der Jahre mögen so manche Paare festgestellt haben, wie schwer dieser Wunsch zu verwirklichen ist. Sie reduzieren ihre Glückserwartungen erheblich und sind froh, eine einigermaßen gute Ehe zu führen. Andere kommen zu der Erkenntnis, daß sie weder glücklich werden können, noch in der Lage sind, eine gute Ehe zu führen. Nach außen hin wird der Schein gewahrt, tatsächlich leben sie, völlig resigniert, nur noch nebeneinander oder terrorisieren sich gar mit täglich neuen Schikanen.

Aber wie jeder Verlust gleichzeitig einen neuen Gewinn bedeutet, so hat jedes Alter auch seine Chance. Das setzt allerdings voraus, daß auf die anfängliche Faszination eine ständige Gesprächsbereitschaft folgt. Und wenn von der Leidenschaft nicht Liebe, aber doch zumindest Achtung übrigbleibt, mag dies zwar das Ergebnis einer Resignation sein, aber doch einer fruchtbaren. Die Klassifizierung einer Ehe als glücklich oder unglücklich entspringt ohnehin einer zu einseitigen Sicht. Es gibt Stufen dazwischen, über die nachzudenken lohnt. Wer sich entscheidet, Krisen und Konflikte zu bejahen, den Partner zu akzeptieren, und bereit ist, an der Ehe zu arbeiten und in der Ehe zu lernen, kann auch die kritischen Phasen durchstehen.

Erfahrungen und Strategien

Solche kritischen Phasen sind meist Zuspitzungen von Entwicklungen, die auf einen Wendepunkt hintreiben, und gleichzeitig unerträgliche Spannungssituationen, die entweder den daran Leidenden zerbrechen oder ihm einen besseren Neubeginn ermöglichen. So enthalten Krisen immer eine negative und eine positive Chance. Sie bringen Verluste und Opfer mit sich, möglicherweise aber auch einen Gewinn an Beschränkung und Beruhigung, Verwesentlichung und Reifung. Sie sind der konkrete Ausdruck der Tatsache, daß der Mensch oft besser wird, wenn es ihm schlechter geht, daß eine negative Einschränkung in eine positive Wesensvertiefung umgemünzt wird. Dies ist allen uns bekannten Formen von Krisen gemeinsam: Lebens- und Entwicklungskrisen, Wirtschafts- und Versorgungskrisen, Gesundheits- und Reifungskrisen, Generations- und Familienkrisen. Es gilt auch für die Vielzahl der im Alltag sich zuspitzenden Ehekrisen, die letzten Endes auf der Unvereinbarkeit von Macht und Liebe, von Selbsthingabe und Selbstbehauptung beruhen.

Die folgenden Gefühlsmomente, ob sie nun bewußt oder unbewußt auftreten, sind in Krisen regelmäßig zu beobachten: »So kann es nicht weitergehen!« »Es muß eine Entscheidung getroffen werden.« »Die Situation kann nur besser oder schlimmer werden.« »Die Wende tut weh, das Ergebnis ist ungewiß.« »Krisen sind verbunden mit Angst und Einsamkeit.«

Eine Krise kann zur Katastrophe führen oder Kreativität wecken: den Ansatz auf einer neuen Ebene. Voraussetzung für Kreativität ist das Sichtbarwerden einer neuen, dritten Dimension: ein neuer Partner, ein Berater, eine transzendierende Kraft (Meditation, Gebet, Gott) eröffnen eine unerwartete und zunächst unmöglich scheinende Synthese. Zwischen den verhärteten Konfliktfronten tut sich eine Alternative auf. In der Situation der Krise suchen wir Hilfe, um dieses Dritte, diesen Neuansatz zu finden.

Das gilt auch für die Ehekrise. Dabei gehen unsere Bemühungen in alle möglichen Richtungen, und entsprechend vielfältig sind die herkömmlichen Therapien. Diese müssen gar nicht einmal schlecht sein. Es ist keineswegs so, daß in einer Ehekrise nur der Fachmann helfen kann. Oft ist es mit Hilfe bewährter Ratschläge und populärer Therapien den Betroffenen möglich, auch ohne fachliche Beratung und die damit häufig verbundenen Wartezeiten und Kosten auszukommen.

Die Pflege erotischer und zärtlicher Gefühle kann durchaus auch zur Lösung von Konflikten auf anderen Ebenen beitragen, etwa wenn vorausgehende Regeln und Richtlinien ihre zeitweilig wirksame Haltekraft eingebüßt haben. Wenn bewährte Regeln und veränderte Einstellungen nicht mehr helfen, kann das Bemühen um konkrete Alternativlösungen, Zwischen- oder Drittlösungen den Konflikt noch aufheben. Wenn alles nicht hilft, mag die positive Resignation, also die Geduld, oder die vertrauensvolle Hinwendung an die unsichtbare Macht ein Weg sein, uns Erleichterung und Entlastung zu bringen oder uns gar aus der unerträglichen Krise zu erlösen und zu erretten.

Bei aller Konfliktstrategie wird es nicht ausbleiben können, daß die Eheerwartungen im Laufe der Zeit umgeformt und in vielen Fällen reduziert werden müssen. Das muß aber nicht unbedingt als nachteilig bewertet werden. Nicht nur, daß es verschiedene Ehetypen gibt, außer der monogamen die verschieden polygamen oder ›stereogamen‹ (Dreiecksverhältnisse, Doppelpaare), es gibt auch innerhalb der partnerschaftlich verstandenen Einehe zumindest unterschiedliche Leitbilder.

Die Auflösung einer Ehe ist jedenfalls nicht unbedingt

immer die bessere Alternative. Denn meistens wiederholen sich die Konflikte in einer neuen Beziehung, weil sie in der Person begründet sind und weil die Partner nicht gelernt haben, Konflikte positiv zu lösen. Der andere Mensch garantiert noch nicht automatisch das größere Glück. Niemand hat das schärfer ausgedrückt als ein unbekannter chinesischer Weiser, der veränderungsfreudigen Partnern, vor allem Männern, zu bedenken gibt:

> Gibst du einer Frau den kleinen Finger,
> möchte sie den Phallus.
> Hat sie deinen Phallus,
> will sie heiraten.
> Ist sie verheiratet, wird sie herrschen.
> Herrscht sie,
> ist sie unglücklich.
> Unglück macht sie hysterisch.
> Ist sie hysterisch,
> bist du ruiniert.
> Bist du ruiniert,
> liebst du eine andere.
> Und siehe da:
> es ist das gleiche.

Übertriebene Glückserwartungen können unglücklich machen. Auch ist das individuelle Glücksverlangen oft ein großes Hindernis für eine gute Ehe. Eine bejahende Einstellung zu den Schwierigkeiten, Konflikten und Krisen, zur Wirklichkeit des anderen Partners, wie er ist, und zu der Tatsache, daß unser Leben auf dieser Erde nie vollkommen sein kann — keine Gesellschaftsordnung, keine Staatsordnung, kein Ehemodell, keine Partnerbeziehung kann dies —, sollte uns mit der Wirklichkeit versöhnen und uns helfen, unsere Situation liebenswert zu finden und womöglich liebenswerter zu machen. Darum ist auch mit allen Ratschlägen und Rezepten nicht zu garantieren, daß eine Ehe glücklich wird. Und dennoch müssen wir für die zahlreichen Fälle unglücklich endender Ehen gerüstet sein, wobei auch hier das Motto gilt: Besser glücklich geschieden als unglücklich verheiratet.

Das Leben lehrt es: Die Ehe kann beides sein: Lustschloß und Zwangsanstalt. Das Verwirrende liegt darin, daß die Bedingungen für das eine zugleich die Voraussetzungen für das andere sind: Ausschließlichkeit, Ganzheit und Dauer. Im Idealfall deckt sich das Wesensgesetz der Ehe mit den Spielregeln der Liebe. Wer wirklich liebt, möchte den anderen ausschließlich, ganz und für immer. Liebe sucht darin ihre Vervollkommnung, wie sie immer das Absolute und Vollkommene sucht. Insofern wohnt ihr ein tiefer Zug zur Ehe inne, der auch durch die vermehrte und verfrühte Heiratsneigung der Gegenwart unterstrichen wird, die weit stärker ausgeprägt ist als die Tendenz zu flüchtigen Partnerbeziehungen oder Gruppensex.

Wie aber, wenn sich das Institutionelle mit dem Individuellen nicht mehr deckt? Wenn der Krug der Ehe nicht mehr dazu dient, den kostbaren Wein der Liebe zu bewahren, sondern wenn der Inhalt sich verflüchtigt, der Krug hohl und leer ist? Hat dann das Gefäß mit der Aufschrift ›Ausschließlichkeit, Ganzheit und Dauer‹ noch ein Recht auf Bestand, oder sollte es um der Ehrlichkeit willen nicht lieber zerschlagen werden?

2. Der Scheidungsboom

Die Explosion der Scheidungsziffern

Die Probleme der Partnerschaft nehmen mit wachsender Mündigkeit und steigendem Anspruchsniveau der Menschen ständig zu. Sie schlagen sich in den seit mehr als zehn Jahren hochschnellenden Scheidungsziffern nieder. Das reformierte Ehe- und Scheidungsrecht, das zur Lösung der veränderten Probleme beitragen sollte, hat zwar alte Fragen beantwortet und Nachteile beseitigt – besonders im Blick auf Unterhalt und Versorgung –, aber es hat auch neue Fragen aufgeworfen. Wenn es jetzt keine Scheidungsgründe im engeren Sinne dieses Wortes mehr gibt, weil man Scheidung sozusagen auch schuldlos und ohne Grund beantragen kann, so erregen dafür um so mehr die wirklichen Gründe und Hintergründe des Scheidungsbooms unsere Aufmerksamkeit. Die Zahl der Scheidungen liegt in der Bundesrepublik derzeit bei weit über 120000 jährlich. Ihr Anteil an der Gesamtzahl der Ehen hat sich im letzten halben Jahrhundert verfünffacht. Er ist immer noch am niedrigsten auf dem flachen Lande und am höchsten in der Großstadt. Ehen von Angestellten werden zehnmal so häufig geschieden wie solche von Landwirten. Die Scheidung evangelischer Partner ist dreimal so zahlreich wie die katholischer, am häufigsten werden konfessionelle Mischehen geschieden, die etwa ein Fünftel aller Ehen ausmachen. Früh geschlossene Ehen landen erheblich häufiger vor dem Familiengericht als später zustande gekommene. Und die Hälfte aller Scheidungen findet in den ersten sieben Ehejahren statt, der Hauptanteil bereits im dritten.

Diese wenigen Tatsachen zeigen bereits, daß man die Scheidung nicht mehr als eine individuelle Ausnahmeerscheinung betrachten kann. Ehedem als Konsequenz persönlichen Versagens oder sittlichen Verschuldens beklagt, ist sie zu einer gesellschaftlichen Massenerscheinung geworden, die nicht mehr nur mit individuellen Gesichtspunkten und Maßstäben erfaßt, sondern auf dem Hintergrund gewandelter sozialer, seelischer und sittlicher Tatbestände gesehen werden muß.

Die wahren Scheidungsgründe

Die verschiedenen Ursachen hängen zwar mehr oder minder miteinander zusammen, der Übersichtlichkeit halber sollen sie aber in einzelne Punkte gegliedert werden:

1. Desintegration

Desintegration bedeutet nach René König die Tendenz der Herauslösung, um nicht zu sagen der Herausfall der Familie aus der Einheit der Gesellschaft. Die Gesellschaft ist – wie man umgekehrt sagen könnte – nicht mehr familienkonform. Ihre Strukturen werden immer anonymer, Ehe und Familie dagegen werden immer intimer und privater. Sie werden als Gegenprinzip zur Gesellschaft verstanden, als Erholungsoase inmitten der gesellschaftlichen Wüste.

Einst waren Gesellschaft, Staat, Ehe und Familie patriarchalisch aufgebaut – diese Einheit ist zerfallen.

2. Desorganisation

Ehepartner und Familienmitglieder teilen nicht die wichtigsten Bereiche ihres gesamten Lebens miteinander. Da die meisten Menschen außerhalb des Hauses berufstätig sind, sind die Partner den größten Teil der Zeit ihres bewußten Lebens getrennt. Man hat die Familie im Zeichen der Desorganisation, was die Tendenz des Trennens, ja Auseinanderfallens meint, auch schon als eine Garage bezeichnet, in die man nachts hineinfährt, um morgens wieder herauszufahren.

3. Mobilität

Nach stammes- und schichtmäßiger Herkunft sind die Menschen in unserer Gesellschaft durcheinandergewirbelt, was eine Begegnung zweier Partner mit ähnlichen Ausgangsbedingungen überaus erschwert. Wir wissen aber, daß eine Ehe um so stabiler ist, je mehr gemeinsame Bedingungen die Partner verbinden. Dazu zählen das Alter und der Bildungsgrad, die konfessionelle und politische Überzeugung, Stammesherkunft und Sprache, Sozialschicht und Erziehungsstil, Berufsrichtung und Freizeitinteressen.

4. Längere Ehedauer

Die erheblich gestiegene durchschnittliche Lebenserwartung und die Tatsache, daß die Ehe gleichzeitig auch früher geschlossen wird, führt zu einer Verlängerung der Ehedauer. Allein dadurch erhöht sich das Risiko einer Scheidung. Wer Anfang Zwanzig heiratet und über siebzig Jahre alt wird, müßte die Goldene Hochzeit feiern. Wem gelingt das heute noch? Den wenigsten wohl.

5. Geringe Kinderzahl

Scheidungen kinderreicher Ehen sind sehr selten. Damit ist zwar noch nicht bewiesen, daß Kinder eine Ehe glücklicher machen, aber sicher machen sie sie stabiler, und sei es nur aus dem Grund, daß man schwerer auseinanderläuft, denn die Verantwortung für die gemeinsamen Kinder bindet. Mögen Kinder also auch keine innere Bindung erzeugen, so bedeuten sie jedenfalls einen äußeren Halt. Die konsequentere Familienplanung mit dem Effekt des Zwei-Kind-Systems in etwa 50 Prozent aller Ehen nimmt einen großen Teil dieses Halts und macht die Ehe damit selbst flexibler und in Krisen leichter bereit, an Trennungen und Beendigung des einmal Begonnenen zu denken.

6. Funktionswandel

So wie die Familie sich von einer Produktionsgemeinschaft zur Konsumgemeinschaft, von der Großfamilie zur Kleinfamilie entwickelt hat, so ist aus der Ehe statt einer gebundenen und geborgenen eine ungebundene und ungeborgene Einrichtung geworden. Nicht mehr durch Scholle oder Werkstatt, durch Beruf und Tradition, durch Verwandtschaft und Nachbarschaft, durch Sitten und Bräuche eingebunden in größere Zusammenhänge, begegnen sich zwei Partner und treffen eine individuelle Entscheidung füreinander. Aus der Ehe als Stiftung wird die Ehe als Vertrag. Sie schafft keinen eigenen Stand mehr, der als gottgewollte Ordnung bejaht wird. Die Ehe wird zwar formell noch durch einen staatlichen Hoheitsakt und kirchliche Weihe konstituiert. Im Erleben der Menschen und in ihrem sozialen Verhalten rangiert sie jedoch weniger als Institution, denn als Intimgruppe. So wird als Motiv ihrer Gründung denn auch weitaus vorherrschend die individuelle Liebe angesehen.

Die Liebe der Menschen jedoch ist schwankend und unberechenbar, sie führt durch Höhen und Tiefen, sie kann wachsen und zerfallen. Von diesen Wechseln wird jetzt die Ehe mit betroffen, wenn man sie als eine Art Funktion der Liebe betrachtet.

7. Überhöhte Glückserwartungen

Die Ehe wird als Glücksquelle angesehen, man verspricht sich von ihr vor allem die sexuelle Erfüllung. Dies hat bis vor wenigen Jahrzehnten in den meisten Ehen keine zentrale Rolle gespielt. Sicher hat sich das gesellschaftlich nachteilig ausgewirkt und das Potential von Aggression gesteigert, Konflikte begünstigt. Einen Teil dieser Konflikte, vor allem innerhalb der gleichen Gesellschaft, vermochte das stabilere Normen- und Moralsystem zu binden. Heute ist die sexuelle Erfüllung vieler Menschen durch Aufklärung, Beachtung und die höhere Wertschätzung des Körpers größer geworden. Zugleich aber auch die Erwartung und ein damit verbundener sexueller Leistungsdruck. Charakteristisch ist die Zunahme von Impotenz und Frigidität unter dem Einfluß dieses Leistungsdrucks und der enttäuschten Erwartungen.

8. Ungleiche Emanzipation

In vielen Ehen herrscht – trotz aller Emanzipation – immer noch die Rollenverteilung zwischen dem aktiven Mann und der passiven, sich fügenden Frau. Abgesehen davon, daß sie sich als ungerecht für die Entwicklung des einzelnen zeigt, wirkt sie sich auch zerstörerisch auf die Ehe aus. Wenn Emanzipation nicht von einem höheren Partnerschaftsinteresse gesteuert wird, werden die Folgen verheerend sein. Darum konnte Martin Buber mit Recht sagen: »Das Gegenteil von Zwang ist nicht Freiheit, sondern Verbundenheit.«

9. Frühe Bindung

Die Zahl der Frühehen hat in den vergangenen 50 Jahren enorm zugenommen – eine Folge des früheren Reifeeintritts bei den jungen Leuten. Mit der biologischen Reife ist aber noch nicht automatisch die soziale Reife verbunden. Man muß mehr lernen und mehr leisten in der modernen Gesellschaft. Mann und Frau sein, das scheint man bald zu können, und daraus entstehen oft Bindungen, die man eigentlich noch gar nicht wollte und die man noch nicht mit beständigen Gefühlen ausfüllen kann. Liebe reift allmählich. Am Anfang mag Neugier, die Suche nach Halt und Verständnis stehen – vor allem dann, wenn das Verhältnis zu den Eltern getrübt ist.

Jeder Mensch hat das Bedürfnis nach einem Menschen, der sich nicht nur aus Pflicht, sondern aus Neigung um ihn kümmert. »Man möchte doch gern jemand haben, auf den man sich freut, auf den man warten kann und von dem man weiß, daß er selbst auf einen wartet. Jemand, mit dem man reden, neben dem man gehen und dem man sich anvertrauen kann. Jemand, der auch den Ärger, den man im Geschäft hat, ernst nimmt, der einem Ratschläge geben kann. Jemand, bei dem man sich geborgen fühlt«, wie ein sechzehnjähriges Mädchen dem Berater gegenüber sagte.

Oder ein männlicher Jugendlicher: »Wissen Sie, ich will wenigstens einen Menschen haben, von dem ich weiß, daß er mich gern hat, den ich gern haben kann, der mich versteht, der mich anhört, dem ich alles sagen kann, der mir alles sagt, der Zeit für mich hat und der mich nicht dauernd anmeckert.«

Die Eltern sind sehr häufig die indirekte Ursache der frühen Eheschließung. Sie stehen selbst bis zum Hals im Daseinskampf und geben ihren Kindern nicht das Maß an Zuwendung, welches junge Menschen nun einmal brauchen. So hängen sie sich aneinander und suchen sehr oft nach einem Elternersatz im Partner. Bindungen dieser Art wirken sich selten gut aus, und wir finden sie besonders häufig unter den Fällen, die wir in der Eheberatung kennenlernen.

Überhaupt ist für das Ergehen junger Ehen die Haltung der Eltern schlechthin ausschlaggebend. Selbst wenn sie die Kinder unterstützen und fördern, schaffen sie damit neue Abhängigkeiten. Am besten ist immer noch jene rücksichtsvolle und fürsorgliche Distanz, die den Menschen anscheinend besonders schwerfällt. Sich nicht einzumischen und doch da zu sein, wenn man gebraucht wird, verlangt einige Reife. Frühehen, die von den Eltern ganz getrennt sind, entwickeln sich erfahrungsgemäß günstiger als solche, die in enger räumlicher und seelischer Abhängigkeit zu den Eltern stehen. Im Grunde sind nämlich die meisten Eltern nicht vom Wert einer Frühehe überzeugt und zweifeln am guten Ausgang. In diesem Fall tun sie auch einiges dafür, so wie sie vorher alles gegen ihr Zustandekommen getan haben. Verständlich ist diese Haltung, denn tatsächlich werden Frühehen häufig geschieden. Die Eltern tragen aber mit ihrer Haltung oft selbst zum Scheitern der Ehe bei. Wenn Eltern jungen Leuten wirklich zum Gelingen einer Frühehe helfen wollen, dann muß das vorurteils- und selbstlos geschehen. Dann müssen sie mit den jungen Leuten den Mut zur Frühehe, wenn sie schon einmal eingegangen wurde, teilen. Wer diesen Mut nicht hat und vielleicht schon eher an die Scheidung denkt als das junge Paar selbst, trägt damit zum Mißlingen der jungen Ehe bei. Und Belastungen hat die Frühehe in unserer Gesellschaft wahrlich genug auszuhalten.

Ihr äußerer Anlaß ist bei fast 90 Prozent das erwartete Kind. Sicher wären auch viele dieser Ehen ohnedies geschlossen worden, aber ebenso sicher die meisten nicht so früh. Ehen jedoch, die nur oder in erster Linie wegen des Kindes eingegangen werden, haben es sehr schwer und scheitern oft schon in den ersten Jahren. Ein Kind ist kein hinreichender Heiratsgrund. Es ersetzt die Liebe zwischen den Partnern nicht. Gerade sie braucht bei jungen Leuten Zeit zum Wachsen und sollte nicht den Belastungen durch äußere Bedingungen, auch nicht durch das eigene

Kind, ausgesetzt werden. Es kann dazu führen, daß die Frau es als einen Klotz am Bein empfindet und der Mann Mutter und Kind schließlich als zwei ›Klötze‹.

Die Belastungen, die eine Ehe mit sich bringt, sind so vielfältig, daß selbst Erwachsene darunter leiden – wieviel mehr erst zwei junge, unvorbereitete, lebenshungrige und gewiß auch noch etwas unreife Menschen. Um eine solche Ehe in Schwierigkeiten geraten zu lassen, bedarf es keiner ungünstigen Charaktereigenschaften, keines besonderen Egoismus, keiner Streitlust und Liebesunfähigkeit. Ganz normale Menschen werden an einer solchen Situation leiden, in die sie völlig unvorbereitet hineinschlittern und die ihnen schon nach relativ kurzer Zeit die Scheidung als einzige Lösung erscheinen läßt.

10. Fehlende Ehevorbereitung

Wir bereiten junge Menschen in einer langen Ausbildung für ihren Beruf vor. Wenn sie ein Moped fahren wollen, müssen sie einen Führerschein erwerben, und um Tanzen zu lernen, besuchen sie eine Tanzschule. Aber für das wichtigste Unternehmen ihres Lebens, für die Ehe, bereiten wir sie nicht ausdrücklich vor. Darin liegt eine gesellschaftliche Unterbewertung von Liebe und Ehe, die dem Lebensgefühl und der Lebenserwartung des einzelnen Menschen, insbesondere des jungen Menschen, schroff widerspricht.

Junge Menschen brauchen für die Ehe, ihren wichtigsten Nebenberuf, heute eine umfassende Vorbereitung. Hätten sie diese erhalten, würden nicht so viele Ehen, insbesondere Frühehen, scheitern.

Die Berücksichtigung dieser Hintergründe ist geeignet, gegenüber der Scheidung toleranter zu machen und den Scheidungsprozeß von moralischen Schuldaspekten zu entlasten. Der Schritt vom Verschuldens- zum Zerrüttungsprinzip ist also konsequent, wenn man aus der Einsicht in die gesellschaftlichen Bedingtheiten des Scheidungsgeschehens die Folgerungen zieht. Andererseits soll die individuelle Verantwortung keineswegs aufgehoben und dem einzelnen das Risiko seiner persönlichen Lebensmeisterung etwa genommen werden.

Insgesamt gesehen ist die höhere Scheidungsfreudigkeit nicht etwa mit einer Absage an die Ehe gleichzusetzen. Denn die meisten Geschiedenen heiraten innerhalb kurzer Zeit erneut. Sie waren von der einen Ehe enttäuscht und lösten sie auf, um eine hoffnungsvollere einzugehen. Natürlich konnte das reformierte Scheidungsrecht nicht dazu beitragen, die Ehen selbst zu bessern und Scheidungen zu vermeiden. Bei allem Versuch zur Perfektion kann schließlich auch das beste Scheidungsrecht nicht besser sein als die Menschen, die damit leben sollen und die nun einmal voller Fehler und Schwächen stecken. Ein Gesetz könnte noch so vollkommen sein – es könnte bei unvollkommenen Menschen keine vollkommenen Ehen schaffen.

Umgekehrt muß ein unvollkommener Mensch beim Scheitern seiner engsten Beziehungen mit Hilfe des Rechts in die Lage versetzt werden bzw. sich selbst setzen, eine wenigstens erträgliche und faire Lösung zu finden, wenn schon eine optimale und vollkommene Gestaltung dieser Beziehung nicht mehr möglich ist. Auch wenn der Gesetzgeber nach wie vor von der auf Lebenszeit angelegten Dauer der Ehe ausgeht, macht er dennoch deutlich, daß – wenn diese Ehe scheitert – eine Scheidung eine durchaus vernünftige Konsequenz ist, sofern die Folgen dieser Scheidung gleichmäßig und gerecht verteilt werden. Dafür zu sorgen, scheint aussichtsreicher und notwendiger denn je. Vor allem sollten Scheidungen mit weniger nachteiligen Folgen für die Kinder möglich werden, die noch immer die Hauptbetroffenen bleiben.

Der Prozeß und seine Folgen

Die Zahl der Kinder, die durch Scheidung ihr Elternhaus verlieren, hat sich in der vergangenen Zeit von Jahr zu Jahr ständig erhöht. Offenbar sind Ehepartner, die in einer zerrütteten Beziehung leben, zunehmend leichter bereit, sich nicht durch die Verantwortung für gemeinsame Kinder zusammenhalten zu lassen. Für Kinder wird die gescheiterte Ehe der Eltern mindestens so sehr zum Schicksal wie für diese selbst. Hilflos, abhängig und überdies unschuldig am Scheitern der Ehe, erleiden sie die damit verbundenen menschlichen Katastrophen oft am schwersten und nachhaltigsten.

Wie sehr sich das Verhalten der Eltern auf die Kinder auswirkt, zeigt der Bericht von Sylvia B.: »Seit ich denken kann, streiten, beschimpfen und schlagen sich meine Eltern. Als ich heiratete, habe ich mir vorgenommen, alles anders zu machen. Meine Schwester, die ebenfalls seit fünf Jahren glücklich verheiratet ist, hatte zunächst Angst vor einer Ehe. Sie fürchtete, ihrer Familie das nicht geben zu können, was wir selbst nie gehabt haben: ein schönes Zuhause. Doch das Gegenteil ist der Fall. Wir verachten unsere Eltern nicht, aber wir sind beide froh und dankbar, daß wir es geschafft haben, unseren Kindern Liebe und Geborgenheit zu geben. Es ist schwer für einen jungen Menschen, wenn er das Elternhaus verläßt, weil er es dort nicht mehr aushält. Als junges Mädchen wollte ich mir mehrere Male das Leben nehmen, aus Verzweiflung. Seit ich verheiratet bin, geht es mir zum erstenmal in meinem Leben gut.«

Sylvia B. ist kein Einzelfall. In den meisten Fällen läßt sich nachweisen, daß eine gestörte Ehe auch die Entwicklung der Kinder stört. Das wirkt sich allgemein aus: Den Kindern geht die Geborgenheit und das natürliche Urvertrauen verloren. Auch in einer normalen Familie merken Eltern sehr genau, daß sich eine eheliche Störung sofort in der Stimmung der Kinder niederschlägt. Sie werden nervös und gereizt, anfällig, weinerlich. Kinder aus gestörten Ehen sind in der Schule meistens auffälliger und leistungsschwächer, vor allem, wenn die Störung länger anhält und zu ständigen Streitereien und zur Zerrüttung führt, so daß schließlich kein friedliches, heimatgebendes Familienleben mehr möglich ist.

Es wirkt sich aber auch speziell aus: Es prägt nämlich das Bild von der Ehe, das sich in das Unbewußte der Kinder einsenkt und ihre weiteren Wege vorbestimmt. So wie man den Vater erlebt, prägt sich das Bild des Mannes. Beim Jungen entsteht ein Leitbild für das eigene Verhalten – sei es positiv oder negativ. Beim Mädchen formt sich eine Erwartung für Art und Verhalten des künftigen Liebespartners vor. Ist dieses Bild von Güte, Freundlichkeit, von Stärke und Überlegenheit, von Initiative und Tatkraft bestimmt, so wird das junge Mädchen diese Eigenschaften auch von ihrem späteren Mann erwarten, vor allem dann, wenn die Mutter diese Eigenschaften anerkannte und mit ihnen sichtlich glücklich war. Das gleiche gilt natürlich auch für die Vorbildwirkung der Mutter: Das Mädchen identifiziert sich mit ihr, möchte so werden, jedenfalls dann, wenn es sich als harmonisch und positiv erwies. Und umgekehrt wünscht sich der Junge eine solche Frau.

Dieser natürliche Prozeß der Bildung von Leitbildern und Verhaltensmustern, von Idealen und Identifikationen wird durch jede eheliche Störung in Frage gestellt. Ist der Vater despotisch und intolerant und die Mutter begehrt dagegen auf, so daß es zu Auseinandersetzungen kommt, so lehnt das Kind diesen Vater und seine Eigenschaften ab. Es bildet sich aber in ihm nicht von selbst ein Gegenideal. Seine Wunschvorstellungen bleiben rahmenhaft und allgemein, sie haben nicht die anschauliche Vorbildkraft und Prägewirkung wie ein erlebtes Ideal. Die Abhängigkeit vom negativen Vorbild bleibt trotz der Ablehnung bestehen und führt zu innerer Zerrissenheit und meistens zu Unglück. Es kann sein, daß ein Kind dann ganz die Partei der Mutter ergreift und sich stärker an sie bindet. Das enthält aber die Gefahr, daß dann ein väterliches oder männliches Leitbild gar nicht erst entsteht und der Mann überhaupt abgelehnt wird.

Eine derartige Entwicklung wird häufig von der Mutter auch noch begünstigt, die selber vom Mann enttäuscht wurde. Vielleicht war sie selbst sogar schon von ihrem Vater enttäuscht. Ganze Generationsketten unglücklicher Ehen entstehen auf diese Weise. Die Konstellationen pflanzen sich fort und machen die Kinder unfähig zur eigenen Ehe, weil sie selbst nicht das geglückte Rollenspiel zwischen sich ergänzenden Partnern erlebt haben. Manchmal gelingt, sozusagen im Protest und wenn der richtige Partner gefunden wird, doch eine gute Ehe. Und die kann dann besonders gut werden, weil man über die bitteren Erfahrungen verfügt, die einen reifer machen können.

Allerdings ist es leider oft so, daß sich Partner aus unglücklichen Ehen mit unglücklicher Eheerwartung auch noch gegenseitig anziehen, so daß das Übel meistens verschlimmert wird. Gerade Menschen, die aus zerrütteten oder geschiedenen Ehen stammen, sollten besonders sorgfältig nach einem harmonischen, in seiner Entwicklung ungestörten und möglichst aus einer glücklichen Ehe stammenden Partner suchen. Vielleicht überwinden sie dann im Laufe der Jahre das tiefe Trauma, die Wunde, die aus ihrer Kindheit in ihnen ist. So wie etwa im Fall von Agnes E.: »Mein Mann ist – ganz im Gegensatz zu mir – in einer überaus harmonischen Familie aufgewachsen. Daß wir eine glückliche Ehe führen, ist zu einem Großteil sein Verdienst. Seine Geduld und seine Liebe haben es möglich gemacht, daß wir die ersten, überaus stürmischen Jahre unserer Ehe überstanden haben.«

Ähnlich erging es Karla F., die ebenfalls aus einer geschiedenen Ehe stammt und mit Erfolg versuchte, ihr Leben aus der dadurch vorgebahnten Spur zu reißen. Sie achtete besonders auf Charakter und Herkunft ihres Mannes und führt mit ihm heute eine gute Ehe. Allerdings haben sich die negativen Eindrücke aus ihrer Kindheit nicht völlig verwischen lassen. Karla F. ist sehr ernst geworden und auch bis heute geblieben. Trotz der eigenen guten Erfahrungen grübelt sie immer noch über die Spannungen im Elternhaus und versucht, sie zu verstehen. Tief in ihrem Innersten bleibt sie länger von ihnen abhängig, als man gewöhnlich meint.

Daran wird deutlich, daß die Ehe der Eltern nicht zwangsläufig zum Schicksal der Kinder werden muß, aber daß sie doch das ganze Leben prägt. Wenn ihr Einfluß belastend und schädlich war, bedarf es allerdings vieler Gegenkräfte, um ihn zu überwinden.

Viele Eltern unterliegen dem verhängnisvollen Irrtum, daß ausschließlich ihre Erziehungsmethoden auf die Kinder einwirken, nicht jedoch andere Dinge, die sie gewöhnlich vor ihnen verbergen. Sie meinen, ihre Ehe sei doch eine so intime und nach außen nicht erkennbare Beziehung, daß die Kinder davon nicht viel spüren könnten. Das Gegenteil ist der Fall. Die Ehe ist die Grundlage der Erziehung. Auf einer Ehe, die nicht stimmt, kann sich keine Erziehung aufbauen, die stimmt. Auf der anderen Seite ist eine gute Ehe schon in sich Erziehung und macht alle Erziehung leichter. Es schafft in den Kindern Geborgenheit, Vertrauen und die Gewißheit, daß das Leben gut werden kann, wenn die Eltern sich anstrahlen und einander unterstützen, wenn sie sich offen aneinander und gemeinsam an ihren Kindern freuen, sich nach Auseinandersetzungen spürbar versöhnen.

Um Streit und Auseinandersetzungen, die auch in einer guten Ehe nicht ausbleiben werden, ertragen zu können, bedarf es eines stabilen Vertrauens. Vor allem in den ersten Jahren der Kindheit muß die Ehe besonders gepflegt werden, um dieses Vertrauen wachsen zu lassen. Ehen von Kindern haben eine größere Chance, gut zu werden, wenn die Ehe der Eltern wenigstens am Anfang gut war, selbst wenn sie später Schiffbruch erlitt. Auch in den Fällen, in denen die Kinder sich gleichsam zum Trotz gegenüber dem, was sie an Schlimmem erleben mußten, eine gute Ehe vornahmen und mit viel Opferbereitschaft und Zähigkeit auch verwirklichten, war wahrscheinlich die vitale Vertrauensbasis schon geschaffen. Dies kann uns Hoffnung machen, daß eine schlechte Ehe und als deren Folge die Trennung der Eltern sich nicht zwangsläufig nachteilig auf die Entwicklung der Kinder auswirken muß. Selbstverständlich kommt es sehr darauf an, in welcher Weise Eltern ihre Konflikte lösen und wie die Scheidung vonstatten geht.

In den meisten Fällen geht der Scheidung ein oft jahrelang währender Kampf der beiden Ehepartner voraus, der gekennzeichnet ist von ständigen Zerwürfnissen und Streitereien. Diese Zeit ist meist schädigender für das Kind als die Scheidung selbst oder die Zeit danach. Es verliert sein Vertrauen zu den Eltern, seine Sicherheit und Geborgenheit, zumal es in der Regel noch klein ist. Das Kind spürt, daß es sich nicht auf beide Eltern verlassen kann, und schwankt mit deren Launen und Stimmungen, wendet sich einmal dem einen, dann wieder dem anderen Elternteil mehr zu. Es wird emotionalen Wechselbädern ausgesetzt, die für die Entwicklung wahrscheinlich die verheerendsten Auswirkungen haben, ähnlich wie eine inkonsequente Erziehung. Wenn dann die Scheidung bereits im Gespräch ist, wird der Bruch nach außen hin zugegeben, die Verheimlichungsmanöver fallen fort. Die Folge ist, daß die Kinder nun entweder ganz in den Hintergrund gedrängt oder aber als Waffe im Ehekrieg um so heftiger eingesetzt werden. Das, was vorher unbewußt an ihnen zerrte und zehrte, müssen sie nun bewußt verarbeiten. Bei dem in aller Regel folgenden Tauziehen um die Kinder erfahren sie erneut Wechselbäder zwischen Zärtlichkeiten und Gehässigkeit. Die seelischen Wunden, die einem Kind damit zugefügt werden, können – wenn überhaupt – nur ganz allmählich wieder heilen mit Hilfe desjenigen Elternteils, dem es zugesprochen wird. Darin wird deutlich, daß auch für das Kind die Scheidung der Eltern eine Wohltat sein kann, vor allem dann, wenn die Eltern ein faires Arrangement finden und sich in Achtung voneinander trennen, vielleicht sogar menschlich verbunden bleiben.

Dies wiederum wäre eine gute Voraussetzung dafür, daß die Regelung des Sorgerechts und des Verkehrsrechts nicht zum Problem wird. Denn davon hängt es auch in hohem Maße ab, ob sich die Scheidung für das Kind verhängnisvoll oder heilsam auswirkt. Mir sind viele Fälle bekannt, in denen sich das Verkehrsrecht jenes Elternteils, der nicht die tatsächliche Personensorge und die erzieherische Verantwortung für das Kind ausübt, als störend für die Erziehung erweist. Wenn ein Kind einmal im Monat oder alle vierzehn Tage einen Tag oder ein Wochenende mit dem anderen Elternteil verbringen soll, der es womöglich völlig anders behandelt, es konzentriert verwöhnt, sich Liebe mit Süßigkeiten und anderen materiellen Zuwendungen erkaufen möchte, so kann dies ein Kind jedesmal aufs neue durcheinanderbringen. Das sollte um so mehr die Frage nahelegen, ob Scheidung wirklich sein muß. Welches sind im einzelnen die Möglichkeiten des Paares, das sich auf dem ›Scheideweg‹ befindet?

3. Der Scheideweg

Trennung ohne Scheidung

Nicht zwangsläufig muß der Weg einer gefährdeten Ehe vor den Scheidungsrichter führen. Eine Zwischen- oder Übergangs- oder auch Heilungsstation bildet die Trennung.

Bestens gelaunt kam Frank nach Hause und begrüßte seine Frau mit strahlendem Lächeln: »Rate mal, was ich hier habe!« Martina ahnte nichts Gutes. Aus der Tüte, die Frank hinter seinem Rücken versteckt hatte, kamen eine Bluse für sie, ein Pullover für ihn und ein T-Shirt für die Tochter zum Vorschein. Die Sachen waren alle sehr hübsch, doch Martina konnte sich nicht darüber freuen; sie dachte nur an das Geld, das ihr Mann wieder einmal leichtsinnigerweise ausgegeben hatte. »Sag mal, du freust dich wohl überhaupt nicht?« fragte Frank in diesem Augenblick. »Nein. Wie soll ich mich freuen können, wenn ich ganz genau weiß, daß wir uns teure Garderobe momentan nicht leisten können.« – »Du kannst einem wirklich jede Freude verderben. In letzter Zeit bist du ein richtiger Miesepeter geworden.« Die Enttäuschung in Franks Stimme war zwar nicht zu überhören, dennoch nahm er das Ganze nicht so tragisch. Aber gerade diese Leichtsinnigkeit war es, die Martina aus der Fassung brachte. Um nicht – wie schon so oft in derartigen Situationen – wieder Krach zu bekommen, ging sie ohne ein Wort aus dem Zimmer.

Sie hatte es aufgegeben, ihrem Mann ständig Vorhaltungen wegen seiner unnötigen Geldausgaben zu machen, weil sie damit ja doch nie etwas ausgerichtet hatte. Jedesmal war Frank über ihre Bedenken hinweggegangen. Resigniert nahm sie es eine Weile hin, doch abfinden konnte sie sich nicht mit diesem unbeständigen Lebenswandel. Immer häufiger fragte sie sich, was sie damals, vor ihrer Hochzeit, die nun schon achtzehn Jahre zurücklag, an ihm geliebt hatte. Irgendwann kam sie zu der beängstigenden Erkenntnis: »Was ich damals an ihm so mochte, sehe ich heute mit ganz anderen Augen und finde es abstoßend und ärgerlich.« Wenn er ihr früher Blumen mitbrachte und ihr Geschenke machte, war sie gerührt. Es imponierte ihr auch, daß er stets modern und schick gekleidet war. Heute fand sie das alles überflüssig und unnötig. Ihrer Ansicht nach reichte es aus, wenn man ordentlich aussah. »Damals war ich stolz darauf, daß er durch seine liebenswürdige Art die Aufmerksamkeit aller auf sich zog«, überlegte sie weiter, »jetzt wirkt er auf mich manchmal wie ein aufgeblasener Gockel. Und seine Vorliebe für Fußball, die ich früher typisch männlich fand, sehe ich heute als reinen Fanatismus. Manchmal habe ich den Eindruck, Frank ist nie richtig erwachsen geworden. Anders läßt es sich nicht erklären, daß er so leichtsinnig mit unserem Geld umgeht. Er will auf nichts verzichten, sich nicht einmal einschränken, und der Schuldenberg wächst ständig weiter. Wenn ich ihn darauf hinweise, wirft er mir vor, ich wäre eine kleinbürgerliche und völlig andere Frau geworden. Wir haben uns auseinandergelebt. Gibt es für unsere Ehe noch eine Chance, oder ist eine Scheidung unvermeidbar?«

Martina stammt aus einer Beamtenfamilie mit drei Kindern, wurde in bescheidenen Verhältnissen groß und als mittlere Tochter nicht übermäßig beachtet. Als sich der fünf Jahre ältere, charmante Frank um sie bemühte und ihr den Hof machte, war es um ihre Vernunft geschehen. Es sprach nur noch das Herz der erst Siebzehnjährigen. Sein selbstbewußtes Auftreten beeindruckte ihr schüchternes Wesen, auch die Blumen und Geschenke verfehlten ihre Wirkung nicht: Sie war verliebt bis über beide Ohren. Er wiederum sonnte sich in ihrer Anhimmelung und versäumte es nicht, sich immer ins rechte Licht zu rücken.

Aber warum suchte er soviel Bestätigung und Anerkennung? Frank war in einer Handwerkerfamilie aufgewachsen. Sein älterer Bruder wurde ihm häufig als Vorbild hingestellt. So glaubte er sich im Schatten dieses Bruders und litt unter der Zurücksetzung durch die Eltern. Bald war er überzeugt, daß niemand ihn wirklich liebte und er unerwünscht wäre. Er kapselte sich ab und zog sich mehr und mehr zurück. Während der Pubertät machte er dann eine völlig unerwartete Wandlung durch. Er schwor sich: Denen werde ich es schon noch zeigen, daß ich mindestens so gut und beachtenswert bin wie mein Bruder. Seine Zeugnisse wurden besser, er war bald ein gefragter Fußballspieler, und seine Kameraden bewunderten ihn. Dies tat seinem angeknacksten Selbstbewußtsein gut und spornte ihn weiter an. Nach seiner Lehre als Kaufmann machte er schnell Karriere, und auch im Berufsleben zollte man ihm die Bewunderung, die er so sehr brauchte. Um sie sich zu erhalten, tat er alles, was ihn attraktiv machte. Dazu gehörte auch modische, elegante Kleidung und seine zuvorkommende, bewunderungsheischende Art.

Nur Martinas Bewunderung für ihren Mann hatte nachgelassen. Sie sah ihr Glück inzwischen in ganz anderen Dingen. In ihrer Freizeit las sie gerne und unternahm Wanderungen und Radtouren. Ihr Mann hingegen brauchte ständig die Gesellschaft anderer Menschen. So liefen ihre Interessen auseinander und führten immer öfter zu Zwistigkeiten. Aus Martina war eine ruhige, ausgeglichene Persönlichkeit geworden, die ihre frauliche Reife bewußt erlebte. Sie war nicht gewillt, alle Eskapaden ihres Mannes hinzunehmen und ihr Leben im Schatten eines ständig nach Beachtung Ausschau haltenden Galans zu verbringen. Frank liebte zwar seine Frau noch immer und wollte sie nicht verlieren, aber ändern wollte er sich auch nicht: »Ich bin wie ich bin. Mein Leben gefällt mir so, wie es ist. Warum sollte ich mich also ändern? Du mußt dich damit abfinden und dich anpassen.« Martina war enttäuscht. Er würde sich nie ändern. Er nahm alles leichtfertig hin und setzte sogar seine Ehe aufs Spiel. Da konnte also nicht viel Gefühl für sie vorhanden sein. Aber sie war nicht länger bereit, dieses Leben zu ertragen: »Wenn ich mich nicht selbst verlieren will, muß ich wohl nun meine eigenen Wege gehen.«

In folgenden Fällen und aus folgenden Gründen kann der Ausweg einer zeitweisen Trennung durchaus heilsam sein:

Wenn beide Partner schwer vereinbare Charaktere oder Lebensgewohnheiten haben, sich aber dennoch echt und leidenschaftlich lieben, kann eine Trennung sie dieser Liebe neu bewußt machen.

Während der Trennungszeit können sie über neue Ordnungen ihres Zusammenlebens nachdenken, die sie von Reibungen und Konflikten über vermeidbare Streitgegenstände befreien. Wo man sich hartnäckig in die Haare gerät, sollte man sich lieber aus dem Weg gehen.

Gute Partnerschaft beruht immer auf Ergänzung, dies wiederum schließt aber Unterschiede ein: unterschiedliche und oft gegensätzliche Bedürfnisse, Wünsche, Temperamentseigenschaften und Lebensgewohnheiten. Wer interessiert und mit immer neuen Anregungen leben will, muß solche Spannungen bejahen, muß aber auch bereit sein, sie immer neu auszugleichen und zu überbrücken.

Trennung hat nur Sinn, wenn beide Partner sich klar sind, daß Trennung auch Entfremdung bedeuten kann. Driften die Wege auseinander, läßt sich einer der Partner auf neue Bindungen ein, so verfehlt die Trennungszeit meistens ihren heilsamen Zweck für die ursprüngliche Beziehung. Allerdings können neue Begegnungen auch zu Ernüchterung und Rückbesinnung führen.

Natürlich ist Trennung immer ein Risiko und sollte nur in dem Fall angestrebt werden, in dem das Zusammenleben unerträglich geworden ist. Wird es dann gewaltsam verlängert, tritt an die Stelle der zunächst noch vorherrschenden Liebe allmählich Ablehnung und womöglich Haß. Dann ist die Trennung das kleinere Übel – ausgestattet immerhin mit der Chance der Besserung.

Eine heilsame Trennung kann nur den Sinn haben, daß die Trennung auf Dauer als quälend empfunden wird und der Zug zueinander beide doch stärker verbindet. Wenn sich die Partner dies eingestehen und einander erleichtert in die Arme fallen, hat die Trennungszeit ihr natürliches Ende gefunden und ihren geheimen Zweck erfüllt.

Auch der Gesetzgeber hat zur gegenseitigen Prüfung die Trennung als Vorstadium zur Scheidung vorgesehen. Von diesem Recht machen auch Katrin und Horst Gebrauch.

Die Sprechstunde ist schon längst beendet, und alle Mitarbeiterinnen haben die Praxis bereits verlassen. Nur Horst sitzt noch da; er hat wieder einmal keine Lust, nach Hause zu gehen. Denn dort erwartet ihn eine kühle, abgestumpfte Atmosphäre, in der er zu ersticken droht. Dabei fing alles so schön an:

Sie liebten sich sehr, er, der angehende Zahnarzt, und Katrin, die Friseuse. In seiner blinden Liebe sah er nicht den großen Bildungsunterschied und schlug alle Warnungen von Außenstehenden in den Wind. Als Katrin dann schwanger wurde, gab es für Horst nur eines: sofort heiraten. Sie bekamen eine gesunde Tochter, waren glücklich und zufrieden. An Arbeit dachte Katrin nun aber nicht mehr, und obwohl ihr Mann sein Studium fortsetzen wollte, glaubte sie, er müsse für den Unterhalt der Familie allein aufkommen. Nichts konnte sie von ihrer Einstellung abbringen, er mußte sehen, wie er neben dem Studium die Familie allein ernährte. Trotz dieser großen Belastungen liebte er Katrin sehr; die leidenschaftlichen Stunden ließen ihn oft allen Ärger vergessen.

Er machte sein Examen und baute sich in wenigen Jahren unter enormem Einsatz eine gutgehende Praxis auf. Katrin war selig – ihr Mann erzielte ein beachtliches Einkommen und gehörte zu den Honoratioren der Stadt. Sie kaufte sich neue Kleider, teure Pelze und Schmuck. Sie geriet in einen Taumel, wenn sie nur einkaufen konnte, doch ihr Ehe- und Familienleben verkümmerte dabei immer mehr. Horst fand in ihr keinen Zuhörer, wenn er sich einmal alle Sorgen von der Seele reden wollte. Er bekam allenfalls zu hören: »Das sind doch wohl deine Angelegenheiten, davon verstehe ich nichts.« Blamabel war es auch für ihn, wenn seine Frau bei offiziellen Anlässen ihre alltäglichen Erlebnisse zum besten gab und nicht in der Lage war, auch einmal ein ernsthaftes Gespräch zu führen. Sie interessierte sich ja für nichts.

Wenn Horst dies bemängelte, bekam er höchstens die schnippische Antwort: »Ich bin dir wohl nicht mehr gut genug. Du wirst dich aber damit abfinden müssen, daß ich mich nun mal nicht für Politik oder für geschäftliche Dinge interessiere. Ich bin eben eine Frau.« Und damit war die Diskussion beendet. Horst war sehr enttäuscht, wurde wortkarg und mißmutig. Bald ging er allein aus und nahm Katrin immer seltener zu offiziellen Anlässen mit. Doch nicht einmal diese Vernachlässigung rüttelte sie aus ihrer trägen, selbstherrlichen Haltung auf. Sie sah nicht die große Gefahr, in der ihre Ehe schwebte.

Es kam, wie es kommen mußte: Horst lernte eine andere

Frau kennen, entdeckte an ihr alle Eigenschaften, die er bei Katrin vermißte. Sie nahm regen Anteil an seinem Leben, war lieb, sanft und vor allem gebildet. Immer häufiger verbrachte er seine Abende bei der Freundin. Bald wurde ihm bewußt: Wenn ich wieder ich selbst werden will und meine Lebensgeister nicht ganz verlieren möchte, muß ich mich von Katrin trennen. Als er mit ihr über eine Scheidung sprechen wollte, warf sie ihm Gemeinheiten und Lügen an den Kopf: »Aha, ich bin dir also nicht mehr gut genug. Als du ein kleiner Student warst, nichts hattest, da war ich recht. Aber das schwöre ich dir, so leicht lasse ich mich nicht abschieben. Und eine Scheidung – niemals!«

Was Horst auch versuchte, es war unmöglich, ihr in Ruhe die Lage und Situation zu erklären, sie schaltete einfach auf stur. Auf einmal kämpfte sie verbissen um die Erhaltung ihrer Ehe, doch ändern wollte sie sich nicht. Es gab nichts mehr, was die Eheleute verband. All ihre Versuche, ihn im Bett zu verführen, schlugen fehl – nicht einmal von der großen Leidenschaft war etwas übriggeblieben.

Nach der Vorstellung von Katrin war ausschließlich der Mann für den Unterhalt der Familie verantwortlich. Sie selbst kümmerte sich nur um den Haushalt und das Kind, womit ihr etwas beschränkter Horizont ausgefüllt war. Seine jahrelangen Bemühungen, ihren geistigen Bereich in Form von Büchern, Fachzeitschriften und Gesprächen zu erweitern, nahm sie nicht an. Sie merkte nicht einmal, daß sie sich damit selbst aufs Abstellgleis schickte, und steht nun wütend und ein wenig erstaunt vor den Trümmern ihrer Ehe. Aber sie will immer noch nicht einsehen, daß sie es versäumt hat, ihrem Mann eine gleichberechtigte Partnerin zu werden. Sex allein ist keine geeignete Grundlage für ein gemeinsames Leben, er sollte eigentlich nur das Salz in der Suppe sein.

Diese beiden jungen Menschen hatten, als sie am Anfang ihrer Beziehung standen, Leidenschaft mit Liebe verwechselt. Hätte Horst entsprechend seinem geistigen Niveau von Anfang an mehr Gewicht auf eine gleichgesinnte Partnerin gelegt, so hätte er merken müssen, daß echte Partnerschaft mit Katrin, für die hauptsächlich Äußerlichkeiten wichtig sind, schwer möglich ist. Horst ringt sich zu dem Entschluß durch: Ich werde mir eine Wohnung suchen und mich mit oder ohne Katrins Einwilligung von ihr trennen. Vielleicht bringt es die Zeit mit sich, daß sich alles zum Guten wendet.

Dieser Entschluß hat weitreichende Konsequenzen. Dabei spielt es keine Rolle, ob die Trennung als Vorbereitung einer Ehescheidung zu sehen ist oder als eine Möglichkeit, doch noch ein erträgliches Eheleben zu verwirklichen. Ist es in der Ehe erst einmal so weit gekommen wie bei Katrin und Horst, liegt in der Trennung gleichermaßen die Chance für eine Gesundung der Ehe wie der Start zur Auflösung.

In der Vorschrift des § 1567 BGB hat der Gesetzgeber eine Definition des ›Getrenntlebens‹ geschaffen. Dies war notwendig, weil an das Getrenntleben die Vermutung geknüpft wird, die Ehe sei gescheitert. Und nur eine gescheiterte Ehe kann geschieden werden.

Horst tut gut daran, sich eine neue Wohnung zu suchen. Denn darin liegt die für jedermann klar erkennbare Trennung. Nicht ganz konsequent zum Wortlaut des Gesetzes gilt die ›häusliche‹ Gemeinschaft aber selbst dann als aufgehoben, wenn die Ehepartner sich in der bisherigen Wohnung getrennte Schlafräume suchen und nicht mehr gemeinsam wirtschaften. Würde Katrin etwa weiterhin regelmäßig noch für Horst kochen, beide aber in verschiedenen Zimmern der Wohnung das Essen getrennt einnehmen oder würde Katrin regelmäßig Horsts Wäsche pflegen, dann wäre trotz ›Trennung von Tisch und Bett‹ die gemeinsame Wirtschaftsführung und damit die häusliche Gemeinschaft nicht aufgehoben. Gelegentliches Aufräumen von Horsts Zimmer in seiner Abwesenheit schadet dagegen nicht, auch nicht die Weiterarbeit im Büro des Ehemannes. Die Beziehungen können selbst durch gelegentliche Besuche, liebevollen Briefwechsel, ja sogar durch Austausch von Zärtlichkeiten aufrechterhalten bleiben, ohne daß das eine Aufhebung der Trennung der häuslichen Gemeinschaft bedeutet.

Die von Horst angestrebte Trennung läßt ihn auch über das Wohl seiner Kinder nachdenken. Er könnte es bei der Regelung belassen, die für ein intaktes Familienleben gültig ist: Der

Vater und die Mutter haben das Recht und die Pflicht, gemeinsam für die Person und das Vermögen des Kindes zu sorgen – in gegenseitigem Einvernehmen zum Wohle des Kindes – und müssen bei Meinungsverschiedenheiten versuchen, sich zu einigen. Wenn Horst allerdings bezweifelt, daß mit Katrin ein gedeihliches Zusammenwirken erreicht werden kann, sollte er bei dem Familiengericht einen Antrag stellen zu bestimmen, welchem der Elternteile die elterliche Gewalt zustehen soll. Und alle Umstände sprechen dafür, daß Katrin die elterliche Gewalt übertragen erhält, denn ihr bleibt die eheliche Wohnung. Diese gewährleistet, wie bisher, eine geordnete Pflege und Erziehung der Kinder, und es steht nicht zu erwarten, daß sich daran etwas ändert.

Problematischer wird es mit den Möbeln. Horst ist der Ansicht, die Anschaffung neuen Hausrats für seine Wohnung sei nicht notwendig, weil das bisher Vorhandene zur Ausstattung von zwei Wohnungen ausreichen muß. Und er hat recht. Denn bei Getrenntleben kann jeder Ehegatte grundsätzlich die ihm gehörenden Hausratsgegenstände von dem anderen Ehepartner herausverlangen, es sei denn, dieser benötigt sie zur Führung seines Haushalts, und die Nichtüberlassung entspricht nach den Umständen des Falles der Billigkeit. Weil Horst die Trennung von sich aus herbeigeführt hat und auch in günstigen wirtschaftlichen Verhältnissen lebt, entspricht es der Billigkeit, ihm nur das an Hausrat zuzugestehen, was Katrin wirklich entbehren kann.

Das wohl schwierigste Kapitel im Falle der Trennung ist die Regelung des Unterhalts. Auch Katrin wird es ergehen wie vielen Leidensgenossinnen vorher: Ist die Trennung ins Auge gefaßt, wird das Blaue vom Himmel versprochen, insbesondere die Zahlung eines großzügigen Unterhalts, damit die Trennung ohne Schwierigkeiten erfolgen kann. Hat Horst aber erst einmal seine neue Lebensgemeinschaft begründet, wird sie zu Lasten des Unterhalts für Katrin finanziert, und die großen Versprechen weichen einem stetigen Gezänk über Höhe und Angemessenheit der monatlichen Zahlungen.

Auch in diesem Fall hilft wieder die gesetzliche Regelung weiter, die Katrin einen angemessenen Unterhalt nach den Lebens-, Erwerbs- und Vermögensverhältnissen der Ehepartner sichert. Es kommt nicht darauf an, wer schuld an der Trennung ist oder was billig ist. Horst, der beachtliche Einkünfte hat, muß Katrin soviel Geldmittel zur Verfügung stellen, daß sie ihren alten Lebensstil beibehalten kann. Verfügt der Ehemann allerdings nur über ein geringes Einkommen und lassen Kinder oder der Gesundheitszustand das zu, verlangt der Gesetzgeber jedoch von der Ehefrau – selbst wenn sie bisher nur im Haushalt tätig gewesen ist – die Aufnahme einer bezahlten Arbeit. Diese Pflicht, seinen Unterhalt ganz oder teilweise selbst zu verdienen, ist jedoch eingeschränkt. Sie besteht nur dann, wenn die Ehe von kurzer Dauer (etwa drei bis vier Jahre) und der Verpflichtete vor oder in der Ehe erwerbstätig war, wenn die beiderseitige Einkommens- und Vermögenslage nicht gut ist und wenn der Verpflichtete nach seinen persönlichen Verhältnissen dazu in der Lage ist, also gesund und nicht zu alt ist, keine Kinder mehr zu versorgen hat und ihm nach den sozialen Verhältnissen eine solche Tätigkeitsaufnahme zugemutet werden kann.

Horst muß jedenfalls einen ansehnlichen Betrag monatlich im voraus an Katrin zahlen, der heute zumeist nach den von Gerichten erarbeiteten Aufstellungen berechnet wird. Die nach der ›Düsseldorfer Tabelle‹ geltende Regelung wird in den folgenden Beispielen aufgezeigt:

Fall A – Trennung eines kinderlosen Ehepaares, der Ehemann ist Alleinverdiener: Das Einkommen des Mannes beträgt netto DM 1650,–. Verbindlichkeiten sind von keinem der Partner abzutragen. Der nichtarbeitenden Ehefrau werden bis zu ⅖ des Nettoeinkommens des Mannes zugesprochen, sie erhält also DM 660,– monatlich.

Fall B – Die Ehefrau ist zur Tätigkeit verpflichtet, der Ehemann aber verdient mehr: Das Einkommen des Mannes beträgt DM 1900,–, das der Frau DM 790,–, Verbindlichkeiten sind von keinem der beiden abzutragen. Hier werden der Ehefrau ⅓ des Unterschiedsbetrages beider Nettoeinkommen zugesprochen. Sie erhält also von ihrem Ehemann noch DM 370,– zusätzlich Unterhalt im Monat (DM 1900,– minus DM 790,– = DM 1110,–:3 = DM 370,–).

Fall C – Die Ehefrau hat zwei minderjährige Kinder zu versorgen, verdient DM 440,– monatlich hinzu. Das Nettoeinkommen des Vaters beträgt DM 1800,–: Der Ehemann hat seinen Kindern vorab den Regelunterhalt zu zahlen, der in regelmäßigen Abständen in der Verordnung zur Berechnung des Regelunterhaltes festgesetzt wird. Er beträgt zur Zeit für Kinder bis sechs Jahre DM 228,–, für Kinder bis zwölf Jahre DM 276,– und für Kinder bis achtzehn Jahre DM 327,– monatlich und ist auf ein Durchschnittseinkommen des Unterhaltspflichtigen von monatlich bis zu DM 1850,– abgestellt. Ist das Einkommen des Verpflichteten höher, so findet eine Angleichung statt. In diesem Fall – beide Kinder sind älter als 12 Jahre – hat der Vater den Kindern DM 654,– zu zahlen. Um diesen Betrag verringert sich sein Nettoeinkommen. Ihm verbleiben zunächst DM 1146,–. Weil die Frau freiwillig hinzuverdient, wird ihr ein Bonus von ½ des Verdienstes – hier also DM 220,– – ohne jeden Abzug belassen. Wie in Fall B berechnet sich der Anspruch der Ehefrau so: Unterschiedsbetrag zwischen den Nettoeinkommen der Ehepartner (DM 1146,– minus DM 220,– = DM 926,–:3 = 308,67). Dem Ehemann verbleiben DM 837,–, seine Frau erhält für sich und die Kinder DM 635,67.

Fall D – Der getrenntlebende Ehemann ist Pensionär und erhält eine Versorgung von DM 3000,– monatlich. Die Frau braucht nicht zu arbeiten: Hier werden der Ehefrau etwa 3/7 der Renteneinkünfte des Ehemannes zugesprochen, mithin erhält sie DM 1285,71 monatlich.

Fall E – Der Ehemann hat stets den Haushalt geführt und ist mit drei Kindern im Alter von 4, 5 und 13 Jahren sitzengeblieben. Seine Frau verdient netto DM 2750,–. Aus der Ehezeit rühren noch gemeinsame Abzahlungsverpflichtungen in Höhe von DM 350,– monatlich her. Das Kindergeld erhält der Vater. Durch Erteilung von Nachhilfeunterricht erzielt er Einkünfte von DM 200,– monatlich: Die Ehefrau zahlt vorab an die Kinder mindestens DM 783,– Regelunterhalt, so daß ihr verbleiben DM 1967,–. Ihr Nettoeinkommen vermindert sich weiterhin um die Ratenzahlungen auf DM 1617,–. Dem Vater steht für die Bedürfnisse der Kinder ein Kindergeld von

DM 370, – zu. Nach der überwiegend herrschenden Meinung muß er sich davon die Hälfte, also DM 185, – anrechnen lassen. Sein ›Einkommen‹ wird deshalb mit DM 385, – (DM 200, – aus Nachhilfestunden und DM 185,- Kindergeld) berechnet. Der Unterschied zwischen seinem Nettoeinkommen von DM 385, – und dem der Ehefrau von DM 1617, – ist DM 1232, –. Davon erhält der Mann ⅖, somit DM 492,80 monatlich. Weil auch uns dieses Ergebnis nicht ganz gerecht erscheint, wird man den Regelunterhalt für die drei Kinder durch angemessene Zuschüsse erhöhen, die mit Rücksicht auf das Einkommen der Ehefrau auch gerechtfertigt sind.

Selbstverständlich kommt es für die Höhe der Unterhaltszahlungen letztlich auf die Umstände des Einzelfalls an, und die Tabellen können nur grobe Richtwerte sein. Der Bedarf eines Schwerkranken im Haushalt ist größer als der eines Junggesellen, und auch die Bedürfnisse des Verpflichteten müssen bei der Bemessung der Unterhaltsleistungen eine Rolle spielen. Wenn in unserem Fall Horst die eheliche Wohnung Katrin und den Kindern überläßt, die Miete und alle Betriebskosten bezahlt, so hat sich Katrin das auf den nach den bisherigen Verhältnissen üblichen Unterhaltsbedarf anrechnen zu lassen. Horst muß dann auch für die Instandsetzung der Wohnung – wie für Schönheitsreparaturen o. ä. – aufkommen.

Durchaus empfehlenswert ist es, für die Zeit des Getrenntlebens eine Unterhaltsvereinbarung zu treffen. So kann es z. B. für einen Lebensmittelhändler vorteilhafter sein, seiner Familie als Beitrag zum Unterhalt den kostenlosen Einkauf zu gestatten, als Geldleistungen zu erbringen. Eine solche Lösung kann er aber nur auf freiwilliger Basis erreichen, also wenn die Ehefrau zustimmt. Denn grundsätzlich besteht Anspruch auf eine Geldrente.

Die unheilbare Zerrüttung

Es war eine ausgesprochene Liebesheirat, als sich Dieter und Ulrike das Ja-Wort gaben, und viele Jahre galten sie als Traumpaar, das ständig in den Flitterwochen zu leben schien.

Dieter war Immobilienmakler, und Ulrike führte ihm den Haushalt, obwohl sie selbst früher Sekretärin des Vorstandsvorsitzenden eines großen Konzerns gewesen war. Aus dieser Zeit war sie gewohnt, achtungsvoll und mit Aufmerksamkeit behandelt zu werden. Dieter jedoch, der in seinem Beruf gezwungen war, sich mit Energie und gelegentlich mit Ellenbogen zu behaupten, hatte auch seiner Frau gegenüber häufig einen derben, um nicht zu sagen rüden Ton angeschlagen. Er behandelte sie in den letzten Jahren wie eine Angestellte und erwartete von ihr selbstverständlich, daß sie ihm pünktlich auf die Minute das Essen auf den Tisch stellte, seine Hemden und seine Schuhe in akkuratem Zustand bereithielt, wenn er zu seinen Kundenbesuchen aufbrach. Wenn er gelegentlich einmal Theaterkarten besorgte, war es für ihn völlig selbstverständlich, daß sie an diesem Abend Zeit hatte und mit dankbarem Lächeln diese Aufmerksamkeit quittierte. Für eigene Aktivitäten blieb ihr kein Freiraum, und wenn sie dennoch einmal solche zeigte, riskierte sie ein herabwürdigendes Lächeln oder herabsetzende Bemerkungen von seiner Seite: »Willst du etwa behaupten, du verstündest was von klassischer Musik?« Oder: »Hör auf, dich mit Dingen zu beschäftigen, von denen du sowieso keine Ahnung hast. Kümmere dich lieber um deinen Haushalt, da bist du gut aufgehoben.« Gelegentlich nannte er sie abschätzig ›Landpomeranze‹ in Anspielung darauf, daß sie ihre Kindheit auf dem Land in einem kleinen Dorf verbracht hatte.

Dieser nicht nur autoritären sondern auch ehrabschneidenden Weise, in der ihr Mann sie behandelte, fühlte sich Ulrike bald nicht mehr gewachsen und begehrte dagegen auf. Dieter dachte aber nicht daran, seinen Ton ihr gegenüber zu ändern, sondern wurde im Gegenteil immer herausfordernder und herabsetzender zugleich. Er ließ auch die Theaterkarten und die Einladungen zum Essen bleiben, erschien immer unregelmäßiger zu den gemeinsamen Mahlzeiten, so daß sie sich am Schluß zu seinem Dienstmädchen und seiner auf Kommando bereitstehenden Wärmflasche degradiert sah. Nach ihrem Gefühl war die Beziehung zu Dieter keine Ehe mehr im Sinne einer umfassenden Lebensgemeinschaft.

Die Herabsetzungen nahmen jedoch weiter zu, und zwar

auch gegenüber Dritten. Dieter bezeichnete Ulrike seinen Freunden gegenüber als ›geistig unterernährt‹ und nannte sie selbst eine ›dämliche Ziege‹. Er beklagte sich über ihre einfallslose Passivität im Bett, was er seinen Freunden gegenüber mit den Worten ›steif wie ein Brett‹ und ›dumpf wie eine Matratze‹ in abschätzigster Weise ausdrückte. Als Ulrike davon erfuhr, sah sie sich außerstande, seinen sexuellen Wünschen weiterhin nachzukommen, und verweigerte ihm jeden intimen Verkehr.

Nach ihrem Verständnis ist die Ehe gescheitert, weshalb sie schon in den nächsten Tagen einen Rechtsanwalt aufsucht, um die Scheidung einzureichen. Der Rechtsanwalt klärt sie darüber auf, daß die Ehe auf Ulrikes Antrag hin nur dann geschieden werden kann, wenn eine Zerrüttung der Ehe vorliegt. Das heißt mit den Worten des Gesetzgebers, wenn sie und Dieter keine eheliche Lebensgemeinschaft mehr unterhalten und die Wiederherstellung dieser Lebensgemeinschaft auch nicht mehr erwartet werden kann. Hinzu kommt, daß für Ulrike das Zusammenleben mit ihrem Mann unzumutbar hart sein muß, aus Gründen, die ihr Ehemann zu vertreten hat, nachdem beide ja noch nicht ein Jahr getrennt leben.

Um die Frage nach der Zerrüttung zu beantworten, wird es sehr auf das Maß der Gemeinsamkeiten ankommen, das sich die Eheleute erhalten haben. Es gilt auch zu differenzieren zwischen der ›ehelichen Lebensgemeinschaft‹ und der ›häuslichen Gemeinschaft‹. In der Vielzahl der Fälle leben die Eheleute noch in häuslicher Gemeinschaft, obwohl die eheliche Lebensgemeinschaft schon längst zerstört ist. Das gilt zum Beispiel dann, wenn es seit vielen Monaten nicht mehr zum Geschlechtsverkehr zwischen den Eheleuten gekommen ist, die beiden seit Monaten nicht mehr miteinander reden, einer es an jeglichem Beistand bei der Erziehung der Kinder hat fehlen lassen oder wenn ein Partner von einer schweren Erkrankung des anderen überhaupt keine Notiz nimmt.

Wenn ein Außenstehender zu dem Ergebnis kommt, daß hier wirklich nichts mehr zu retten ist, so wird auch ein Scheidungsrichter die Zerrüttung feststellen und auch ohne Rücksicht auf eine häusliche Trennung die Ehe scheiden. Es müssen aber schon schwerwiegende Gründe sein, und in unserem Beispiel müssen sie in der Person von Dieter liegen und so schwer sein, daß die Härteklausel Platz greift, die Aufrechterhaltung der Ehe also für Ulrike eine unzumutbare Härte darstellen würde und somit die Voraussetzung für eine Ehescheidung auch vor einjähriger Trennung gegeben ist.

Die Kriterien, die nach früherem Recht für eine Scheidung der Ehe aus Verschulden eines Partners von Bedeutung waren, können heute durchaus noch Maßstab für die Feststellung der Zerrüttung einer Ehe sein. Aber selbst wenn man der Ansicht sein darf, daß die Ehe unheilbar zerrüttet ist, so versagt der Gesetzgeber dennoch eine Scheidung vor Ablauf einer einjährigen Trennungsfrist, die eine Überlegens- oder Versöhnungsfrist darstellt. Das Scheitern der Ehe ist also für sich allein noch kein Grund zur Scheidung, bevor die einjährige Sperrfrist abgelaufen ist.

Muß man jedoch die Aufrechterhaltung einer Ehe noch nicht ein Jahr getrennt lebender Ehegatten bei Prüfung des psychischen und physischen Zustandes des Antragstellers, seiner Einstellung zum anderen Ehegatten und seinen sonstigen Wertvorstellungen als unzumutbar hart ansehen, so darf der Familienrichter die Scheidung auch bereits vor einjähriger Trennung aussprechen. Gravierende Verhaltensweisen des Partners finden dabei in gleicher Weise Berücksichtigung wie Umstände objektiver, also nicht in der Verhaltensweise des anderen begründeten Art. Plötzlich auftretende und über zwei Monate sich wiederholende gröblichste Beschimpfungen eines Ehepartners, gleichgeschlechtliche Unzucht, wiederholter Ehebruch (im Gegensatz zu einer einmaligen Entgleisung), ehrloses und unsittliches Verhalten im Sinne der Rechtsordnung (also Straftaten schwerer Art wie Einbruchsdiebstahl, Tötungsdelikte bei nicht nur fahrlässiger Handlungsweise), plötzlich auftretende und andauernde erhebliche Unsauberkeit an sich oder im Haushalt, täglicher Alkoholkonsum in einem Maße, daß jeder sexuelle Verkehr ausgeschlossen ist, Ausplaudern von Eheintimitäten, monatelanges Schweigen gegenüber dem Partner und Abkehr von Partner und Kindern, jegliche Verweigerung des ehelichen Verkehrs in junger Ehe sind sicher alle für sich geeignet, von einem scheidungswilligen Partner als in einem solchen

Maße gegen die Ehe gerichtet empfunden zu werden, daß die Grundlagen einer Ehe entfallen und die Härteklausel Platz greifen muß. Die Vielzahl der seit der Scheidungsreform ergangenen gegensätzlichen Entscheidungen höchster deutscher Gerichte macht aber deutlich, wie schwierig eine klare Abgrenzung ist und daß Voraussagen über den möglichen Ausgang eines Scheidungsverfahrens nur sehr vage sein können.

Selbstverständlich müssen bei den Verhaltensweisen, die dem Partner angelastet werden und Ursachen einer Abkehr des scheidungswilligen Ehegatten sind, auch die sozialen Verhältnisse eine Rolle spielen, in denen die Eheleute leben. Der Richter wird sich in die Lage des Scheidungswilligen versetzen müssen und den Einfluß solcher Verhaltensweisen eines Ehegatten auf die Einstellung des anderen zur Ehe überhaupt und zu dem ehefeindlichen Handelnden im besonderen prüfen. Kommt er zu dem Ergebnis, daß unter Berücksichtigung aller wichtigen Umstände die Ehe für den Scheidungswilligen nicht mehr besteht, so darf und muß er auch vor Ablauf einer einjährigen Trennungszeit die Scheidung aussprechen.

Dieter hat nach alledem sicher kein Recht, die Scheidung zu verlangen, selbst wenn er den Nachweis führen könnte, daß Ulrike die Ehe für gescheitert ansieht. Denn er hat die Gründe dafür gesetzt. Keiner, der geschieden werden will, soll es in der Hand haben, durch eigenes Verhalten den Zerrüttungstatbestand zu schaffen und damit die Ehe mißbräuchlich zur Auflösung zu bringen. Ulrike hingegen weiß nun, daß Dieter mit dem Ausplaudern von Eheintimitäten und den handfesten Beleidigungen in Gegenwart Dritter Gründe gesetzt hat, die ihre Abkehr von ihm rechtfertigen und entscheidend zum Scheitern der Ehe beigetragen haben. Sie will nun endgültig die Scheidung.

Ihr Anwalt rät ihr allerdings, nochmals darüber nachzudenken, ob man dem Gericht die Tatsachen, die zur Zerrüttung der Ehe geführt haben, auch wird beweisen können, z. B. durch Zeugenaussagen, die mit Sicherheit die feste Überzeugung von der Zerrüttung der Ehe glaubhaft machen. Dies könnte dann zweifelhaft sein, wenn Dieter sich entschließt, eine Scheidung nicht mitzumachen, sei es, weil sie ihm gerade in diesem Augenblick Nachteile im beruflichen Fortkommen bringen würde, sei es nur, um Ulrike einen Strich durch die Rechnung zu machen.

Er kann seine Freunde veranlassen, in der Beweisaufnahme vor dem Familiengericht seine abschätzigen Bemerkungen über Ulrike zu verneinen, die Beleidigungen unter vier Augen streitet er einfach ab. Dann hat Ulrike den Beweis einer Zerrüttung ihrer Ehe durch Dieter nicht führen können, und der Antrag auf Scheidung ihrer Ehe müßte zurückgewiesen werden. Der scheidungswillige Ehepartner muß daher vor seinem Gang zu Gericht immer wieder sehr eingehend prüfen, ob es ihm gelingen wird, die gegen den anderen Partner erhobenen Vorwürfe zu beweisen, wenn er eine Scheidung vor Ablauf der Trennungszeit begehrt.

Nachdem jedoch Ulrike fest davon überzeugt ist, daß der gemeinsame Freund Peter neutral und ehrlich genug sein wird, die Beleidigungen Dieters zu bestätigen, bittet sie ihren Anwalt, das Scheidungsverfahren einzuleiten. Als dieser auf die damit verbundenen Gerichts- und Anwaltskosten hinweist und gleichzeitig einen anwaltsüblichen Vorschuß verlangt, muß Ulrike gestehen, daß sie über die notwendigen finanziellen Mittel nicht verfügt. Außer einem unerheblichen Sparguthaben und einem kleinen unbebauten Grundstück besitzt sie kein Vermögen. Nun fürchtet Ulrike, sie müsse ihr Vorhaben zurückstellen, bis sie sich die notwendigen Geldmittel besorgt hat. Doch ihr Anwalt beruhigt sie und erklärt ihr, er werde einen entsprechenden Prozeßkostenvorschuß von ihrem Mann anfordern. Und er wird damit Erfolg haben. Denn der Gesetzgeber erklärt zum Umfang der Unterhaltspflicht auch die Zahlung eines solchen Vorschusses, wenn der Ehepartner, der einen Rechtsstreit in einer persönlichen Angelegenheit führen will, nicht in der Lage ist, die Kosten dafür aufzubringen und ein Vorschießen der Kosten der Billigkeit entspricht.

Natürlich muß Ulrike versuchen, zunächst eigene Geldmittel aufzutreiben, selbst so weit, daß ihr weniger als der angemessene Unterhalt verbleibt. Die Belastung von Grundbesitz wird im Rahmen der Billigkeitsprüfung als unzumutbar angesehen, sicherlich auch die Verwendung ihres nur geringen Spargroschens auf der Bank, weil davon auszugehen ist, daß Dieter als

Immobilienmakler erheblich mehr Vermögen hat. Die Finanzierung eines Rechtsstreits mit einem prämienbegünstigten Sparguthaben kann nicht gefordert werden. Auch hier wird es immer wieder auf den Einzelfall ankommen. Ulrike jedenfalls kann Dieter in Anspruch nehmen, wenn man ihre Prozeßführung nicht als mutwillig oder offensichtlich aussichtslos bezeichnen muß. Das ist nicht der Fall, und Ulrikes Anwalt fordert Dieter auf, einen Gerichts- und Anwaltskostenvorschuß zu leisten. Sollte Dieter dieser Aufforderung nicht freiwillig nachkommen, wird der Anwalt im Wege der einstweiligen Anordnung durch das Familiengericht gegen ihn vorgehen. Sobald das Geld eingegangen ist, wird Ulrikes Anwalt den Antrag auf Scheidung beim Familiengericht einreichen, denn eine wirksame Vertretung vor dem Familiengericht in einer Ehesache kann nur durch einen Anwalt erfolgen.

Einverständliche Scheidung

Fassungslos stand Ingeborg an der Wohnungstür angesichts des heillosen Durcheinanders, das sich ihr wieder einmal bot. Rudolf, ihr Ehemann, kam ihr im farbverschmierten Arbeitsanzug aus dem Wohnzimmer entgegen: »Da bist du ja endlich, grüß dich, mein Schatz!« Ohne ihn eines Blickes zu würdigen, knallte Ingeborg ihre Tasche auf die Garderobe und rauschte an ihm vorbei in die Küche. Hier sah es nicht viel besser aus: Gläser, Flaschen und Teller standen herum, eine Dose mit Farbe, dazwischen lagen zwei Pinsel und ein Lappen. Dabei war die Küche heute morgen, als Ingeborg das Haus verlassen hatte, blitzsauber gewesen. »Dieser Mann und seine Unordnung bringen mich noch um den Verstand«, seufzte sie und machte sich an ihre allabendliche Arbeit.

Zwei Jahre waren sie nun schon verheiratet, und Rudolf hatte sich immer noch nicht gebessert. Ja, er bemühte sich nicht einmal, seine gedankenlose Unordnung abzulegen. Ständig mußte Ingeborg gegen Schmutz und ein schlimmes Durcheinander kämpfen. Dabei merkte sie nicht, wie sie mit ihrer Putzwut und Nörgelei ihren Mann vergraulte und aus dem

Haus trieb. Allmählich kam er sich minderwertig vor. Er fühlte sich in den eigenen vier Wänden nicht mehr wohl und suchte immer häufiger Trost und Abwechslung in seinem Hobby, dem Tennisspielen. Jede freie Minute verbrachte er auf dem Tennisplatz oder im Club. Anfangs paßte Ingeborg das überhaupt nicht, doch zwischenzeitlich war es ihr schon lieber, wenn er nicht zu Hause war. Allzuviel hatten sie sich sowieso nicht mehr zu sagen. Die schöne Zeit der ersten Liebe und der Gemeinsamkeiten schien vorbei zu sein. Es blieb nicht aus, daß beide sich bald fragten: Passen wir überhaupt zusammen?

Den Umstand, der ihre Ehe am meisten belastete, hatten sie noch nicht erkannt, nämlich ihre verschiedenen Lebensgewohnheiten. Ingeborg wollte am liebsten eine Wohnung haben, in der alles immer hübsch, sauber und ordentlich war und auch so blieb, Rudolf hingegen kam es mehr auf Gemütlichkeit und Wärme an. Da die beiden nicht den richtigen Ton zueinander fanden, wuchs zwischen ihnen eine Wand, die bald nicht mehr überschaubar war und einen Durchbruch nicht mehr zuließ. Die Streitereien wurden heftiger, und bis zur Versöhnung dauerte es von Mal zu Mal länger. Schließlich ging jeder seine eigenen Wege, die völlige Entfremdung war nicht mehr aufzuhalten.

Und so stehen sie nun nach dreijähriger Ehe vor dem Scheidungsrichter, denn Ingeborg hat die Scheidung eingereicht. Der Richter sieht allerdings den Tatbestand des Scheiterns nicht als gegeben an. Er kommt insbesondere nicht zu dem Schluß, daß die im Augenblick gestörte Lebensgemeinschaft der Ehegatten in Zukunft nicht wieder hergestellt werden könne. Er erlegt beiden Partnern auf, eine Eheberatungsstelle aufzusuchen und setzt das Scheidungsverfahren aus.

In diesem Fall erhebt sich die Frage, ob Ingeborg und Rudolf wirklich gut beraten waren, wenn sie bereits vor Ablauf von einem Jahr Trennungszeit vor dem Familiengericht standen und die Scheidung begehrten. Wie der Fall von Dieter und Ulrike gezeigt hat, wird eine Scheidung vor Ablauf einer Trennungszeit von einem Jahr vom Gesetzgeber außerordentlich erschwert, ja, nur in ganz seltenen Ausnahmefällen zugelassen. Der angerufene Familienrichter steht hier vor einer schweren

Entscheidung. Das Gesetz zwingt ihn, gestaltend zur Rettung einer Ehe einzugreifen, wenn nach freier Überzeugung des Gerichts Aussicht auf Fortsetzung der Ehe besteht. Dann muß der Richter das Verfahren aussetzen, und zwar auch gegen den Willen der Partner, selbst wenn sie beide auf Scheidung bestehen.

Der Gesetzgeber tut also einiges für die Aufrechterhaltung der Ehe und will Mißbräuche verhindern, etwa die übereilte Scheidung Jungverheirateter oder die Scheidung einer lange dauernden Ehe z. B. nach einem einzigen, aus der Situation verzeihlichen Fehltritt eines Partners im Fasching. Für das Scheidungsbegehren von Ingeborg und Rudolf prüft der Richter jedoch zunächst, ob dieses − vor Ablauf eines Trennungsjahres − überhaupt gerechtfertigt ist, ob also die Umstände für eine Zerrüttung sprechen (etwa die eheliche Lebensgemeinschaft nicht mehr besteht), und ob eine Aufrechterhaltung der Ehe für Ingeborg, die die Scheidung betreibt, nicht mehr zumutbar ist, weil Rudolf für das Auseinandergehen überaus schwere Gründe gesetzt hat. Diese Prüfung fällt hier sicherlich zum Nachteil von Ingeborg aus. Denn unsere beiden haben sich auseinandergelebt, ohne daß dafür von Rudolf handfeste Gründe gesetzt wurden.

Je nach den Umständen des Einzelfalles kann der Richter das Scheidungbegehren abweisen, etwa wenn der Antrag auf Scheidung vier Wochen nach der Trennung der Ehepartner eingeht und zuvor die eheliche Lebensgemeinschaft in vollem Umfang aufrechterhalten war. Er kann das Verfahren auch aussetzen, wenn sich die Partner zeitlich schon mehrere Monate getrennt haben, jedes Zusammentreffen mieden und damit die mögliche Zerrüttung schon eingeleitet wurde. Dann muß er nach konkreten Anhaltspunkten suchen, die für eine mögliche Versöhnung sprechen, weil abstrakte Erörterungen über mögliche Versöhnungsaussichten nicht ausreichen. Hätten sich die scheidungswilligen Partner öfter mit den Kindern zum Essen oder gemeinsamen Sonntagsvergnügen getroffen, die Geburtstage trotz allem doch noch gemeinsam gefeiert, oder wären sie Einladungen von Freunden gemeinsam gefolgt, würden solche konkreten Anhaltspunkte für Versöhnungsaussichten gegeben sein, selbst wenn die häusliche Trennung aufrechterhalten geblieben und es über Monate nicht zum ehelichen Geschlechtsverkehr gekommen wäre.

Im Falle von Ingeborg und Rudolf wird der Richter gut daran tun, das Verfahren auszusetzen und den Ehepartnern nahezulegen, eine Eheberatungsstelle aufzusuchen. Er kann eine Aussetzung bis zu (höchstens) einem Jahr beschließen oder für zunächst fünf Monate und diese Aussetzung (nur) noch einmal wiederholen, wobei er erneut konkrete Gesichtspunkte für eine Versöhnung prüfen muß. Allerdings sind einem solchen Gestaltungsrecht des Richters Grenzen gesetzt, wenn Ingeborg und Rudolf nach einjähriger Trennungszeit im beiderseitigen Einverständnis die Scheidung begehren.

Dennoch gilt im Ehescheidungsprozeß der Untersuchungsgrundsatz, d. h. mit anderen Worten: Der Richter muß alle Tatsachen, die der Aufrechterhaltung der Ehe dienen können, von Amts wegen auch gegen den Willen einer Partei berücksichtigen und kann selbst Ermittlungen anstellen. Führen diese Ermittlungen zu dem Ergebnis, daß die vorgetragenen Behauptungen (Ehebruch, Verlassen seit 14 Monaten u. ä.) unrichtig sind, so wird eine solche ›einverständliche‹ Scheidung nicht ausgesprochen werden können.

Wenn Ingeborg nach einem Jahr Trennung den Scheidungsantrag stellt und Rudolf der Scheidung zustimmt oder beide übereinstimmend die Scheidung beantragen, geht das Gesetz von der unwiderlegbaren Vermutung aus, daß die Ehe der beiden gescheitert ist. Das ist die Regelung des Gesetzgebers über eine einverständliche Scheidung, die jedoch an weitere Voraussetzungen geknüpft ist, auf die später noch eingegangen wird. Im vorliegenden Fall kann der Richter gleichwohl die Aussetzung des Verfahrens ins Auge fassen. Er wird den Parteien Gelegenheit geben, sich zu der beabsichtigten Aussetzung zu äußern. Der ausdrücklich erklärte Widerspruch beider Parteien gegen eine Aussetzung des Verfahrens hindert den Richter an einer solchen Unterbrechung des Scheidungsverfahrens.

Sollte allerdings Ingeborg plötzlich zu der Auffassung gelangen, sie könne sich doch noch ändern und damit die Ehe retten, so mag sie ihren Widerspruch zurücknehmen, auch wenn Rudolf seinen Widerspruch nach wie vor aufrechterhält. Dann wird der Richter das Verfahren aussetzen, wenn seine Prüfung über die Versöhnungsaussichten positiv verläuft.

Die Parteien können aber auch von sich aus eine Aussetzung des Verfahrens herbeiführen, ohne daß dies vom Richter ins Auge gefaßt worden wäre, wenn sie infolge Änderung tatsächlicher Gegebenheiten in ihrer Eheführung Grund dafür sehen. Hat etwa Ingeborg die Scheidung allein beantragt und Rudolf sich dem Begehren auf Auflösung der Ehe in keiner Weise angeschlossen, so muß der Richter auf den einseitigen Antrag Ingeborgs das Verfahren aussetzen. Haben beide die Scheidung beantragt oder einer den Antrag gestellt und der andere zugestimmt, so ist der Richter zur Aussetzung verpflichtet, wenn sie von beiden Ehegatten beantragt wird, ohne daß er die Versöhnungsaussichten prüfen müßte. Begehren beide Partner die Scheidung und beantragt nur einer von ihnen die Aussetzung, darf sie nur erfolgen, wenn nach der freien Überzeugung des Gerichts eine Aussicht auf Fortsetzung der Ehe besteht. Leben Eheleute bereits länger als drei Jahre getrennt, ist eine Aussetzung des Verfahrens nur für die Dauer von sechs Monaten erlaubt.

Unabhängig davon, ob die ausgesprochene Aussetzung von Amts wegen oder auf Antrag einer der Parteien oder beider Scheidungswilliger erfolgt ist, kann sie wieder aufgehoben werden, wenn sich die Verhältnisse in der Ehe geändert haben oder wenn der Antrag zurückgenommen wird. Meint der Richter im letzteren Fall, doch noch Aussichten einer Versöhnung zu sehen, kann er wieder von Amts wegen die Aussetzung beschließen, und es steht Ingeborg und Rudolf oder einem von ihnen frei, diese Anordnung mit der Beschwerde anzufechten.

Wenn der Richter nach einem Jahr der Trennung feststellen muß, daß Ingeborg und Rudolf nicht mehr zueinander finden werden, können die beiden die einverständliche Scheidung betreiben. Aber auch das ist nicht ganz so einfach, wie es auf den ersten Blick aussehen mag. Um übereilten Schritten vorzubeugen und die Eheleute zu zwingen, sich über alle Folgen einer Eheauflösung klar zu werden, und um eine ordnungsgemäße Abwicklung aller mit einer ehelichen Lebensgemeinschaft verbundenen Umstände zu erreichen, müssen die Scheidungswilligen einen gemeinsam erarbeiteten und übereinstimmenden Vorschlag zu bestimmten Folgen des Auseinandergehens machen.

Vor allem ist es erforderlich, sich über folgende Fragen zu einigen:
1. Wem soll die elterliche Gewalt über die gemeinschaftlichen Kinder übertragen werden?
2. Wie wird der persönliche Verkehr des nicht sorgeberechtigten Elternteils mit seinen Kindern geregelt?
3. Wie soll die Unterhaltsregelung gegenüber den Kindern aussehen?
4. Wie soll die Unterhaltspflicht gegenüber dem anderen Ehegatten nach der Scheidung festgesetzt werden?
5. Wer soll die Ehewohnung zugeteilt bekommen?
6. Wie soll die Aufteilung des Hausrats zwischen den Parteien erfolgen?

Die Erfahrung zeigt immer wieder, daß in einer Vielzahl der Fälle eine Einigung bis auf den letzten Punkt und somit eine einverständliche Scheidung nicht möglich ist. Eine wesentliche Erschwernis ist auch darin zu sehen, daß bis zum Schluß der mündlichen Verhandlung, auf die das Scheidungsurteil ergehen soll, die Möglichkeit besteht, ein gegebenes Einverständnis zu einer der vorgenannten Regelungen zu widerrufen. Dies hat zur Folge, daß das Verfahren von einer einverständlichen in eine streitige Scheidung übergehen kann, oder aber die Parteien treten erneut in Verhandlungen ein, um zu einer abgeänderten Regelung in beidseitiger Übereinstimmung zu gelangen.

Festzuhalten ist somit:
– Die formlose Mitteilung über die einverständliche Scheidung (in einem Anwaltsschriftsatz) soll dem Gericht anzeigen, wie der Verlauf des Scheidungsverfahrens nach der Auffassung des Antragstellers sein sollte.
– Die Antragsschrift soll einen übereinstimmenden Vorschlag der Eltern über die Regelung der elterlichen Gewalt enthalten. Das Gericht kann von diesem Vorschlag nicht abgehen, es sei denn, das Wohl des Kindes erforderte dies.

- Eine Vereinbarung über die Regelung des Verkehrs zwischen dem nicht mehr sorgeberechtigten Ehepartner und den Kindern soll vorliegen. Sie könnte wie folgt lauten: »Das Verkehrsrecht wird dahin geregelt, daß die Kinder Susanne und Martin sich an jedem zweiten Wochenende eines jeden Monats in der Zeit von Samstag 10 Uhr bis Sonntag 14 Uhr, an jedem zweiten Feiertag von 10 Uhr bis 19 Uhr sowie in den Sommerferien jeweils vier Wochen beim Vater aufhalten sollen.«
- Die Unterhaltspflicht gegenüber den Kindern ist zu regeln wie in den Beispielen bei Getrenntleben aufgezeigt.
- Der für die Zukunft zwischen den Eheleuten geschuldete Unterhalt bedarf ebenfalls der Regelung. Etwa: »Für eine Übergangszeit von drei Jahren ab Rechtskraft des Scheidungsurteils erhält die Ehefrau für sich DM 400,– Unterhalt monatlich, bis zum 5. eines jeden Monats im voraus zahlbar. Für die folgenden Jahre verringert sich der Unterhalt jährlich um DM 80,– und entfällt mit Ablauf des achten Jahres nach Rechtskraft des Scheidungsurteils.«
- Die Verteilung des Hausrats muß erschöpfend geregelt sein, einzelne Gegenstände dürfen nicht von einer abschließenden Zuteilung ausgespart werden. Die Formulierung könnte lauten: »Der Hausrat ist bei Auszug des Ehemanns aus der ehelichen Wohnung im wesentlichen bereits geteilt. Von dem ihr verbliebenen Hausrat gibt die Ehefrau an den Ehemann lediglich die Stereoanlage Marke Schneider und den Bauernschrank aus der Diele heraus. Im übrigen sind sich die Parteien darüber einig, daß der Hausrat geteilt ist und insoweit gegenseitige Ansprüche auf Herausgabe nicht mehr bestehen.«
- Eine Regelung über die eheliche Wohnung könnte dahingehend abgefaßt sein, daß die Ehewohnung der Ehefrau allein zustehen soll, die das Mietverhältnis auch allein fortsetzt mit der Verpflichtung des Ehemanns, die Mietkosten über seine zuvor vereinbarten Unterhaltssätze hinaus aufzubringen, solange diese Wohnung von der Ehefrau mit den Kindern bewohnt wird.

Die Einigkeit der Eheleute über diese Punkte reicht aus, das Verfahren auf Ehescheidung in Gang zu bringen, seine Rechtshängigkeit herbeizuführen. Aber auch wenn diese Voraussetzungen vorliegen, kann die Scheidung noch nicht ohne weiteres ausgesprochen werden. Denn nach der Vorschrift des Gesetzes soll das Gericht einem Scheidungsantrag erst stattgeben, wenn über die Regelung der gegenseitigen Unterhaltspflicht und derjenigen gegenüber den Kindern und über die Zuteilung des Hausrats und der Wohnung ein vollstreckbarer Titel vorliegt. Das ist eine notarielle Urkunde oder ein vor dem Familiengericht abgeschlossener Vergleich in Form einer Urkunde, der es dem Inhaber ermöglicht, ohne erneute Anrufung des Gerichts aus eben dieser Urkunde gegen den Verpflichteten vorzugehen, wenn dieser seinen Verpflichtungen nicht freiwillig nachkommt.

All dies zeigt deutlich, daß auch die einverständliche Scheidung von den Eheleuten viel geduldiges Verhandeln und eine abschließende Einigung in allen Fragen verlangt, die sich aus der früheren ehelichen Lebensgemeinschaft ableiten.

Trennungsfristen und Härteklauseln

Klaus und Robert, zwei alte Freunde, hatten sich Jahre nicht mehr gesehen, als sie sich eines Tages zufällig über den Weg liefen. Das mußte natürlich gefeiert werden, und ab ging's in die nächste Kneipe, wo die beiden hoffnungslos versackten. Normalerweise hätte Robert, der im Gegensatz zu Klaus seit einigen Monaten verheiratet war, einen handfesten Krach mit seiner Frau Gabi befürchten müssen. Aber sie war für ein paar Tage verreist, und somit bestand keine Gefahr. Dies ließ ihn offensichtlich etwas leichtsinnig werden, der reichlich genossene Alkohol tat ein übriges. Jedenfalls schlossen die beiden Freunde im Laufe des Abends folgende Wette ab: Wem es gelingen würde, den Rest der Nacht in der Wohnung der äußerst attraktiven Blondine zu verbringen, um deren Gunst sie sich den ganzen Abend bereits bemüht hatten, sollte von dem anderen eine Kiste Sekt bekommen. Robert gewann, doch seine Freude hielt sich in Grenzen, als er wieder nüchtern war, und er war nur heilfroh, daß er seiner Frau diese Eskapade nicht beichten mußte. Aber er hatte nicht mit dem berühmten Zufall gerechnet: Am besagten Abend war auch Marion, die beste Freundin Gabis, in dem Lokal. Er hatte sie – verständlicherweise – übersehen, sie jedoch hatte die ganze Sache verfolgt und informierte Gabi entsprechend.

Robert war längst bewußt geworden, welch große Dummheit er begangen hatte, und er wandte sich um so liebevoller seiner jungen Frau zu. Für ihn war das Problem erledigt, ein derartiger Ausrutscher würde ihm nie mehr passieren. Doch er hatte nicht mit der Feinfühligkeit seiner Frau gerechnet. Sie konnte das Vorgefallene nicht so schnell verkraften. Immer wieder sagte sie ihm: »Alles hätte ich dir verzeihen können, aber so etwas nicht. Es hat keinen Sinn, daß wir noch zusammenbleiben.«

Nachdem sich dies auch in den folgenden Monaten nicht änderte, schlug Robert schließlich selbst vor, einen Anwalt um Rat zu fragen. Er hoffte, dieser würde seiner Frau klarmachen, daß es doch nur eine leichtsinnige Handlung unter Alkoholeinfluß gewesen war. Der Anwalt machte den beiden deutlich, daß die Zerrüttung einer Ehe unwiderlegbar vermutet wird, wenn die Ehegatten seit einem Jahr getrennt leben und beide die Scheidung beantragen oder der Antragsgegner der Scheidung zustimmt. Robert gab sich alle Mühe, Gabi von seinen guten Vorsätzen zu überzeugen, aber es half nichts. Beide entzweiten sich noch in der Anwaltskanzlei in einer Weise, daß sie nachher nicht in die gemeinsame Wohnung zurückkehrten, sondern Gabi zu ihren Eltern zog und Stück für Stück den Hausrat nachholte.

Nach Klärung aller Scheidungsfolgesachen wurde die Ehe sehr schnell geschieden, obwohl Robert auch nach drei Jahren der Trennung noch nicht einsah, daß ein Widerspruch zwecklos wäre und er seine Frau nicht zurückgewinnen könnte. Robert hatte sein Recht wahrgenommen, eine Scheidung nach einjähriger Trennung zu verhindern, also den Versuch zu wagen, durch weitere Bemühungen und nach ausreichendem Abstand von dem Gabi so beschäftigenden Vorfall eine Versöhnung herbeizuführen. Dazu blieben ihm nur drei Jahre Zeit. Nach deren Ablauf, nach dreijähriger Trennung, kann er nicht mehr vortragen, die Ehe sei praktisch gar nicht gescheitert. Das Gesetz stellt die unwiderlegbare Vermutung auf, daß die Ehe der beiden nach eben dieser dreijährigen Frist gescheitert ist und dann auch gegen den Willen von Robert geschieden werden muß. Bestreitet Robert dennoch ein Scheitern, so hat das Gericht nur die Möglichkeit, wie bereits erwähnt, das Verfahren auf höchstens sechs Monate auszusetzen. Führt auch das nicht dazu, daß sich Gabi wieder ihrem Ehemann zuwendet, gilt die Ehe als endgültig gescheitert.

Daran würde sich auch nichts ändern, wenn Robert und Gabi etwa während der Trennungsfrist für kürzere Zeit zusammengelebt hätten, um eine Versöhnung zu versuchen, denn so ein kürzerer Versöhnungsversuch unterbricht die Trennungsfristen nicht. Selbst ein mehrmonatiges Zusammenleben während einer dreijährigen Trennungszeit soll nichts schaden! Auch hier wird auf den Einzelfall abzustellen sein. Waren die Anlässe für eine Trennung nicht besonders gravierend, wird eher auf eine Versöhnung zu schließen sein als in den Fällen, in denen einem Partner Vorwürfe schweren eheschädigenden Verhaltens gemacht werden können, wie etwa länger anhaltende außereheliche Beziehungen.

Folgenden Rat könnte man Robert in seiner traurigen Situation noch geben: Wenn Gabi es besonders eilig hat, wird sie zunächst nur die Scheidung, nicht aber zugleich die Regelung aller Scheidungsfolgen wollen, da dies naturgemäß bei streitiger Scheidung das Verfahren unter Umständen sehr verzögern kann. Er muß also, wenn er eine schnelle Scheidung verhindern will, darauf drängen, daß mit der Scheidung zugleich alle Folgesachen entschieden werden. Darin liegt ein wichtiger Schutz für alle Eheleute, die eigentlich an der Ehe festhalten wollen, sich aber nicht mehr mit Erfolg gegen die Scheidung wehren können. Robert kann verhindern, daß eine Scheidung ausgesprochen wird, ohne daß er wegen der zukünftigen Rechte des einen gegen den anderen ausreichend sichergestellt ist.

Auch bei einer streitigen Scheidung muß der Richter vor dem Urteilsspruch eine Regelung über die Verteilung der elterlichen

Gewalt über die Kinder und über den Versorgungsausgleich finden. Alle übrigen Regelungen, wie sie in dem Kapitel ›Einverständliche Scheidung‹ beschrieben sind, können in nachfolgenden Verfahren gefunden werden. Robert sollte sich daher mit seinem Anwalt beraten und schon jetzt – vor Schluß der mündlichen Verhandlung erster Instanz in der Scheidungssache – alle Folgesachen im Sinne der vorstehenden Ausführungen anhängig machen und zur Entscheidung stellen, selbst wenn sich der Scheidungsprozeß dadurch nicht unerheblich verzögern würde.

Die dreijährige Trennung muß allerdings nicht automatisch zur Scheidung führen. Unter bestimmten Voraussetzungen kann die Trennungszeit um zwei weitere Jahre verlängert werden, wie etwa im folgenden Fall:

Roswitha und Norbert haben vor drei Jahren im Überschwang ihrer Gefühle geheiratet. Sehr bald kam das erste Kind, ein Jahr später schon das zweite. Dadurch wurde die Leidenschaft der beiden sozusagen zersplittert; zumindest wurden die Gefühle der Mutter auf die beiden Kinder verteilt, und Norbert fühlte sich vernachlässigt. Die Folge war, daß er sich einer anderen Frau zuwandte. Roswitha bemerkte das zunächst nicht. Erst als er von sich aus den Umgang mit ihr und im Rahmen dessen auch den ehelichen Verkehr immer offensichtlicher vermied, dämmerte es ihr. Schließlich stellte sie ihn zur Rede und sagte ihm auf den Kopf zu, daß er eine Freundin habe. In dieser Weise überrascht, konnte Norbert nicht leugnen, und er wollte es wohl auch gar nicht mehr. Er gestand alles ein und machte im gleichen Atemzug den Vorschlag, sich voneinander zu trennen: »Ich habe mir das alles ganz anders vorgestellt und möchte mit einer anderen Frau neu anfangen. Mit dir kann ich nicht glücklich werden.«

Roswitha sah nicht nur ihr absolutes Vertrauen in Norbert enttäuscht, sie fühlte vielmehr auch ihre Lebenshoffnung, die sie und ihre Kinder umschloß, bedroht. Sie spürte, daß sie sich jetzt nach Kräften gegen diese Existenzbedrohung für die zwei wehrlosen Kinder und sie selbst wehren mußte, und gab Norbert klipp und klar zu verstehen, daß sie sich nie scheiden lassen würde. Dennoch verfiel sie in eine tiefe Verzweiflung und dachte sogar daran, sich das Leben zu nehmen. Nur der Gedanke an die Kinder hielt sie letztendlich davon ab.

Norbert schien dies alles kalt zu lassen. Er führte ein Leben wie ein Junggeselle und betrieb im übrigen die Scheidung. Eine Beratung beim Anwalt ergab jedoch für ihn wenig Positives: Wahrscheinlich würde seine Frau Einspruch erheben und deshalb eine mindestens dreijährige Frist für die Scheidung durchsetzen. Unter Umständen wäre sogar der vom Gesetz vorgesehene Härtefall in Anwendung zu bringen, der eine fünfjährige Trennung als Voraussetzung der Scheidung vorsieht. Und so kam es auch. Nachdem Norbert die Scheidung beantragt hatte, machte Roswitha bei ihrem Anwalt deutlich, daß sie sich nicht scheiden lassen werde und daß um der Kinder willen an eine solche Scheidung ohne schweren Schaden für diese Kinder nicht zu denken sei. Darüber hinaus legte sie ein ärztliches Attest vor, welches ihre Neigung zu Depressionen mit Selbstmordgefahr bestätigte.

Die von Roswitha vorgebrachten Argumente sind tatsächlich geeignet, die Scheidung ihrer Ehe auch nach dreijähriger Trennungszeit um weitere zwei Jahre hinauszuschieben. Um den ganz besonderen Ausnahmecharakter der sogenannten Härteklausel deutlich zu machen, wird hier der volle Wortlaut des § 1567 BGB wiedergegeben:

»Die Ehe soll nicht geschieden werden, obwohl sie gescheitert ist, wenn und solange die Aufrechterhaltung der Ehe im Interesse der aus der Ehe hervorgegangenen minderjährigen Kinder aus besonderen Gründen ausnahmsweise notwendig ist oder wenn und solange die Scheidung für den Antragsgegner, der sie ablehnt, auf Grund außergewöhnlicher Umstände eine so schwere Härte darstellen würde, daß die Aufrechterhaltung der Ehe auch unter Berücksichtigung der Belange des Antragstellers ausnahmsweise geboten erscheint...

Absatz 1 ist nicht anzuwenden, wenn die Ehegatten länger als fünf Jahre getrennt leben.«

Angesichts dieser einschränkenden Regelung der Härteklausel erhebt sich die Frage, ob überhaupt noch ein Widerspruch gegen die Scheidung nach dreijähriger Trennungsfrist wirksam werden kann. Sie ist durchaus zu bejahen, jedoch nur dann, wenn etwa nicht nur die üblichen Folgen einer Scheidung (Verlust des Freundeskreises, der gesellschaftlichen Stellung, Einschränkung des Unterhalts u. ä.) vorliegen, sondern solche Tatsachen, die den Antragsgegner besonders hart treffen und auf außergewöhnlichen Umständen beruhen.

Auch hier wird immer nach dem Einzelfall geurteilt werden, weil objektive Maßstäbe kaum angesetzt werden können. Wendet sich ein nach mehrjähriger Gefängnisstrafe entlassener Ehemann einer anderen Frau zu, obwohl seine Frau treu zu ihm gehalten und die Kinder unter großen Entbehrungen aufgezogen hat, kann in der Scheidung durchaus eine nicht zu billigende Härte liegen, die auf außergewöhnliche Umstände zurückzuführen ist. Das heißt also, die Lage, in der sich die Ehegatten befinden, muß auch für eine gescheiterte Ehe ungewöhnlich sein. Auch wirtschaftliche Nachteile können in solchen Ausnahmefällen die Anwendung der Härteklausel rechtfertigen. So etwa, wenn ein Ehemann, der lange Jahre im Geschäft seiner Frau mitgearbeitet hat, seine Berufstätigkeit aus Gründen der Scheidung und mit Rücksicht auf sein Alter aufgeben müßte. Die Härteklausel ist durchaus geeignet, den scheidungswilligen Partner in die Lage zu versetzen, in Ruhe andere ausreichende Verdienstmöglichkeiten zu suchen.

Nachteile jedoch, die durch die häusliche Trennung entstehen, also solche, die auf dem Verlust bisher gemeinsamer Wirtschaftsführung beruhen, werden in diesem Zusammenhang nicht beachtet. Gleiches gilt für nachhaltige Unterhaltsregelungen, die der Gesetzgeber mit Hilfe des Unterhaltsrechts auszugleichen versucht.

Ein typischer Fall für die Anwendung der Härteklausel sind die in Roswithas ärztlichem Attest angegebenen Depressionen mit Selbstmordgefahr, es sei denn, Norbert würde der Nachweis gelingen, daß es sich um ein reines Gefälligkeitsattest handelt. Ob dann Roswitha die Kinder als weiteres Argument für eine Aufrechterhaltung der Ehe helfen würden?

Mit dem Interesse der Kinder erfolgreich einer Scheidung zu widersprechen, dürfte schwer sein. Auch hier müssen die typischen Folgen einer Scheidung für Kinder hingenommen werden, wie Verlust ihres Freundeskreises durch Wohnungswechsel, erhebliche Einschränkung des Verkehrsrechtes für den nicht sorgeberechtigten Elternteil, einer Abwesenheit des Elternteils wegen Aufnahme einer Ganztagsarbeit o. ä. Es soll aber verhindert werden, »daß ein Kind in eine schwere Identitätskrise gerät«, also wirklich psychische Schäden hinnehmen muß. Hochsensible Kinder können in der Scheidung ihrer Eltern, selbst wenn diese schon drei Jahre getrennt leben, eine Katastrophe sehen und Schaden nehmen. Wirtschaftliche Härten sind überwiegend unbeachtlich, können aber sicherlich in ganz besonderen Ausnahmefällen zur Anwendung einer Härteklausel führen.

Selbstverständlich müssen in allen Fällen der Härte auch die Belange des scheidungswilligen Antragstellers berücksichtigt werden, was unter Umständen die Anwendung der Härteklausel verhindern kann. Für den vielleicht typischen Fall der Berücksichtigung von Belangen des Antragstellers, nämlich daß seine Freundin ein Kind erwartet, werden in der Literatur ebenso verschiedene Ansichten vertreten wie etwa für den Fall, daß durch die Aufrechterhaltung einer Ehe die Eheschließung mit einer reichen Fabrikantentochter und damit ein sozialer Aufstieg und sehr viel bessere Erwerbsmöglichkeiten verhindert werden. Es wird wieder einmal auf den Einzelfall abzustellen sein und dem Taktgefühl des Richters obliegen, hier ›Recht zu sprechen‹.

Bei Roswitha und Norbert ist es aber nach Ablauf von fünf Jahren soweit: Norbert wird von den Fesseln der Ehe befreit. Kann Roswitha nachweisen, daß ihr seelischer Zustand nach wie vor labil ist und als Folge von Belastungen in der Ehe die Selbstmordgefahr anhält, etwa weil sie die Verpflichtung zur eigenen Erwerbstätigkeit als Folge und gleichzeitig auch als Strafe nach der von ihr nicht gewollten Scheidung ansieht, so wird der Richter ihr einen Anspruch auf Unterhalt gegen Norbert zugestehen. Roswitha ist aber verpflichtet, den ›Schaden‹, das ist die durch die Unterhaltsverpflichtung für Norbert entstehende wirtschaftliche Belastung, zu mindern, das heißt, alles zu tun, um diesen Schaden so gering wie möglich zu halten. Sie muß sich in ärztliche Behandlung begeben, um eine Wiederherstellung ihres Gesundheitszustandes zu erreichen. Stellt ein

Sachverständiger fest, daß Roswitha durchaus eine leichte Halbtagstätigkeit übernehmen kann, ohne daß die Gefahr eines psychischen Zusammenbruchs besteht, ist Roswitha auch zu solcher Arbeit verpflichtet.

Der Gesetzgeber will alles vermieden wissen, was nach fünfjähriger endgültiger Auflösung der Ehe dazu führen könnte, die vom Gericht festgelegten Folgen der Scheidung ungerechterweise durch Hysterie oder Simulieren auszuhöhlen. Er ersann die Trennungsfristen, um möglichst auch andere Wege der Krisenbewältigung zu eröffnen. Wer weiß im voraus, was richtig ist?

Beziehungskrisen lassen sich nur lösen, wenn jeder Beteiligte zu sich selbst und seinem Gegenüber ehrlich ist, seine Wünsche offen nennt und aufgeschlossen auf die Bedürfnisse des anderen eingeht. Die empfindliche Balance wird um so länger gehalten, je lernwilliger, beweglicher und lebendiger die Partner sind. Stellt sich heraus, daß ein gegenseitiges Aufeinandereingehen, ein Geben und Nehmen nicht mehr möglich ist, da man sich beispielsweise auseinanderentwickelt hat, sollten beide Partner die Situation, so wie sie ist, zugeben und sich ohne gegenseitige Vorwürfe und Erzeugung von Schuldgefühlen ›sauber‹ trennen. Somit haben sie die Chance, bestehende Sympathien z. B. in Form einer guten Freundschaft bestehen zu lassen, den anderen aber jeweilig für eine neue Beziehung freizugeben.

Eine typische Krisensituation: Eine Hausfrau versieht über zwanzig Jahre lang ihre Pflicht, führt ihrem berufstätigen Mann brav und zuverlässig den Haushalt, zieht zwei Kinder groß, hält die Stadtwohnung instand, pflegt sich und bleibt leidlich attraktiv – und doch ist ihr Leben unausgefüllt. Routine und Gewohnheit tragen vielmehr zu Aushöhlung und Überdruß bei. Die Kinder streben von ihr fort. Der Zuwendung und Liebe des Mannes ist sie sich nicht mehr sicher.

Die Freunde und Nachbarn sind allzu vertraut und bieten nichts Neues mehr. Etwas Neues müßte aber kommen, wenn das Leben erfüllt und sinnvoll sein sollte. Ohne es zu merken, wächst sie in eine Krisensituation hinein, die bei nächster Gelegenheit aufbricht: bei einem Ehestreit, einem Seitensprung des

Mannes, bei dem Wiedersehen mit einem Jugendfreund, mit dem auch all die unwiederbringlichen Erinnerungen an Kindheit und Jugend wieder auftauchen. Es kommt zu einer wirbelnden Verzweiflung, einem lähmenden Gefühl von Ohnmacht und Ausweglosigkeit und dem verzweifelten Aufschwung zu einer Impulshandlung: Sie verläßt die Familie, nimmt sich eine kleine Wohnung, um sich selbst zu finden und zu verwirklichen, um ihr Leben noch einmal neu zu konzipieren und zu beginnen.

Krisenmeisterung? Das muß die Zukunft ergeben. Zunächst hat sich in ihrem Leben etwas gewendet. Sie hat sich die Chance des Neuanfangs genommen – mag es für die Familie auch Scheitern bedeuten. So nah kann beides beieinanderliegen! Und morgen können beide sich auch wieder nähern.

4. Muß Scheidung sein?

Warum sich gleich scheiden lassen?

Wenn Menschen enger zusammenleben, entstehen zwangsläufig Konfliktstoffe. Besonders in einer längeren Partnerschaft, aus der der Reiz des Neuen gewichen, die Faszination des anderen am Erlöschen ist.

Aus dem lodernden Strohfeuer der Faszination sollte jedoch langsam eine Feuerstelle mit beständiger und wärmender Glut werden. Dies geht nur mit stetigem Beobachten, mit rechtzeitigem Nachlegen von richtigem Brennholz: Zu viel davon würde das Feuer ersticken, zu wenig brächte es zum Erlöschen. Sauerstoffzufuhr ist für ein Feuer lebensnotwendig, so notwendig wie ab und zu ein frischer Wind für eine Beziehung, die schon lange besteht. Doch gibt es auch ›erkaltete Herdfeuer‹, tote Beziehungen, die auf dem Papier weiterleben, wo kein Knistern und kein Funken von irgendeiner Lebendigkeit zeugen.

Viele Ehen sind in ein solches Stadium getreten. Resignation herrscht vor, Hoffnungslosigkeit, daß sich überhaupt noch etwas ändern könnte. Man hat sich's gut und bequem eingerichtet, die Ehe hat nur noch eine Funktion als wirtschaftliche und soziale Einheit, als Anlaufstelle für die schon größeren Kinder. Die Kommunikation ist verstummt, der Tabus und Reizthemen sind zu viele geworden im Laufe der Jahre, so daß es ratsamer ist zu schweigen. Man hat Ausweichmöglichkeiten gefunden. Vielleicht fühlt er sich in Männergruppierungen wohler, wo der Alkohol reichlich fließt, man auch unwidersprochen Pfeile abschießen darf gegen das andere Geschlecht im allgemeinen. Gemeint ist aber meistens nur der eigene, unbefriedigend gewordene Partner. Diese Entspannungsmöglichkeit hilft über die Runden.

Sie hat sich's eingerichtet in häuslicher Fürsorge, vielleicht sind schon Enkel da, denen sie ihr ungenutztes Potential an Liebe zukommen lassen kann. Ihr Äußeres wird immer matronenhafter, ihr Körper zeigt, daß er keine erotischen Signale mehr aussenden und empfangen will.

Bei beiden ist die wichtige Triebfeder der Erotik, einer der Hauptantriebe überhaupt, aus ihrem Leben geschwunden.

Überspitzt und vereinfachend könnte man sagen: Er hat Trost im Alkohol gefunden, und sie liebt sehr die Sahnetorten. Tritt doch tatsächlich im späteren Lebensalter häufig eine Rückkehr in frühkindliche Orientierungen, in die Phase der oralen Befriedigung (z. B. Essen oder Trinken) ein. Oder – wie eine Betroffene sagte auf den Hinweis hin, sie solle ein bißchen kürzer treten beim Essen, da ihre Leibesfülle immer imposanter würde: »Was habe ich denn sonst noch vom Leben?«

Diese Ehen werden selten geschieden. Das Feuer ist zwar ausgeglüht, aber man hat die Möglichkeiten gefunden, trotzdem über die Runden zu kommen. Ersatzbefriedigungen gibt es viele, die Gesellschaft bietet immer die entsprechenden Hilfsmittel.

Auch Gewohnheit kann ein Band sein, das zusammenhält. Zumindest findet in einer solchen Ehe der ganz große Schmerz einer Trennung nicht statt. Vielleicht ist es eher ein Schmerz, der feindosiert über der ganzen Beziehung liegt.

Auch sollte man einer solchen Verbindung nicht raten zu brechen, sondern zu biegen. Das heißt, innerhalb dieser Beziehung sollte einer der Partner den Mut haben, das Feuer wieder zu entfachen. Meistens sind es die Frauen, die in einer solchen kalt gewordenen Ehe mehr leiden. Der Druck ist bei ihnen größer. Sie haben meist auch mehr Zugang zu ihren Gefühlen und können diese sprachlich besser mitteilen.

Für die eher konventionellen Partner, die sich nie vorstellen könnten, vor Dritten, in Gruppen oder vor Gesprächstherapeuten über ihre innersten Gefühle zu sprechen, gibt es zunehmend im kirchlich-sozialen Rahmen Möglichkeiten, einmal in sich hineinzuhören und dann über sich zu sprechen, mit dem Anreiz, einmal alles auf den Kopf zu stellen und neue Verhaltensmuster auszuprobieren.

Oft ist es ein anderes, mutigeres Paar, das einem das eigene Verhalten spiegelbildlich vorführt, das zur Identifikation dient und dadurch auf den Sprung hilft, bei sich anzufangen, vorsichtig die Asche zur Seite zu räumen. Denn meistens ist ganz verborgen unter ihr doch noch Glut vorhanden.

Erich und Renate waren schon ein Vierteljahrhundert miteinander verheiratet. Man hatte zusammen vier Kinder großgezogen, miteinander im gleichen Geschäft gearbeitet. Die Kinder brachten großen Trubel in die Beziehung und wurden von beiden mit Liebe und Hingabe erzogen.

Besonders Renate ging ganz in ihnen auf. Zum ersten Mal in ihrem Leben fühlte sie sich glücklich und ausgefüllt, denn sie wurde gebraucht und fand Bestätigung in ihrer Mutterrolle. Zum Beispiel wurden Renates Sätze selten zu Ende gesprochen, da die Kinder das Recht hatten, ständig und immer zu intervenieren.

Als Teenager und heranwachsende Frau hatte sie sich dagegen unsicher gefühlt. Verehrer hatte sie keine, nirgends hatte sie ihre weiblich-erotischen Fähigkeiten erproben und einsetzen können.

Der Mann, den sie geheiratet hatte, war ein Angestellter ihres Vaters gewesen. Er hatte gut in den Betrieb gepaßt, war zudem eine vernünftige und anständige Person, den zu heiraten Renates ganze Verwandtschaft für günstig und richtig gehalten hatte.

Er, ein bißchen schüchtern, unerfahren auf dem Gebiet, Frauen zu lieben, wurde ein treusorgender Vater und Ehemann. Auch genau in dieser Reihenfolge sah sich Renate; zuerst als Mutter, dann als Mitarbeiterin ihres Mannes und zuletzt als dessen Ehefrau.

Viele Jahre ging es gut mit ihnen. Man lebte ein anständiges, bürgerlich-konventionelles Leben. Die Liebe zwischen ihnen wurde durch jedes weitere Kind gleichsam nach außen hin unter Beweis gestellt.

Die Kinder wuchsen heran, brachten nicht nur Trubel, sondern auch Anregungen mit nach Hause. Viele Gespräche und Diskussionen wurden zwischen den beiden Generationen geführt. Die Liebespartner der schon größeren Kinder kamen nun auch ins Haus.

Und auf einmal sahen sich die Eltern nicht mehr gebraucht. Die Elternrolle schien ausgedient zu haben. Doch welche Rolle war nun angebracht? Auf eine besonders sinnliche Beziehung zwischen ihnen konnte nicht zurückgegriffen werden. War doch Sexualität bei ihnen, wie es in Schwaben früher üblich war, ›nur im Dunkeln und im Hemde‹ ausgeführt worden. So war es für sie fast lächerlich, sich nun, da keine Fortpflanzungsnotwendigkeit mehr bestand, auch körperlich zu begehren. Man sprach sich ja auch mit Mama und Papa an. Der andere wurde mit jeder Anrede schon auf diese Rolle festgelegt.

Aber – ganz alt fühlt man sich doch nun auch wieder nicht. Irgendeine innere Unruhe erfaßte sie beide. Besonders auch, wenn sie ihre Kinder mit deren Partnern so liebevoll und zärtlich umgehen sahen.

Die Anregung, einmal ein gemeinsames Wochenende in einem kirchlich veranstalteten Seminar, in dem Partnerprobleme erörtert werden sollten, zu verbringen, ging von Renate aus. Erich sträubte sich zuerst dagegen; eigentlich war doch alles zwischen ihnen in Ordnung, aber doch bloß ›eigentlich‹.

Dort ereignete sich dann etwas, wofür der Boden geradezu vorbereitet schien: Erich verliebte sich in eine andere Seminar-Teilnehmerin. Und das Hals über Kopf oder lyrisch ausgedrückt ›Herz über Kopf‹, aber seine Stellung in der Gesellschaft, seine Bindung zur Familie verhinderten Schlimmeres.

Es war Renate, die die ganze Zeit einen klaren Kopf bewahrte. In einem Gespräch, in dem ein Bekannter spöttisch bemerkte, ihr Ehemann erlebe wohl gerade seinen zweiten Frühling, sagte sie liebevoll: »Nein, den ersten, und ich gönne ihn ihm von Herzen.« Diese Haltung von Renate erlaubte Erich, seine Gefühle auszuleben und sie nicht mit Gewalt abzuwürgen in dem Moment, da er zum ersten Mal in seinem Leben überhaupt so mächtige Gefühle empfand.

Renates tolerante und abwartende Einstellung erlaubte es Erich auch, weiter in seiner Familie zu leben, ohne Schuldvorwürfe zu hören oder schiefe Gesichter sehen zu müssen. Sogar die Kinder hatten ihren gönnerischen Spaß an Papas Verliebtheit. Sie alle konnten die Entwicklung der Dinge in Ruhe abwarten. Ich weiß nicht, wie es weiterging mit Erich und Renate, ich habe sie aus den Augen verloren. Beider Verhalten schien jedoch nicht dazu angetan, die Ehe, die durchaus ihre Qualität hatte, zu zerstören. Durch Erichs neue Gefühlserfahrung könnte vielleicht sogar ein wichtiger, bisher fehlender Impuls in der Beziehung der beiden erweckt worden sein. Oft beobachtet man erstaunt, wie sich Gutes in Böses verwandelt – und umgekehrt.

Bezeichnend für diese Gesellschaft ist, daß einzig und allein die sexuelle Betätigung außerhalb der ehelichen Gemeinschaft als ›Ehebruch‹ angesehen und juristisch bewertet wird.

Ein viel größerer Bruch der Ehe erfolgt jedoch durch seelische und körperliche Rohheit, die sich gegen den Partner richtet oder eine außerhalb der Ehe geführte seelische Partnerschaft, die den Ehepartner ausschließt, wo Vertrauen und Zuneigung ausschließlich außerhalb der Ehe gelebt werden, und der eheliche Partner für diese Gefühle ›außen vor‹ bleiben muß.

Für die Scheidung einer Ehe sollte nur in den zweifellos extremen Fällen plädiert werden, in denen einer der Partner ein pathologisch abartiges Verhalten an den Tag legt. Das kann sich in Trunksucht äußern, in körperlicher Rohheit, das heißt Schlagen und Prügeln des Partners, in seelischer Grausamkeit, bei der der andere ständig herabgesetzt und entwürdigt wird.

Einem ehelangen Dauerbeschuß durch diese kränkenden Verhaltensarten ist auf die Dauer der seelisch gesündeste und auch der gutwilligste Partner nicht gewachsen. Auch er wird dann an Leib und Seele erkranken. Sind Kinder da, dann ist es auch in deren Interesse, sie dieser unheilvollen Atmosphäre zu entziehen. Der gesündere der Partner sollte einen Schlußstrich ziehen und einen Neuanfang sich selber und den Kindern zuliebe wagen. Meistens ist es dann auch eine Chance für den Quäler, falls er nicht schon zu zerstört ist, sich und sein Leben zu überdenken, einzusehen, daß er sich ändern muß und kann, da ihm nun Basis und Aktionsradius entzogen wurden.

Dann könnte auch er einen Neuanfang schaffen, diesmal mit Einsichten, die in ihm eine Änderung seines Verhaltens bewirkt haben.

Viele Ehen gehen jedoch eher aus ›gekränktem Stolz‹ auseinander. Mit ›ehelicher Treue‹ ist landläufig die ›sexuelle Treue‹ gemeint. Dieses Treueverständnis hat sich in Jahrhunderten in unserer Gesellschaft so verinnerlicht, daß, wenn einmal einer der Partner ›betrogen‹ wurde, für ihn meistens eine Welt zusammenbricht. Es gibt jedoch auch Kulturkreise, wo die sexuelle Treue nicht Bestandteil einer wie auch immer gearteten ehelichen Beziehung sein muß.

Schauen wir uns das Wort ›Betrug‹ einmal näher an. Im ›Großen Brockhaus‹ wird es folgendermaßen definiert: »Die wissentliche Täuschung eines anderen durch Vertrauensbruch, arglistige Übervorteilung oder Vorteils-Erschleichung mit dem Ziel, dem Getäuschten Schaden zuzufügen...«

Diese Definition entspricht eindeutig einer materiellen Einstellung und Sicht der Dinge in einer Gesellschaft, die sich Sorgen um ihre erworbenen Güter macht. Bezeichnend ist, daß ein Wort aus der Haben-Welt, der Welt der Geschäfte, für einen immateriellen Vorgang, wie ihn der außereheliche Geschlechtsverkehr darstellt, herhalten muß. Die eheliche Treue scheint also ein ›Haben-Faktor‹ und nicht ein ›Seins-Faktor‹ zu sein.

Die Erklärung hierfür ergibt sich, wenn man sieht, wie die Ehen bis in unser Jahrhundert hinein als reine Wirtschaftsgemeinschaft zur Vermehrung der Güter und Aufzucht von Kindern geschlossen wurden. Nicht selten gab es einen Ehekontrakt, den zu brechen dann auch einem wirtschaftlichen Betrug gleichkam.

Scheidung und Trennung sollten vielleicht nur da geschehen, wo einer der Partner fortgesetzt und ohne Hoffnung auf eine Änderung vom anderen Partner geschädigt wird. Die ›Schädigung‹ durch die sexuelle Untreue des Partners findet jedoch nur subjektiv statt und könnte durch Einsicht beim ›betrogenen‹ Partner relativiert werden.

Allerdings hat die eheliche Untreue im Zeitalter von AIDS eine neue Dimension gewonnen, und es ist Sache des Partners, der sich ›Freiheiten‹ nimmt, Ansteckungen durch ein vorsichtiges und verantwortungsbewußtes Verhalten auszuschließen.

Es darf hier aber nicht der Eindruck entstehen, der sexuellen Untreue solle nun das Wort geredet werden. Sie sollte hier nur in ihrer Wertigkeit dargestellt und die Überbetonung, die zwar nicht mehr im juristischen Sinne existiert, aber doch noch im individuellen Denken besteht, von ihr genommen werden.

Durch erhobene Zeigefinger, Appelle an Moral und Treue ist nämlich noch nie ein Seitensprung verhindert worden. Da er nun einmal stattfindet, sollte gelernt werden, besser mit ihm umzugehen.

Denn nur selten sind in einer Ehe die beiden Partner mit gleich starkem sexuellem Temperament ausgestattet. Wieviel ein Partner leiden kann, der immer wieder vom anderen mit Worten hingehalten wird, wie: »Ich habe keine Zeit« oder »Ich bin zu müde« oder »Du hast wohl nur das eine im Sinn«, kann nur der ermessen, dem es einmal selbst so ergangen ist. Objektiv gesehen kann der ›Verweigerer‹ ein guter Ehepartner sein. Beim anderen löst seine ständige Abwehr jedoch Ärger, Trauer, vielleicht auch Wut und Zweifel am eigenen Mann-Sein oder Frau-Sein aus.

Warum sollte der Partner, der mehr Bedürfnis nach Nähe und Zärtlichkeit und auch Sexualität hat, ein Leben lang seine Bedürfnisse unterdrücken und daran leiden müssen? Warum soll ihm verboten sein, sich in seinen ureigensten Wünschen Zufriedenheit zu verschaffen?

Es gibt wohl auch Fälle, in denen der antriebslosere und bedürfnislosere der Partner um des lieben Friedens willen und vielleicht auch, um den Partner nicht zu verlieren, sein eigenes Bedürfnis an Ruhe hintanstellt, sich selbst vergewaltigt und sich deswegen auch vergewaltigt fühlt, was nicht zu einer seelisch unverkrampften Beziehung der Partner beiträgt. So ist die Stimmung am Frühstückstisch – und oft über den ganzen Tag hinweg – das Ergebnis der Nacht zuvor.

Da wäre es für die Partner an der Zeit, einmal Bilanz zu ziehen, offen die eigenen Bedürfnisse auszusprechen, sich zum eigenen Verhalten bekennen, ohne Anklagen und Vorwürfe die Wünsche des Partners ernst zu nehmen und gemeinsam Wege aus dem Zwiespalt heraus zu suchen.

Zwar kann man nun einwenden, daß Sexualität nicht das wichtigste in einer Ehe sei. Aber doch ist sie einer der Tragepfeiler, auf denen das Ehegebäude errichtet ist. Ist einer dieser Pfeiler nicht tragfähig, dann ist das ganze Haus einsturzgefährdet.

Vielleicht kommt man dann zusammen so weit, die Leinen

loser zu machen, die ›Schot zu fieren‹, was ein Ausdruck aus dem Segelsport ist und bedeutet, mehr Wind an die Segel zu lassen, um bessere Fahrt zu machen.

Ein weiterer Aspekt beim häufigen Schielen nach dem anderen Geschlecht muß nicht nur das stärkere sinnliche Temperament sein. Durch Beachtung und Anerkennung gewinnt der Partner, dessen Selbstwertgefühl schwächer ausgebildet ist, einen Zuwachs an Wertgefühl. Durch solche eher harmlose Flirts ist dem anderen nichts genommen. Eher könnte er sich freuen, daß sein Partner auch für andere attraktiv ist.

In Richards und Annes Ehe ist er der ›Fels‹ und sie die ›Brandung‹. Schon Richards Äußeres ist angetan, Vertrauen zu erwecken: groß, stark mit kräftigem Bart und freundlicher, gutmütiger, fast schon behäbiger Ausstrahlung. Sie hingegen ist klein, quirlig, ruhelos, mit sich selbst oft nicht im klaren und immer wieder depressiven Stimmungen ausgeliefert.

Nicht ohne Grund ist Richard als Therapeut tätig und erfolgreich. Seine Ausstrahlung, seine Gutmütigkeit wirken schon allein wohltuend auf seine Patienten.

Anne ist oft voller Phantasien, künstlerischer Launen. Als Kunsterzieherin und Mutter zweier Kinder hätte sie mehr als genug Betätigungsfeld. Doch das scheint ihr noch nicht zu reichen, und so hat sie sich auch noch im Kulturleben ihrer Heimatstadt engagiert. Sie eröffnet Kunstausstellungen, stellt Künstler vor und liefert sich mit ihnen heiße Debatten. Oft bringt sie einen besonders eigenwilligen und interessanten Künstler mit nach Hause. Sie braucht die geistige Anregung, die ihr ihr Mann, der abends lieber noch mit den Kindern spielt oder fernsieht, nicht bieten kann.

Bei Gesprächen bleibt es nicht immer. Mitten in der Nacht, ihr Mann und die Kinder sind schon lange schlafen gegangen, geht sie noch einmal weg, macht einen romantischen Nachtspaziergang mit ihrem Gast, wobei Zärtlichkeiten und Intimität nicht immer ausgeklammert werden.

Anne ist dann wieder für einige Zeit zufrieden und ausgeglichen. Ihr Bedürfnis nach Abenteuern scheint dann für eine Weile gestillt. Sie fühlt sich danach jung, begehrt und lebendig und kann ihrem Mann, den Kindern und ihrer bürgerlichen

Umgebung wieder besser gerecht werden. Nicht zuletzt schöpft sie auch aus diesen Kontakten Anregungen für ihre künstlerische Arbeit.

Für einige ihrer Bekannten ist sie ein bißchen zu abenteuerlustig und zu erlebnishungrig. Nicht immer kann sie ihre Flirts und Liebeleien vor ihrer Umgebung ganz verheimlichen. In den Urteilen über sie schimmert jedoch auch neidvolles Beobachten durch ihre ›anständigeren‹ Mitbürger durch.

Da die Ehe schon fast zwanzig Jahre andauert und beide einen zufriedenen Eindruck machen, scheint diese Art der Bewältigung und der Umgang mit ihrer unterschiedlichen Veranlagung beiden geglückt zu sein.

Richard gönnt seiner Frau ihre kleinen Abenteuer. Jetzt steht er darüber. Vielleicht war es nicht immer so. Aber da er sie trotz allem liebt, denkt er nicht nur an seinen möglicherweise verletzten Stolz, sondern an Annes Bedürfnis nach künstlerischer Unruhe, erotischer Betätigung und Akzeptanz, aus der sie wiederum viel an schöpferischer Kraft bezieht.

Sibylle ist mit einem Autohändler verheiratet. Sie hat zwei Töchter und zwei Söhne erzogen und ihrem Mann beim Aufbau des Autosalons geholfen. Ihr Mann Alfred ist von robuster Natur, kaufmännisch-nüchtern gesinnt und steht mit beiden Beinen fest im Leben. Sieht man Sibylle zum erstenmal, so möchte man sie am liebsten beschützen, so zart und zerbrechlich wirkt sie, und man denkt unweigerlich, daß sie hier fehl am Platze sei. Bestimmt liebt sie ihren Mann, denn sie bekommt alles von ihm, was er an seelischen Fähigkeiten und materiellen Gütern aufbringen kann. Das, was er ihr nicht geben kann, nämlich einfühlsame, sensible Zuwendung, holt sich Sibylle inzwischen anderswo.

Am Anfang ihrer Ehe war Sibylle durch Schwangerschaften, Kindererziehung, Mitarbeit im Autosalon vollauf beschäftigt, und einen Mangel spürte sie noch nicht. Erst als die Kinder schon größer waren, Alfred seine abendlichen Stammtische besuchte und sich auch noch in der Lokalpolitik betätigte, wurde ihr klar, wie einsam sie im Grunde war und wie sie seelisch fast verhungerte in ihrer Ehe.

Bald fand sie auch immer wieder einen Mann, der ihren Vorstellungen von romantischer Liebe entsprach, mit dem sie einige Zeit intensives Glück verspüren konnte, wie es mit ihrem Mann nicht möglich war. Da sie ihn trotz allem liebt und achtet, verheimlicht sie ihre Seitenlieben, sie will ihn damit nicht belasten. Sie ist aber zur Stelle, wenn Alfred sie braucht, steht auch zuverlässig an seiner Seite, so daß er hier keinen Mangel leiden muß.

Doch immer wieder muß sie für einige Tage eine Freundin besuchen oder eine Kur für ihren unstabilen Kreislauf machen. Vielleicht durchschaut ihr Mann sie und gönnt ihr diese Ausflüge aus der Ehe, vielleicht hat er aber auch wirklich so wenig Phantasie zu meinen, seine empfindsame und verträumte Frau könnte in seiner nüchternen, materiell-geprägten Welt volles Glück empfinden.

Nicht ohne Grund sind diese zwei Beispiele angeführt. In beiden Fällen sind es die Frauen, die die engen Bindungen sprengen. Es ist bei beiden Frauen nicht etwa der ausgeprägtere Sexualtrieb, der sie dazu veranlaßt hat, sondern primär ein von ihnen empfundenes seelisches Defizit, das in ihrer Ehe entstanden ist und durch ihren Partner nicht ausgefüllt werden kann.

Leiden Männer unter einem solchen Defizit, steht ihnen meistens die ausgleichende Befriedigung durch ihre Arbeit zur Verfügung. Sprengen sie die Fesseln ehelicher Treue, geschieht es meistens durch andere Motive.

Vielfach ist in ihr Leben, das sich in den Vierzigern befindet, eine Zäsur eingetreten, in der Rückschau gehalten wird, und ist man mit dieser nicht zufrieden, kann die Vorschau auch nicht viel positiver ausfallen. Man kann plötzlich bemerken, daß Arbeit und Familie nicht alles bedeuten können. Daß man zwar funktioniert, um Chef, Ehefrau und Kinder zufrieden zu stellen, seelisch ist man aber irgendwie auf der Strecke geblieben.

Da es oft zu mühsam ist, den eigenen Anteil an dieser Entwicklung wahrzunehmen, bietet sich dafür besser ein ›Schuldiger‹ an. Das kann einmal die Gesellschaft sein, die einen durch ihren Leistungsdruck in einen gnadenlosen Achtstundentag pressen kann. Zum anderen kann es auch die Familie sein, die durch ihre unausgesprochenen Forderungen nach immer mehr Wohlstand und Komfort gedankenlos an diesem Druck mitwirkt.

Den Beruf nun hinzuwerfen, auszusteigen, ist einer kleinen Elite überlassen, die geistige und kreative Alternativen für sich ausfindig machen kann. Den meisten ist diese Möglichkeit jedoch unzugänglich. So bleibt für viele ›frustrierte‹ Männer in der Lebensmitte nur eine Flucht, die keine radikalen Änderungen mit sich bringt, sondern bei der man nur ein bißchen die Akteure hin- und herzuschieben braucht. Was an einen Theaterdirektor erinnern kann, der – da das Stück keinen Erfolg hat – schnell mal die Schauspieler auswechselt anstelle des Stückes.

Da neue Besen gut kehren, hat man dann wieder für einige Zeit Freude am Leben und Lust am Alltag, wobei dann allerdings der langjährige Ehepartner ›auf der Strecke‹ bleiben kann.

Im Laufe einer Ehe, wenn die Faszination am anderen nachgelassen hat, sollte man immer wieder offen und klar Bilanz ziehen und den Ist-Zustand der Beziehung analysieren, einen kontinuierlichen Ehe-Wetterbericht aufstellen, der dann auch die nötigen Maßnahmen in die Wege leiten soll, falls Sturm angesagt ist oder eine längere Regenperiode bevorsteht.

Und immer wieder heißt es auch Abschied nehmen von der Illusion, der Partner könne Mister oder Mistress Hundert-Prozent für den anderen sein. Mit dem Ideal der ›totalen Partnerschaft‹ ist jede Verbindung überfordert. Das menschliche Wesen hat viele Teilbereiche, und für diese braucht es jeweils Ansprechpartner. Wird ein wichtiges Interessengebiet vernachlässigt, weil der Partner nichts damit anfangen kann, hieße das, sich selber zu beschneiden und einen Verlust an Persönlichkeit zu erleiden, was sich auf irgendeine Weise rächen kann.

Am Anfang machte es ihr nichts aus, wenn sie mit ihm nicht über Literatur reden konnte. Irgendwann einmal merkte sie erstaunt, daß er kaum Bücher gelesen hat und auch heute nie liest. Aber die große erotische Anziehung, die zwischen ihnen bestand, machte das wieder wett. Im Laufe ihrer Verbindung jedoch verstärkte sich ihr Interesse an Büchern, und sie würde gerne mit ihm über den Inhalt des Buches, der sie gerade beschäftigt, diskutieren. Da er dann meistens höflich, aber im Grunde uninteressiert zuhört, ein Gähnen manchmal dabei kaum unterdrücken kann, ist das für sie Grund genug, ihn aus diesem Interessengebiet ihres Lebens zu entlassen. Froh ist sie darüber natürlich nicht, aber bei seinem Interesse an allen Neuerungen auf technischem Gebiet konnte sie auch nie mithalten.

Sie hat dann auch einen Literaturzirkel gefunden, in dem sie genügend Ansprechpartner für literarische Diskussionen gefunden hat.

Irgendwie wirken die Frauen rührend, die tapfer und unverdrossen ihren Mann Sonntag für Sonntag auf den Fußballplatz begleiten. Ob es inzwischen auch tatsächlich ihr ureigenes Interesse geworden ist, die Spiele anzuschauen? Oder sind sie dann vielleicht zum Ausgleich für dieses Opfer zu Hause ein bißchen herrisch und lassen ihn spüren, wie gut und aufopfernd sie doch sind?

Susanne fühlte sich zu schöngeistiger Literatur hingezogen. So las sie ihrem Ehemann an jedem Sonntagmorgen Gedichte im Bett vor. Er hat wohl gedacht, zu einem guten Ehemann gehöre, daß er das auch mitmachen müsse. Höflich und wohlerzogen, wie er war, ließ er dies unwidersprochen einige Zeit geschehen.

Diese Ehe wurde nach einigen Jahren geschieden. Bestimmt nicht nur wegen Susannes ›Lyrik im Ehebett‹, sondern wegen der in dieser Ehe herrschenden Meinung, der Partner solle alles teilen, was einen bewegt. Und auch wegen dem Unvermögen des Mannes, sich frühzeitig und dem Anlaß entsprechend zur Wehr zu setzen. So hat er wohl häufig Ungemach angehäuft, das sich dann im falschen Moment und losgelöst vom Anlaß selbständig und bemerkbar gemacht hat.

Auch Susanne hätte feinfühliger sein können. Ein innerlich gelangweilter Ansprechpartner kann selten ein so guter Schauspieler sein, um seine Interessenlosigkeit ganz vor seinem Partner verbergen zu können.

Auch in der liebevollsten Beziehung können Partner nicht immer die gleichen Wünsche und Interessen haben. Genaugenommen stimmen die meisten Paare nur in einigen Punkten überein und differieren in anderen. Also kann auch keine Partnerschaft total sein.

Ernst Ell schreibt in seinem Buch ›Warum sich gleich scheiden lassen?‹: »Gerade der Gedanke von der ›partiellen Partnerschaft‹ könnte eine große Hilfe sein zur Vermeidung unnötiger Scheidungen. Hält man nämlich an der ›totalen Partnerschaft‹ als notwendigem Ideal fest und gelingt sie dann in der Realität der Ehe nicht, dann ist eben die Enttäuschung so groß, daß man glaubt, sie nicht ertragen zu können – und läuft in die Scheidung, vielfach ohne Rücksicht auf die Kinder, die sehr an einem Elternteil hängen können, auch wenn er als ›totaler Partner‹ versagt hat.

Auch wenn in dem einen oder andern Wesensbereich die Partnerschaft nicht gelingt, so daß ein außerehelicher Ersatzpartner gesucht werden muß, so verbindet die Eheleute immer noch genug, um das gemeinsame Leben fortzusetzen: Man hat die gemeinsam verbrachten Jahre, die gemeinsam aufgebaute Existenz, die gemeinsamen Kinder, und man hat auch in der Zukunft noch viel Gemeinsames, wenn auch nicht mehr ›alles‹. Warum all dies im Stich lassen? Warum immer dieses ›alles oder nichts‹?«

Und gibt es überhaupt eine Gewähr für das Gelingen einer zweiten Verbindung? Mag am Anfang vieles wie ein ›Honigschlecken‹ im Vergleich zur alten Verbindung erscheinen, so wird aber auch hier der Alltag einkehren, und zwar ein belasteter, da die frühere Bindung sich nicht abschütteln läßt wie eine Schlangenhaut und meistens eine starke finanzielle Belastung durch Unterhaltszahlungen eintritt. Die Summe der Sorgen und des Kummers bleibt in der zweiten Verbindung gleich, nur haben sie sich eben verlagert. Hat sich früher der Kummer am vermeintlich ungenügenden Ehepartner entzündet, so empfindet man nun Trauer um die Kinder, die man zurückgelassen hat, und hat noch seinen Ärger mit den Unterhaltsforderungen, die der verlassene Partner nun anstellt.

Für alles gibt es Kurse, Seminare, Schulungen. Nur in dieses schwierigste aller Gebiete, die eheliche Beziehung, tappen die meisten unvorbereitet und lebensunreif hinein – zwar mit dem besten Willen, aber dieser allein reicht eben nicht aus.

Leider erkennen viele erst nach einem langen Reifeprozeß, der sie viele Schmerzen kosten kann, daß die eheliche Gemeinschaft eine Partnerschaft zweier eigenständiger Personen mit eigener Würde und dem Streben nach eigener Autonomie und Vervollkommnung sein sollte und nicht die Einheit zweier unvollständiger Menschen, die nicht allein leben können und die nur in der Zweisamkeit eine Einheit bilden können.

Nur wenn man sich selbst mit Sonne und Schatten, Licht und Dunkelheit, Frohsinn und Trauer erkennen und akzeptieren kann, wird man auch dem Partner diese ganzheitliche Persönlichkeit zugestehen. Dann muß nicht einer der beiden die Sonnenrolle übernehmen und der andere das Schattenbild darstellen. Dann kann er die Sonne und sie der Mond sein, was auf Gleichberechtigung hinzielt unter dem gleichzeitigen Aspekt des Andersseins und des Respekts davor.

Mögliche Alternativen

In unserem Kulturkreis wird seit Jahrhunderten die Einehe praktiziert, und sie entstand nicht einfach von ungefähr. Sie wurde vom Menschen geschaffen, um seine Bedürfnisse zu erfüllen. Das will aber noch nicht heißen, daß sie durch diese lange Geschichte ihre Berechtigung und Bewährung auch für die heutige Zeit bewiesen hätte.

Anderswo haben sich andere Eheformen entwickelt, von der Einehe über die Vielehe bis zur Gruppenehe. Sie haben sich aus den dort herrschenden Lebensumständen heraus für die dortige Bevölkerung folgerichtig entwickelt.

Von allen Möglichkeiten, sagt man, sei bei uns die Einehe immer noch ›das kleinere Übel‹. Dies sollte nicht so sein. Man sollte durch sie nicht das ›kleinere Übel‹, sondern das ›größtmöglichste Glück‹ erfahren können.

Deshalb sollte es möglich sein, auch die bei uns praktizierte Einehe den veränderten Lebensumständen anzupassen. Vor allem auch, da Ehen heute sehr viel länger halten müssen, weil das durchschnittliche Lebensalter enorm gestiegen ist. So können heute sehr viel mehr Partner, als dies noch vor der Jahrhundertwende üblich war, ihre goldene Hochzeit feiern.

Dem Anspruch an längerer Dauer einer Ehe steht jedoch ein grundsätzlicher Wandel in unserer Gesellschaft gegenüber. Aus einer seßhaften, auf Kontinuität angelegten Agrar-Bevölkerung ist ein mobiles Volk geworden, auch im geistigen Sinne. Die wirtschaftliche und psychologische gegenseitige Abhängigkeit der früheren Ehe-Einheit vollzog sich in einer Umwelt, die durch gesellschaftliche Sanktionen und das gesamte soziale Gefüge die Voraussetzung für den ewigen Bestand dieser Einheit bot. Die Ehe-Struktur entsprach genau der Ehe-Funktion. Aber die Zeiten haben sich geändert. Ständiger und kurzfristiger Wandel an Erkenntnissen und Einsichten, die revolutionäre Entwicklung der Technik sowie die weltweite Medienvernetzung haben das Leben des Menschen von Grund auf umgekrempelt, unüberschaubar und auch unsicherer gemacht. Denn was gestern noch galt, gilt heute schon nicht mehr. Er muß nun flexibel und wandelbar auf diese Welt reagieren, um nicht von seinem anpassungsfähigeren Mitmenschen zur Seite gestellt oder überholt zu werden.

Dieser vom heutigen Menschen geforderten Fähigkeit zum Verändern von inneren und äußeren Lebensbedingungen steht jedoch eisern und unwandelbar die staatlich geforderte und geförderte Einehe gegenüber.

»Ehe und Familie stehen unter dem besonderen Schutze der staatlichen Ordnung«, heißt es im Grundgesetz (Artikel 6). Dieses versteht jedoch unter ›Ehe‹ lediglich die Einehe, und so wandelt sich angesichts der veränderten Umweltbedingungen der ›besondere Schutz‹ zu einem staatlich angeordneten Zwang zu nur eben dieser, andere Möglichkeiten ausschließenden, Einehe.

Und so wird aus dem ›Schutz‹ gerade das Gegenteil, denn er treibt die Menschen, wenn ihnen die vorgeschriebene Eheform nicht gelingt, in zunehmend großer Zahl in die Scheidung.

Ernst Ell behauptet in seinem Buch: ›Warum sich gleich scheiden lassen?‹ sogar: »Durch die ideologische Fixierung der

Ehe auf Einehe unterhöhlt das Grundgesetz die Ehe, statt sie zu schützen, und wird dadurch schuld am Leid vieler Kinder, die durch eine unnötige Scheidung Vater oder Mutter aus ihrer Lebensnähe verlieren. Diese Umkehrung von Schutz zu Schaden zeigt wieder einmal, wie gefährlich alle Ideo- und Idealogien werden, wenn sie dem Real des Lebens nicht mehr gerecht werden.«

Deswegen fragen sich heute viele Sozio-, Psycho- und Politologen, ob diese Art der Ehe überhaupt noch zu retten ist. Denn aus einer jahrhundertelang unumstrittenen Institution ist ein ›Dauerpatient‹ geworden, der kränkelnd darniederliegt und die Ärzte, sprich Gesellschaft, provoziert, sich zu seiner Heilung etwas Neues einfallen zu lassen.

Daher müßte auch einmal geklärt werden, was die Ehe heute noch für den Menschen bedeuten kann, welche Erwartungen er heute in sie hinein trägt.

In keine andere Einrichtung wird nun so viel an ideeller Glückserwartung und materieller Bedürfnisbefriedigung hineingepackt wie in sie. Wie kann es angehen, daß man an ein und dieselbe Sache Erwartungen an seelischer und geistiger Übereinstimmung, sexueller Erfüllung und Treue, wirtschaftlichem Gedeihen, gelungener Aufzucht von Nachwuchs und die richtige Darstellung von alledem innerhalb des sozialen Umfelds hat?

Diesem ganzen Ansturm an Erwartungen kann eine solche Sache wie die Ehe zwangsläufig nicht standhalten. Wird dann auch nur eine der genannten Erwartungen nicht oder mangelhaft innerhalb einer Ehe erfüllt, wird meistens der Wert der ganzen Beziehung in Frage gestellt.

Deshalb sollten die ehewilligen Partner vor der Verbindung sich einmal klar werden, welche Erwartungen sie selber an dieses von ihnen geplante Unternehmen haben. Doch, da zu diesem Zeitpunkt für sie der Himmel noch voller Geigen hängt, wird es schwierig sein, sich vorzustellen, daß auch ihr löbliches Vorhaben einmal scheitern könnte.

Im besten Falle — im Hinblick auf die ständigen Veränderungen in unserer Gesellschaft — könnte man die Ehe als einen ruhenden Pol in dieser uns umgebenden Hektik ansehen. Als einen Pol, der nicht in statischer Unbeweglichkeit verharren, sondern in dynamischer Weise mitschwingen sollte mit den Veränderungen und Erfordernissen dieser Welt.

Die Ehe kann den Partnern ihr angeborenes Bedürfnis nach einem festen sozialen Gefüge erfüllen und ein großes Maß an menschlicher Geborgenheit schenken. Gelingt dies jedoch nicht, so kann sie zu einer Hölle auf Erden werden.

Treue und Dauer in einer Ehe synchron ablaufen zu lassen, ist eine schwere Aufgabe. Üblicherweise läuft es anders: Verlangt eine Ehe die Treue, so ist die Dauer beschränkt; verlangt sie Dauer, so kann man keine Treue verlangen; verlangt aber eine Ehe Dauer *und* Treue, so überfordert sie die meisten Menschen, gerade auch die spontaneren und die lebendigeren.

Je nach Veranlagung der Beteiligten sind die Folgerungen hieraus verschieden. Die einen verkümmern und resignieren in ihrer Ehe − die anderen brechen aus, um gerade ihre guten Eigenschaften, wie Lebendigkeit und Spontaneität, zu retten. Vielleicht in eine heimliche Beziehung, vielleicht in eine Scheidung, die dann zur sukzessiven Polygamie führt. Wie die Scheidungsziffern beweisen, wissen zunehmend mehr Menschen keinen anderen Weg als die Scheidung, um dem Druck der monogamen Ehe zu entgehen, weil die Gesellschaft und das Gesetz andere, menschlichere Lösungen noch nicht dulden.

In illegitimer Form gibt es diese Lösungen schon längst. Zu den nebenehelichen Freundschaften und dem unlegitimierten Zusammenleben zweier geschlechtsverschiedener Personen könnte man hier noch die sich exotisch anhörenden Formen der polygynen Ehe (ein Mann mit mehreren Frauen), die polyandre Ehe (eine Frau mit mehreren Männern), die lesbische und die homophile Ehe aufführen. Diese zusätzlichen Formen des Zusammenlebens bedeuten zwar keine Lösung für alle, aber doch für viele Fälle.

Es geht hier nun überhaupt nicht darum, die monogame Ehe grundsätzlich zu bekämpfen oder sie zu verdrängen. Aber da, wo sie im Einzelfall nicht funktioniert, sollte es möglich sein, sie durch andere Formen zu ergänzen, um der stetig anwachsenden Scheidungsflut entgegenzuwirken und das Unglück der unzähligen Scheidungskinder zu verringern.

Neue Modelle

Bei Sabine und Jörg fliegen immer wieder die Fetzen. Sie kann mit seiner Muffigkeit, die er oft tagelang hat und die sich in schweigsamer Grübelei und abwesender, ja abweisender Haltung ausdrückt, einfach nicht umgehen. Er braucht immer wieder dieses ›In-sich-Gekehrt-Sein‹, um neue Ideen zu entwickeln, die er als Werbegrafiker haben muß. Seine Frau und seine Kinder sind ihm dann sichtlich im Wege, und er geht in dieser Zeit auch nicht besonders freundlich mit ihnen um. Sie fühlt sich irgendwie ›schuldig‹ an seinen Zuständen, denkt auch, dieses abweisende Verhalten wäre speziell gegen sie gerichtet. Dann kann sie aggressiv reagieren und ihm ihre Anklagen ins Gesicht schleudern, und die Spirale des Streits dreht sich nach oben.

Hilflos dazwischen stehen dann die beiden Kinder Jan und Jette. Jan ist ein besonders sensibler Junge. Nach der Einschulung – die robusteren Kinder aus dem Dorf prügeln ihn häufig – zeigt sich, daß Jan eine Lese- und Rechtschreibschwäche hat. Die Eltern überlegen sich nun hin und her, wie ihm zu helfen sei. Für sie ist nun offensichtlich, daß die Schule des Dorfes, in dem sie wohnen, nicht das Richtige für ihren Jan ist. Die nächstgelegene heilpädagogische Schule befindet sich jedoch fast hundert Kilometer entfernt von ihnen.

Nach langem Hin und Her entscheidet sich Sabine, mit den Kindern in die Nähe dieser Schule zu ziehen. Sie findet dort auch eine Wohnung, und Jan lebt sichtlich auf, als er dort nun zur Schule geht.

Jörg will zurückbleiben. Sie haben sich nämlich mit viel Eigenarbeit ein altes Bauernhaus ausgebaut, in dem er auch seine Werbeagentur unterhält. Sein Kundenstamm und das Haus hindern ihn daran, mit Sabine und den Kindern zusammenzuziehen. Und vielleicht tut ja ein bißchen Distanz ihrer problematisch gewordenen Beziehung nur gut, denken sie.

Die Wochenenden werden gemeinsam verbracht. Zuerst sieht es so aus, als habe sich alles zum Besseren gewendet. Bis Jörg auffällt, daß Sabine nicht mehr jedes Wochenende ›nach Hause‹ kommen will oder merkwürdig schnell wieder zurückfahren will, wenn sie es doch gemeinsam verbringen. Sie wirkt auch plötzlich so abwesend. Dann, bei einem Besuch bei ihr und den Kindern, merkt er, ›wie der Hase läuft‹, daß nämlich bei Sabine ein anderer Mann im Spiel ist.

Jörg leidet nun wie ein Hund. Haben sie auch immer wieder heftige Auseinandersetzungen miteinander gehabt, so gab es doch auch die wunderschönen Versöhnungen, und eheliche Treue schien für sie selbstverständlich.

Sabine, die sich am Anfang in der neuen Umgebung sehr einsam gefühlt hatte, lebte auf durch ihren Freund. Mit ihm konnte sie auch ihre Eheprobleme durchsprechen, und von ihm fühlte sie sich auch verstanden. Auch die Kinder freuten sich, wenn Sabines Freund kam und mit ihnen zusammen während der Woche etwas unternahm. Nur Jörg wollte plötzlich nicht mehr kommen. Er spürte die Existenz dieses anderen Mannes und litt immer stärker darunter.

In dieser Zeit der Trauer und verstärkten inneren Einkehr traf Jörg eine Studentin, die bei ihm im Atelier ein Praktikum machen wollte. Dieses Mädchen war ganz anders veranlagt als Sabine. Sie war ruhig und bescheiden, konnte gut auf Jörg eingehen und ihn verstehen, wenn er seine grüblerischen Anwandlungen hatte, da sie ihr selbst nicht fremd waren. Jörg hatte für sich eine Liebesbeziehung gefunden und konnte sich nun auch mit Sabines Freund abfinden.

Ja, plötzlich merkten Jörg und Sabine, daß ihre Beziehung eigentlich für sie immer noch die wichtigste in diesem Dreier-System war. Auch konnten sie nicht vergessen, daß sie als Eltern immer noch eine gemeinsame Aufgabe und Verantwortung hatten.

Erst kürzlich haben Sabine, Jörg und die Kinder gemeinsam die Ferien verbracht. Es ging gut zwischen ihnen für diese begrenzte Anzahl von Tagen. Möglicherweise haben in dieser Zeit ihre jeweiligen Außen-Partner ein bißchen zu leiden gehabt.

Eine Scheidung ist von Jörg und Sabine nicht geplant. Zum Glück ist bei ihnen auch noch nicht viel Porzellan zerschlagen, so daß sie sich immer wieder freundschaftlich treffen können, und das nicht nur der Kinder zuliebe.

Ob es für alle Zeiten bei dieser zugegebenermaßen labilen

Beziehungs-Konstruktion bleiben muß, ist nicht vorauszusehen. Sie haben jedoch erkannt, daß die Verbindung zwischen ihnen eine gewisse Priorität besitzt, vielleicht auch die ›Primärbeziehung‹ innerhalb ihres Beziehungssystems genannt werden könnte. Ihren Kindern Jan und Jette haben sie durch diese ›reife‹, aber ›unbürgerliche‹ Lösung viel Kummer erspart. Denn sind Eltern erst einmal durch eine Scheidung gegangen, dann sind sie meistens so ›gerupft‹ und seelisch geschädigt, daß ein aggressionsfreier Umgang innerhalb der gesamten früheren Familien-Besetzung nicht mehr möglich ist, die Kinder ihre Eltern also nie mehr zusammen erleben, sondern immer abgetrennt und oft auch noch mit einer bösen Einstellung zum früheren Partner.

Flexible Lösungen: Offene Ehe?

Viele Paare gibt es inzwischen, die sich ohne Trauschein zueinander bekennen. Dies ist meist zu Anfang einer Beziehung der Fall, wo das Zusammenleben der beiden einen experimentellen Charakter haben kann. Wo man ausprobieren kann, wie geeignet man sich selbst für diese Partnerschaft hält, wie der andere sich einfügt und wie man im täglichen Lebenskampf harmoniert und zusammenpaßt.

Die Gesellschaft toleriert dies, da ja noch keine Kinder da sind und die Partner noch jung genug sind, um sich eines Besseren zu besinnen. Meistens wird dann auch nach genügender Prüfung die Beziehung legalisiert, der Druck der Mütter und Väter tut das seinige dazu.

Oft sind es aber auch Menschen, die gerade eine Trennung durchlebt haben und sich ›als gebrannte Kinder‹ nicht mehr vorstellen können, sich wieder mit Haut und Haaren in eine staatlich sanktionierte Verbindung hineinzubegeben. Man will sich alle Möglichkeiten offen lassen. Die Hintertür für eine schnelle Flucht muß für sie offen bleiben.

Hanna wurde vor zwei Jahren von ihrem Mann verlassen. Er hatte eine andere Frau gefunden, die seinen Vorstellungen von einer bequemen Partnerin mehr entsprach. Hanna trauerte ihm und dem Familienleben, das sie mit ihren gemeinsamen Kindern hatten, noch lange nach.

Neue Beziehungen stellten sich jedoch ein, da Hanna eine attraktive und auch interessante Frau ist. Aber, sobald einer ihrer jeweiligen Freunde mehr als nur eine lose Liebesbeziehung mit ihr haben wollte, konnte sie irgendeinen Streit vom Zaune brechen und die Beziehung platzen lassen. Bei der Vorstellung, wieder fest an ein und denselben Partner gebunden zu sein, kommt Panik in ihr hoch. Zu gut hat sie auch noch den Schmerz des Verlassenwerdens und die Auseinandersetzungen, die vorausgingen, in Erinnerung.

Sie hat in den Ferien einen Mann getroffen, der sich spontan in sie verliebte, dessen Gefühle sie am Anfang auch erwiderte. Doch je mehr er die Beziehung vertiefen will, um so mehr weicht sie zurück. Sie hat dann vieles an ihm auszusetzen, daß er zu emotional, zu alt, zu inaktiv sei, die Liste könnte sie noch beliebig verlängern. Ganz brechen will sie aber auch nicht mit ihm. Da seine gutmütige Wärme ihr wohltut und sie sich auch fallenlassen kann bei ihm und auftanken für ihren anstrengenden Alltag.

Einen anderen Mann, den sie einige Zeit danach kennenlernt, hält sie auch auf Distanz. Mit ihm kann sie gute Gespräche führen, da sie denselben Beruf haben. Aber ganz und gar nur für ihn da sein, wie es auch dieser Mann wollte, konnte sie ihm auch nicht zugestehen. Hanna pendelt nun zwischen ihren Männern hin und her. Ironisch zwinkernd gibt sie zu, daß bei ihr in dieser Beziehung wohl was nicht ganz stimme. Den einen hielte sie sich fürs Gemüt, den anderen für den Geist, einen fürs Technische suche sie noch.

Vielleicht aber müßte nur der Mann auftauchen, der dies alles in sich vereinigen würde, idealerweise müßte er dann auch noch ein bißchen ihrem früheren Mann ähneln. Diese Hanna wird wohl noch bis ans Ende ihrer Tage auf der Suche sein.

Wie lange nach einer Trennung eine solche negative Prägung anhalten kann, zeigt Hannas Fall. Ihre Partner haben Geduld mit ihr, da sie ihre Vorgeschichte kennen, und Hanna selbst weiß, daß sie da ›an sich arbeiten muß‹.

Wer die außergesetzliche Form des Zusammenlebens wählt,

sich gegen eine rechtsgültige Ehe sträubt, ist in Wirklichkeit meist nicht bereit, sich uneingeschränkt dem Partner auszuliefern. Dieses Ausgeliefertsein hat man durch leidvolle Erfahrung kennengelernt, und man ist vorsichtig geworden und will es auf eine totale Bindung nicht mehr ankommen lassen. Man könnte diese Menschen, so auch Hanna, bindungsgeschädigt nennen. Auf das Zusammenleben mit einem andersgeschlechtlichen Partner wollen in der Regel jedoch auch sie nicht verzichten.

Die Fälle, in denen nicht geheiratet wird, weil einer der Partner – in der Regel ist es die Frau – durch eine neue Eheschließung wirtschaftliche Nachteile hätte, da Witwenrente oder Unterhaltsansprüche erlöschen würden, wollen wir hier nicht behandeln, da die Gründe hierfür ausschließlich materieller Art sind.

Es ist die Frage, ob eine derart offene Einstellung zur Partnerschaft erst das Ergebnis enttäuschender Erfahrung sein muß, oder ob es nicht auch der ›normalen Ehe‹ neue Dimensionen hinzufügen kann.

In ihrem Buch ›Die offene Ehe‹, das in den siebziger Jahren Furore machte, plädieren die Autoren Nena und George O'Neill für eine Neudefinierung des Wortes ›Ehe‹, für die Füllung des Begriffs ›Ehe‹ mit neuen Werten, da sie die herkömmliche Ehe hoffnungslos in einer Sackgasse stecken sehen. Die Lösung hierin kann für sie nur in einer Öffnung der Ehe nach außen, dem Hereinnehmen von neuen Ideen, neuen Wertmaßstäben liegen.

Ehepartner mit einem eigenen Anspruch auf ein Leben außerhalb der vier Ehewände können sich, so meinen sie, interessantere Partner sein. Da jeder abends seine eigene Welt von außen mit nach Hause bringt, kann das befruchtend wirken, der Ehedialog wird weder abreißen, noch langweilig werden.

Anders die Paare, die sich ›gleichgeschaltet‹ haben. Sie werden durch ständiges Aufeinanderkleben immer nur das gleiche erleben und hören. Sie schneiden sich jede Möglichkeit zur eigenen Weiterentwicklung ab, verbauen sich den Weg zum eigenen Ich und dadurch auch den Weg zum Partner. In einer so geführten Ehe kann keiner von beiden seine Persönlichkeit entwickeln. Wie kann es da Zuneigung und Achtung, die Vorbedingungen für die Liebe, zwischen ihnen geben?

Häufiger gibt es jedoch die Paare, bei denen sich eine Ungleichgewichtigkeit herausstellen kann. Nur der Mann entwickelt sich hier ständig weiter, die Frau bleibt bei diesem Entwicklungsprozeß auf der Strecke. Da der Mann einen ständigen Zugewinn an Selbstvertrauen durch berufliche Erfolge erzielen kann, wird die Frau, die sich ausschließlich um Kinder, Haus und Karriere ihres Mannes kümmert, leicht ins Hintertreffen geraten. Es genügt hierfür, auch wenn dies nur von ihr so empfunden wird. An der Minderbewertung der Mutter- und Hausfrauenrolle hat jedoch unsere Gesellschaft entscheidenden Anteil. Das kann bei ihr psychische Reaktionen wie Depressionen, Unausgeglichenheit, Neid auf das freiere Leben ihres Mannes oder den Rückzug auf eine eng verstandene ›Weibchenrolle‹ herbeiführen. Einige körperliche Reaktionen wie z. B. der niedrige Blutdruck sind inzwischen als typisches ›Hausfrauensyndrom‹ entlarvt und beschrieben worden. Kompensierend hierzu kann sie dann in ein Konsumverhalten ausweichen, sich immer neuere, noch schickere Kleider erwerben, die sie aber letztendlich nicht attraktiver machen für ihren Ehepartner, und die Balance zwischen den beiden wird noch unausgewogener.

Laura hatte schon lange gefühlt, daß sie in ihrer Ehe ins Hintertreffen geraten war. Sie war Hausfrau und Mutter und unterhielt ein offenes Haus, in dem Gäste jederzeit willkommen waren. Für ihre Kinder und ihren Mann Georg, der im Laufe der Ehejahre ein erfolgreicher Geschäftsmann geworden war, stand sie rund um die Uhr zur Verfügung. Durch seinen Beruf hatte er Anregungen und Abwechslung, die ihr zwar auch zugute kamen, aber doch nur aus ›zweiter Hand‹. Da seine geschäftlichen Termine sich oft bis in die späten Abendstunden hinein erstreckten, fühlte sich Laura immer ›Gewehr bei Fuß‹, das heißt, sie fühlte sich verpflichtet, zu jeder Tages- und Abendstunde ihm zur Verfügung zu stehen, sei es, daß sie ihm spät abends noch seine geliebten Spaghetti kochte, sei es, daß sie ihm spät nachts noch zuhörte, wenn er von seinen Konferenzen berichtete. Sie selbst konnte ihm dann nur von ihrem Hausfrauenalltag berichten, von den Kindern, die meistens schon schliefen, wenn der Vater nach Hause kam. Für eigene Aktivitäten blieb für sie keine Zeit mehr.

Bevor die Kinder zur Welt kamen, war Laura als Lehrerin tätig gewesen. Durch ihre Beanspruchung in ihrer Ehe hatte sie jedoch ihren Beruf aufgeben müssen. Georg konnte ihre immer wieder vorgebrachten Selbstzweifel und Klagen jedoch nicht verstehen. Sie hatte doch alles, was sie brauchte.

Ihre Unzufriedenheit mit ihrer Situation, die sie sich offen eingestand, brachte Laura dazu, nach einem Ausweg zu suchen. Durch die Anzeige einer Abendschule, in der Sprachdozenten gesucht wurden, kam sie dann auf die Lösung: Sie bewarb sich dort als Sprachdozentin für zwei Abende in der Woche und wurde auch angenommen.

Georg war zuerst alles andere als begeistert. Das würde für ihn ja bedeuten, Abstriche an seiner Lebensweise zu machen, sich mehr im Haus zu engagieren. Da ihm jedoch auch an ihrer Zufriedenheit viel lag, gab er nach.

Jetzt kocht er sogar an ihren Kursabenden für die Kinder und bringt sie dann ins Bett. Das gefällt ihm gut und bringt ihm auch die Kinder wieder näher. Oft geht er dann auch noch einmal weg zu einer Besprechung. Auch Laura geht mit ihren erwachsenen Kursteilnehmern anschließend noch einen trinken.

Kommen die beiden nachts dann nach Hause, entspinnt sich oft noch eine Diskussion. Angefüllt mit Anregungen und Außenreizen ist ihr Austausch lebendig und stark. An solchen Abenden fühlen sie sich gleich stark, und ihre Ehebalance ist ausgewogen.

Für Zufriedenheit in einer Partnerschaft sorgt auch, wenn die Rollen nicht so stark fixiert werden, wenn er nicht nur aufs Erwerbsleben draußen festgelegt ist und ihr Leben sich nicht nur im klassischen Hausfrauendasein erschöpft.

Es tut ihr ganz gut, sich immer wieder einmal draußen den Wind um die Nase wehen zu lassen. Falls die Kinder noch kleiner sind, könnte sie Krankheits- oder Mutterschaftsvertretung in dem von ihr erlernten Beruf übernehmen. Dann kann sie ihn auch besser verstehen, wenn er abends müde und ausgelaugt nach Hause kommt und bloß noch Lust auf Zeitungslesen oder das Pantoffelkino hat.

Auch er sollte immer mal wieder in ihre Rolle schlüpfen. Um zu sehen, wie ermüdend und uneffektiv es sein kann, den ganzen Tag für Kinder und Haushalt da zu sein, wo man abends oft das Gefühl hat, nichts Richtiges geleistet zu haben. Denn im Haushalt sieht man bekanntlich hauptsächlich das, was nicht getan wurde. Die viele Mühe und Arbeit, die einem die Kinder den ganzen Tag machen, kann man abends oder am Ende eines Monats nun einmal nicht in einer positiven Bilanz darstellen.

Die Theorie von der gegenseitigen Ergänzung in der Ehe, wonach jeder Partner Aufgaben hat, die von vornherein als männlich beziehungsweise weiblich abgestempelt sind, würde nämlich letzten Endes dazu führen, daß die Partner in zwei verschiedenen Welten leben. Ein Austausch der Pflichten bedeutet auch, daß man mehr miteinander teilt.

Für Heiner und Barbara scheint dies kein Problem zu sein. Beide arbeiten als Lehrer an derselben Schule. Für den Haushalt, immerhin haben sie drei Kinder, sorgen sie gemeinsam. Arbeitet sie gerade intensiv an einem neuen Unterrichtsprogramm, ist es keine Frage, daß er die ganze Küchenarbeit übernimmt. Genau so oft wie sie ist er in der Stadt mit Einkaufskorb und Kindern an der Hand zu sehen. Wenn sie können, bringen sie beide gemeinsam die Kinder abends ins Bett. Außer ihrer Gleichberechtigung bei der Rollenverteilung räumen sie sich gegenseitig auch die gleichen Rechte auf Freizeit, Fortbildung, Einladungen und Freundschaften ein. So hat jeder an mindestens zwei Abenden pro Woche seine eigenen Außenengagements, und der andere übernimmt während dieser Zeit selbstverständlich die gemeinsamen Aufgaben zu Hause. Dafür ist er an zwei weiteren Abenden außerhalb. Der andere toleriert dies, weil er ja auch das gleiche Recht für sich in Anspruch nimmt. Dabei sorgen beide unbedingt dafür, daß weder der Partner noch die Kinder in ihren Ansprüchen auf Zeit, Zuwendung, Wärme und Geborgenheit zu kurz kommen. Dies ist sicher ein immer wieder heikles Balanceunternehmen, aber durch eheliche und offene Kommunikation gelingt es ihnen, die Balance zu halten.

Im Konfliktfalle würde dann die hinderlichste Außenkommunikation gekappt werden, um ihre Beziehung nicht zu gefährden, und der jeweils andere Teil dieser Beziehung weiß dies auch. So funktioniert dieses System, trotz seiner Offenheit, in einem gleichsam schwebenden Gleichgewicht, das stabiler ist als ein starres.

Ein Idealfall scheint dies. Selten sind die äußeren Bedingungen so günstig wie hier, wo beide einen pädagogischen Beruf ausüben mit kurzen außerhäuslichen Arbeitszeiten und flexibler Stundenplangestaltung.

Selbsthilfe der Partner

So wie sich die Tasse mit Sprung, die man schon lange los sein wollte, am längsten im häuslichen Geschirrbord halten kann, so scheinen auch die Ehen, die an Konflikten und Beschwernissen reich sind, nicht unbedingt die gefährdetsten zu sein. Es ist vielmehr so, daß in ihnen mehr verbalisiert wird, daß Konflikte direkt und beim Auftreten ›ausgestritten‹ werden und daß sich bei ihnen keine Unrathaufen unter dem vielgerühmten ›Teppich‹ befinden. Erst der Ehemann, der seine Frau – um des lieben Friedens willen – nie kritisiert hat, kann nach langen Jahren der scheinbaren Harmonie plötzlich ihre Gegenwart nicht mehr ertragen. Plötzlich fällt ihm auf, daß ihre Bewegungen unharmonisch sind, ihr Sprechen ihn reizbar und ungeduldig macht.

Aber – der, der Probleme angehen will, hat meistens einen schlechteren Stand als der andere, dem Friede und Harmonie über alles gehen. Derjenige, der etwas durcharbeiten will, wird dann schnell als zu ›kompliziert‹ oder als ›Stänkerer‹ empfunden.

Eine sich anbahnende Verstimmung sollte im Anfangsstadium, wenn sich noch nicht zu viel angesammelt hat, ausgetragen werden. So wie der Kessel, wenn er zu lange unter Druck gestanden hat, explodieren kann, so kann auch der Ehepartner, der zu lange geschluckt hat, plötzlich ausrasten.

Was diese Ausbrüche – die angeblich aus heiterem Himmel

entstehen — so vergleichbar mit Vulkanausbrüchen macht, ist ihre Konsequenz: Beide hinterlassen verbrannte Erde, auf der lange Zeit nichts mehr wächst. Man geht sich eine Weile aus dem Weg, vermeidet direkten Blickkontakt, berührt sich nicht mehr. Ein Stück mehr Unschuld und Arglosigkeit ist aus der Beziehung gewichen.

Es geht also hier nicht um die Vermeidung von Streit und Auseinandersetzungen. Es geht darum, sie frühzeitig und in der richtigen Weise auszuagieren. So früh, daß die Wut einen nicht kopflos machen kann, in der man den Partner versucht ›fertigzumachen‹, ihn in seiner Persönlichkeit in Frage stellt, sondern zu einem Zeitpunkt, wo man nur den Vorfall, der einen gestört hat, zur Sprache bringt, ohne den Verursacher dessen zu diffamieren.

Dies ist nicht leicht, sondern sollte immer wieder geübt werden. Oft geht einem der Partner eher das Temperament durch, seine Selbstbeherrschung ist geringer. Er sollte diese seine Veranlagung erkennen, darüber sprechen und, falls er wieder mal übers Ziel hinausgeschossen ist, sich dazu bekennen und von sich aus ›gut Wetter‹ machen.

Die von Paul Watzlawick in seinem Buch ›Vom Schlechten des Guten‹ zitierten ›Nullsummenspieler‹ kennen nur eines: Gewinnen oder Verlieren. Meint dann einer der Partner, er habe nach einem Streit den Sieg davongetragen, so ist er doch in Wirklichkeit eher der Verlierer auf dem Ehe-Kriegsschauplatz, denn der vermeintliche Verlierer wird sich auf andere Art wieder zur Wehr setzen.

Man könnte Streitigkeiten auch auf andere Art beenden. Kreativität ist heute eine zu Recht viel gefragte Eigenschaft, warum nicht sich bei einem Ehestreit etwas einfallen lassen, das den Anlaß vergessen läßt und zum Frieden überleitet, ohne daß einer der Partner das Gefühl hat, Gesicht verloren zu haben oder wider besseren Wissens eingelenkt zu haben.

Nach dreitägigem Ehezwist, der Anlaß ist zwar fast schon wieder vergessen, schweigt man sich immer noch verbissen an, geht nur mit den Kindern noch kommunikativ um — vielleicht eine Spur zu demonstrativ —, fällt Claudia beim Einkaufen im Supermarkt eine besonders schöne Seife auf, in einer nach Designer-Art gut gestalteten Metalldose. Sie weiß, daß ihr Ehemann Jochen solche Dinge gerne mag, und kauft die Seife.

Zu Hause angekommen, läßt sie einfach mal die Arbeit im Haushalt ruhen, setzt sich in aller Ruhe hin und schreibt ein Gedicht auf ihren Mann und auf diesen verdammten Ehekrach. Das Fazit dieses Gedichts ist auf die Seife abgestimmt und gipfelt in der Aufforderung: »Wasch Dir Deinen Staub und Deinen Schweiß und all den Frust, den Du mit mir hast, mit dieser Seife ab.«

Anstelle einer vitaminhaltigen Vorspeise sieht ihr Mann auf seinem Eßteller zur Mittagszeit eine Seife in ein Gedicht eingewickelt liegen.

Verblüffung kann Verspannungen lösen. Nach diesem Überraschungseffekt löste sich die ›Mies-Stimmung‹ in Lachen auf.

Peter und Irma sind auf der Urlaubsfahrt nach Italien. Peter, der mehr Routine beim Autofahren hat, fährt den größten Teil der Strecke. Als er langsam ermüdet, bietet Irma an, ihn abzulösen.

Sie übernimmt das Steuer, und einige Zeit geht alles gut. Nur beim Überholen eines Lastwagens stellt sie sich ein bißchen ängstlich und ungeschickt an, was Peter veranlaßt, einige kritisch-ironische Bemerkungen über ihre Fahrkünste zu machen. Im gleichen Moment ausgesprochen, tut es ihm auch schon leid, denn er hat Irmas Reaktion gesehen, die sich meistens in zwei fest aufeinandergepreßten Lippen äußert. So, als wollte sie um des lieben Friedens willen ihrem Mund keine Entgegnung entschlüpfen lassen.

Nach einiger Zeit des Schweigens, sie fahren nun durch ein Tal, in dem zu beiden Seiten Blumen blühen, bittet er sie anzuhalten. Er steigt aus, geht einige Meter in eine Wiese hinein und bricht eine Blume ab. Im Auto überreicht er ihr diese Blume und sagt nur: »Du weißt schon, es tut mir leid, wegen gerade eben.«

Die meisten Partner sind dankbar für eine solche Geste, für den ›ersten Schritt‹, ohne daß der Streit mit allen Punkten noch einmal aufgeführt wird, wo ja doch meistens nur nach einem Schuldigen gesucht wird. Dies wäre, nach Paul Watzlawick, ein Nullsummenspiel, bei dem es nur Verlierer gibt.

Es werden inzwischen vermehrt Kurse und Seminare angeboten, die den Partnern helfen wollen, mit ihren Konflikten aggressionsfreier umzugehen, ja überhaupt Lernanstöße geben wollen, Aggressionen nicht nur als destruktives Element gänzlich auszuschalten, sondern die Kraft, die in ihnen steckt, in konstruktive, ja sogar in spielerische Bahnen zu lenken.

Vielleicht kann man dann auch feststellen, daß man zu viel ›aufeinanderhängt‹ und daß eine Öffnung nach außen zwangsläufig Druck von der Partnerschaft nehmen kann. In dieser Öffnung können natürlich Chancen und Gefahren liegen.

Bei partnerorientierten Seminaren wird vielfach auch das Rollenspiel eingeübt. Dabei muß sich einer der Partner so in die Rolle des anderen hineindenken, daß er anstelle des anderen spricht und handelt, sich selbst also in der Person des Partners Rede und Antwort steht. Dabei kann vielen der Paare ein Licht aufgehen. Verkrustete Verhaltensweisen, die man unreflektiert aus dem Elternhaus übernommen hat, können einem schlagartig bewußt werden. Es kann überaus schmerzlich sein, den eigenen Anteil an dem vermeintlich schuldhaften Betragen des anderen zu erkennen.

In jeder Ehe sollte jeden Tag aufs neue Einkehr und Umkehr möglich sein. Still zu leiden und dann eines Tages festzustellen, daß nichts mehr geht, und man dann geht, ähnelt der Verurteilung eines Angeklagten ohne Gerichtsverhandlung, ohne daß der andere zu Wort gekommen wäre oder ihm eine Chance zur Umkehr eingeräumt worden wäre. Dies ist ein feiges Verhalten, das aus einem falsch verstandenen Harmonieverständnis herrührt und auch im christlichen Sinne unverantwortlich ist. Jeden Tag aufs neue sollte dem Partner verziehen werden können, und man sollte auch um Verzeihung bitten.

Sähe man die Ehe als lebendiges Drittes zwischen den Partnern an, wüßte man, daß dieses Lebendige Tag für Tag Nahrung bräuchte und Zuwendung und sofort zu kränkeln begänne, wenn einer der Partner in seinen Bemühungen nachließe.

Durch die vielen Scheidungen alarmiert, können die Ehepartner vielleicht doch langsam verstehen, wie zerbrechlich, anfällig und zerstörbar gerade die zu ihrem Lebensglück am elementarsten beitragende Beziehung zum Ehepartner ist, und daß diese etwas mehr Pflege und Aufwand braucht, als das neue Auto, das man jedoch selbstverständlich regelmäßig zur Inspektion bringt und mit Hingabe auf Hochglanz poliert.

Wenn Partner ihr eigenes Verhalten und ihre Stellung zueinander kontrollieren wollen, können sie sich dazu eventuell auch einer Checkliste bedienen, wie ich sie in meiner Praxis zu diesem Zweck verwende. Sie sieht so aus:

1. Verbringen Sie Ihre freie Zeit meistens gemeinsam?
2. Haben Sie gemeinsame Lebensziele?
3. Hat einer von Ihnen das Sagen?
a) Trifft er wichtige Entscheidungen?
b) Trifft sie wichtige Entscheidungen?
c) Treffen Sie sie gemeinsam?
d) Entscheiden Sie in Ihren Bereichen selbständig?
e) Sind Sie sich über die Aufteilung dieser Bereiche einig?
4. Haben Sie oder wünschen Sie sich gemeinsame Kinder?
5. Sind Sie sich über die Erziehung der Kinder einig?
6. Haben Sie Humor, d. h. können Sie über sich lachen, Kleinigkeiten nicht so wichtig und Mißlichkeiten von der heiteren Seite nehmen?
7. Zeigen Sie Toleranz, d. h. können Sie den anderen akzeptieren, wie er ist?
8. Sind Sie bereit, sich bei Konflikten zu ändern, oder verlangen Sie vom anderen, daß er sich ändert?
9. Gönnen Sie dem anderen, daß er auf manchen Gebieten besser ist und empfinden ihn nicht als Konkurrent?
10. Streiten Sie sich oft?
a) Lassen Sie den anderen ausreden?
b) Versetzen Sie Tiefschläge, d. h. verletzen und demütigen Sie Ihren Partner?
c) Streiten Sie direkt, d. h. ohne Einbeziehung früherer Verfehlungen oder anderer Personen?
d) Kommen Sie bei Streit vom Hundersten ins Tausendste?
11. Nehmen Sie die Wünsche des anderen so wichtig wie die eigenen?
12. Kommen Sie mit Ihrem Geld aus und verfügen Sie gemeinsam darüber?

13. Haben Sie gemeinsame Freizeitbeschäftigungen und Hobbies?
14. Hängen Sie dem gleichen Glauben an und leben Sie danach?
15. Haben Sie einen vergleichbaren Schulabschluß und etwa das gleiche Bildungsniveau?
16. Ergänzen Sie sich im Temperament? (Sitzer oder Flitzer? Heger oder Feger? usw.)
17. Haben Sie in etwa die gleichen sexuellen Erwartungen?
18. Werden Ihre Erwartungen befriedigt?
19. Teilen Sie Ihrem Partner Befriedigung bzw. Nichtbefriedigung mit?
20. Macht es Ihnen Spaß, den anderen glücklich zu machen?
21. Halten Sie sexuelle Treue für unbedingt notwendig?
22. Sind Sie sprachlich gleich ausdrucksfähig und ausdrucksfreudig?
23. Ist es Ihnen wichtiger, eine gute Ehe zu führen oder selbst glücklich zu werden?

5. Wie Scheidung vermeidbar wird

Mit der Krise leben

Wahrscheinlich gibt es kein menschliches Leben und keine Partnerschaft ohne Krisen. Sie sind in einer Ehe fast so unausweichlich wie die Gewitter im Mai und können fast ebenso aus heiterem Himmel kommen – so scheint es. Eine Gewohnheit ist entleert, eine Beziehung hat sich festgefahren und totgelaufen, Reserven sind verbraucht, aber an einer anderen Stelle sind neue Entwicklungen oder Bedürfnisse entstanden.

Dies alles geschieht nicht von einem Tag auf den anderen, wenn auch nicht ohne Warnsignale, wie eine Stimmung des Überdrusses, eine unerklärliche Angst, was andeutet, daß irgendein Prozeß bald krisenhaft weiterverlaufen könnte. Häufig genug ist es gerade das Wachstum, das in eine Krise führt. Das Bevölkerungswachstum, die Ausweitung der Ressourcen, der Wohlstand, all diese Dinge sind nur begrenzt zu steigern, sonst sind Krisen die Folge.

Krise kommt vom griechischen Wort ›Krisis‹, was soviel wie Wende oder Entscheidung heißt. Krisen nennen wir solche Situationen, in denen Wichtiges zur Entscheidung heranwächst. Wir erfahren sie als Zuspitzen von Entwicklungen, die auf einen Wendepunkt hintreiben, und gleichzeitig als unerträgliche Spannungssituationen, die entweder den daran Leidenden zerbrechen oder ihm einen besseren Neubeginn ermöglichen. So enthalten Krisen immer eine negative und eine positive Chance. Sie bringen Verluste und Opfer mit sich, möglicherweise aber auch einen Gewinn an Beschränkung und Beruhigung, Verwesentlichung und Reifung. Sie sind der konkrete Ausdruck der Tatsache, daß der Mensch oft besser wird, wenn es ihm schlechter geht, daß eine negative Einschränkung in eine positive Wesensvertiefung umgemünzt wird.

Dies ist allen uns bekannten Formen von Krisen gemeinsam: Lebens- und Entwicklungskrisen, Wirtschafts- und Versorgungskrisen, Gesundheits- und Reifungskrisen, Generations- und Familienkrisen. Es gilt auch für die Vielzahl der im Alltag sich zuspitzenden Partnerschaftskrisen, die letzten Endes auf der Unvereinbarkeit von Macht und Liebe, von Selbsthingabe und Selbstbehauptung im partnerschaftlichen Zusammenleben beruhen.

In Krisen sind regelmäßig folgende – bewußt oder unbewußt auftretende – Gefühlsmomente zu beachten, denen die Partner ratlos gegenüberstehen:
– So geht es auf keinen Fall weiter!
– Die Lage muß sich so oder so (in deinem oder meinem Sinne) entscheiden!
– Es kann nur besser oder schlimmer werden.
– Die Wende tut weh, und der Ausgang ist ungewiß.
– Krisen machen ängstlich und einsam.

Dabei sind die Anlässe oft ganz klein und scheinbar unbedeutend. Oft sind es winzige Alltäglichkeiten, die sie auslösen. So klein, daß man hinterher, wenn der große Krach vorbei ist und man in einiger Gelassenheit und mit Abstand daran zurückdenkt, gar nicht fassen kann, daß ein so kleiner Schneeball eine solche Lawine auslösen konnte. Ein ungeleerter Aschenbecher oder eine offen gebliebene Tür – er begreift nicht, daß sie offene Türen nicht leiden kann –, die überhörte Bitte, die Hose zu bügeln, ein unhöfliches Gähnen oder zu wenig Beachtung. Wenn man unbedingt will, findet man immer einen Grund, sich mit dem andern anzulegen.

Sicher ist auch der Streit eine Form des Kontaktes, und manche Ehepaare streiten sich wohl nur deshalb, weil sie sich in gelassener Stimmung überhaupt nichts zu sagen wissen und doch das Gefühl haben, man müsse miteinander im Gespräch bleiben.

Die meisten aber wollen den Kampf nicht, und sie leben mit ihrer Nachbarschaft und den Kollegen, mit Verwandten und Freunden in guter Eintracht. Wenn es mit dem Ehepartner trotzdem viel leichter zu Spannungen kommt, so liegt das auch an dem Wunsch, ganz eins zu sein mit ihm. Zwar weiß man im Grunde, daß man sich auf die Liebe des andern verlassen kann.

Auch die Kinder wissen das von der Mutter, und trotzdem oder gerade deshalb sind sie oft unglaublich unbeherrscht und bös. Sie wollen dadurch unbewußt herausfinden, wie groß die Liebe der Mutter ist, wie weit ihre Geduld reicht.

Auch die jungen Eheleute handeln so: »Du bist der Mensch, den ich am meisten liebe und der jetzt noch, auch wenn ich mich grob und schlecht gegen ihn benehme, mir verzeihen und mich lieben soll.« Beide möchten im Innersten mit dem andern vereint sein, nur machen sie diesen Wunsch nicht immer zu den gleichen Zeiten und mit den gleichen Zeichen deutlich, und darum spüren sie immer wieder das Anderssein des andern. Bei Fremden, bei Leuten, die uns weniger interessieren, nehmen wir dieses Anderssein hin. Ja, wir fühlen uns paradoxerweise auch noch angezogen dadurch, wie ja ursprünglich oft auch das Anderssein des Ehepartners der Hauptreiz an ihm war. Aber je länger man zusammenlebt, je härter vor allem die Anforderungen des Lebens sind, um so mehr sucht man Einklang und Verständnis. Man erwartet, daß der andere mit einem spazierengeht, wenn man selber Ausgleich und frische Luft braucht, daß er mit einem ausfährt oder ebenso nach Zärtlichkeit verlangt wie man selbst. Diese Dissonanzen im einzelnen können so bedeutsam werden, und das, je weniger der andere sie zu empfinden scheint, daß sie die grundsätzliche Übereinstimmung vergessen lassen. Diese grundsätzliche Übereinstimmung scheint einem jetzt nicht mehr wichtig zu sein, ja sie scheint gar nicht mehr zu existieren. Vielleicht ist aber auch diese Trennung zwischen innerer und äußerer Übereinstimmung, zwischen dem wichtigen Zentrum der Beziehung und den unwichtigen Randkontakten falsch. Vielleicht ist beides dasselbe, oder zumindest bestätigt sich eines durchs andere.

Wenn kleine Kinder bettnässen oder Nägel kauen oder zermürbend trotzig sind, dann bemühen sich die Eltern – oder sie sollten es zumindest –, hinter die Ursachen dieser Symptome zu kommen. Sie werden alles versuchen, diese Unarten dadurch abzustellen, daß sie ihre Ursachen, mangelnde Zuwendung, Gefühle des Versagens oder der Ohnmacht, Minderwertigkeitsgefühle und ähnliches ausräumen. Wenn aber der Ehepartner zermürbend aggressiv, mißlaunig, unaufmerksam und lieblos nachlässig ist, versuchen wir dann auch den Grund zu erkennen? Handeln, agieren oder reagieren wir dann — auf Aggressivität mit Aggresivität? Mühen wir uns in gleichem Maße um den Ehepartner, wie wir uns um alle anderen mehr oder weniger selbstverständlich mühen, mit denen wir auskommen müssen? Nehmen wir seine Liebe nicht zu gleichgültig oder als zu selbstverständlich hin? Und — eine Frage — ist es wirklich so selbstverständlich, daß sich zwei Menschen ein Leben lang lieben? Eher ist es doch ein großes, seltenes Geschenk, das nur wenigen vollkommenen Ehen zuteil wird.

Die meisten Ehen werden doch vom Alltag eingeholt und schließlich ausgefüllt, ja überfüllt. Ihre (oder seine) Nerven sind angescheuert vom Großeinkauf in der Stadt, vom Kindergeschrei, er wurde in seinem gewohnten Mittagsschlaf gestört, oder die Elektrizität lag einfach in der Luft und mußte sich entladen. Sie wirft empört hin, was sie in der Hand hat, stampft mit dem Fuß auf und schleudert ihm gellende Vorwürfe um die Ohren. Er gibt sich ruhig und kalt und reizt sie damit zu Tränen und zu weiteren Entladungen. Leicht schießen beide übers Ziel hinaus, denn natürlich behält er seine Ruhe nicht lange bei. Merkwürdigerweise sammeln sich in diesem leidenschaftlichen Moment, in dem kein ruhiges Nachdenken mehr möglich ist, blitzartig alle Erinnerungen an das, was man einander in den vergangenen Monaten und Jahren an Bösem angetan oder an Gutem unterlassen hat. Zynismus und Herablassung in ein paar gezielten trockenen Bemerkungen auf der einen Seite, aggressive, schreiende Gereiztheit auf der anderen. Man steht sich fremder gegenüber als zwei Fremde, plötzlich voller Haß, und man trennt sich, um oft für Stunden, ja für Tage einander kein gutes Wort mehr zu gönnen.

Eine tötende, würgende Atmosphäre greift um sich und bestimmt das ganze Leben im Haus. Nichts macht mehr Freude, Erbitterung und ohnmächtige Scham bohren sich unablässig in die Seele der Beteiligten. Das kann ein Haß sein, der einen zu allem fähig macht, mitunter ein Haß auf sich selbst, der einen mit Selbstmordabsichten spielen läßt. Diese Verfassung, in der die Welt ihre Farbe und ihren Glanz verliert, weil sie nicht mehr von Sinn erfüllt und von Liebe erwärmt wird, macht jene Kurzschlußhandlungen möglich, von denen man in der Zeitung nur noch das grausige Ergebnis erfährt.

Jede Ehe kommt einmal, und die meisten wahrscheinlich öfter, an diesen tödlichen Punkt, wenn er auch – gottlob – nur für die wenigsten im buchstäblichen Sinne tödlich wird. Aber wenn dieser Zustand länger dauert, nisten sich doch Zweifel ein. Der Gedanke an die Trennung greift Platz. Gehören wir noch zusammen? Sind wir nicht zu verschieden? Was hätte aus mir werden können, wenn der Partner anders wäre, wenn ich überhaupt nicht geheiratet hätte? Ist er nicht nur eine Last? Soll ich einem anderen zuliebe so viel opfern? Nein, ich will nicht dauernd der leidende Teil sein, weil der andere so uneinsichtig, so selbstgerecht, so hart ist. Vor allem, wenn dieses Selbstmitleid chronisch wird, kann es die Ehe vergiften; jedenfalls wird es eine ständige Freudlosigkeit in sie hineinpflanzen, und auch immer wieder den Ausschlag zu Krisen geben, die ja im Grunde alle daher rühren, daß man die Ehe aus der Perspektive des eigenen Ichs sieht und nicht aus der gemeinsamen oder der des anderen.

Wenn dieser Zustand der Entfremdung und des Sichquälens länger andauert, wird er allerdings nicht ohne Skrupel durchzuhalten sein. Neben die Anklage wird die Selbstanklage, neben das Selbstmitleid wird das Mitleid treten. Wenn wir uns wirklich trennen, wie wird der andere fertig werden allein? Wird er mich nicht brauchen? Was bin ich überhaupt für ihn, was bin ich ihm bisher gewesen? Was habe ich für ihn getan? Was erwartet er von mir? Weiß ich, was er sich wünscht, kümmere ich mich darum? Habe ich genug Zeit für ihn gehabt? Leben wir nicht schon zu lange nur noch in äußerer Übereinstimmung nebeneinanderher? War nicht die Decke des Einverständnisses schon lange vorher dünn geworden, so daß sie bei der nächsten größeren Belastung brechen mußte. Und wieder Zweifel. Warum haben wir überhaupt geheiratet? War es wirklich Liebe? War es das interessante Abenteuer, oder vielleicht Trotz gegenüber den Eltern? Ach, wenn es doch wieder wäre wie früher!

Natürlich glauben junge Menschen das nicht, wenn man ihnen sagt, daß es in der Ehe immer wieder zu so einschneidenden Krisen kommt, und zwar nicht nur in gleichgültigen, kühlen Eheverhältnissen, sondern gerade in leidenschaftlichen und glücklichen Liebesehen. Man muß ihn loswerden, will wieder allein sein, möchte endlich seine Freizeit wieder für sich haben, möchte lesen, ausgehen können, ohne Rücksicht zu nehmen. Man fühlt sich beengt durch den anderen, ist jedoch nicht gleichgültig und vom andern unabhängig genug, um in Ruhe nebeneinander leben zu können.

Und Ruhe, Besinnung, Unabhängigkeit, Ferien vom Du wünscht man sich so dringend, und der andere ist vor allem anderen daran schuld, daß man sie nicht bekommt. Wenn man beide fragt, ist immer der andere schuld. Er versteht einen nicht, hat einen schon lange vernachlässigt, nimmt den Beruf oder andere Menschen, eigene Wünsche und Interessen, Äußerlichkeiten wichtiger, stellt seinen Tagesrhythmus nicht auf den eigenen ein und läßt seine Launen an einem aus. Es erweist sich, daß jeder die Eigenart des anderen Geschlechtes und der anderen Person, den Aufgabenkreis des anderen nicht genug kennt und anerkennt, ihn deshalb leicht abwertet, momentane Verstimmungen und Gereiztheiten beim andern nicht rechtzeitig bemerkt oder, anstatt sie mit Liebe und Geduld zu behandeln, gar noch steigert. Oft behandeln Eheleute sich auch gegenseitig zu sehr wie Erwachsene; sie wollen nicht glauben, daß jeder Mensch in sich das Kind verborgen hat, das verwöhnt, geführt, gehätschelt, betreut und umsorgt sein will, das spielen, erobern und experimentieren möchte: »Ich hab's doch gar nicht so gemeint, ich wollte doch nur...« Und so stauen sich die Vorwürfe aufs neue. Ehe die alte Verstimmung beseitigt ist, wird der nächste Krach inszeniert.

Das sollte man vielleicht noch nicht einmal für die schlimmste Lösung halten. »Blüte edelsten Gemütes ist die Rücksicht, doch zuzeiten sind erfrischend wie Gewitter goldne Rücksichtslosigkeiten« – damit hat Theodor Storm gar nicht so unrecht. Wie viele Rücksichten haben Erwachsene im täglichen Leben zu nehmen! Wie selten können sie ihrem Herzen wirklich Luft machen! Unter großen Anstrengungen müssen sie überall im Beruf und in der Öffentlichkeit ihr Gesicht wahren, müssen überlegen bleiben, wenn sie noch so gerne losbrüllen würden.

Auch gegenüber den Kindern muß man sich beherrschen und darf die wirkliche Lage nicht durchblicken lassen, wiewohl gerade Kinder schwer zu täuschen sind. Dabei könnte man von den Kindern sogar einiges lernen, nämlich zu vergeben und zu vergessen. Sie können ungetrübt und als ob nie etwas gewesen wäre miteinander spielen, wenngleich sie sich eben noch nach Kräften gestritten und geschlagen haben. Sie haben ein Gefühl dafür, wie schön der Friede ist, wenn der Krieg gerade zu Ende ging.

Im Grunde sehnen sich beide nach diesem Zustand des ewigen Friedens in der Ehe. Jeder wäre bereit, alles wieder in Ordnung zu bringen, nur müßte der andere den ersten Schritt tun und in dem und dem Punkt nachgeben und sich anpassen. Es muß schon sehr weit gekommen sein, ehe man bereit ist, seine persönlichen Wünsche und Interessen zu opfern, von denen man glaubt, sie lange genug aus Rücksicht auf den andern zurückgedrängt zu haben. So argumentieren beide. Also wird fürs erste wieder nichts daraus. Jeder möchte so bleiben, wie er ist, möchte in Ruhe gelassen werden, zur Besinnung kommen und vielleicht später wieder die Kraft haben, mit dem andern zu teilen, sich mitzuteilen. Man stürzt sich in den Beruf, besucht Autorennen und Modeschauen, Kino und Theater, flüchtet zu Büchern, Skatrunden oder zum Fußball, zu Freundinnen und Kollegen. Man hat oder verschafft sich Verpflichtungen und entfernt sich immer mehr voneinander, bis die Distanz und die Neutralität, der Zustand des kalten Krieges, unerträglich ist, sei es, weil die Natur, das Gefühl oder das Gewissen, sei es, weil ein glücklicher Augenblick einen über sich selbst hinausführt.

Aus sich allein ist keiner in der Lage, die Heillosigkeit der inneren Trennung, die zur Zerrüttung und zur Scheidung führen kann, zu überwinden. Die Ehe ist der Ort, an dem man dem menschlichen Egoismus am unerbittlichsten begegnet und – hoffentlich – seiner am erschütterndsten inne wird. Wer sich hier nicht ganz aufgeben und irgendwann einmal radikal in Frage stellen – und in Frage stellen lassen – kann, wird scheitern. Wer nicht oberhalb des wechselseitigen Egoismus einen Punkt hat, an den sich beide gemeinsam binden, einen Gott, vor dem beide gemeinsam in tiefster Verzweiflung auf die Knie fallen können, muß wohl selbst ein Gott sein. In dem Augenblick, in dem man sich eingesteht, daß es einem das Herz zerdrückt, solange man in Isolation und Kälte nebeneinander leben muß, schwemmen die Tränen der Erschütterung alle Mauern und Gitter, hinter denen man sich verschanzte und rechtfertigte, alle Fassaden des guten Eindrucks und allen Egoismus hinweg.

»Liebende leben von der Vergebung.« Ohne die Reue, die darin besteht, daß ich mich auf die Seite des andern stelle gegen mich selbst, kann eine Ehe in der Krise nicht wieder gut werden. Die Freude, die jetzt in einem stark wird, erfüllt auch plötzlich mit Kraft, die man vorher vergebens suchte. Daraus erwächst der vereinte Wille, es besser zu machen, für das Gelingen des neuen Anfangs Opfer auf sich zu nehmen. Man ist bereit, sich zu überwinden – und nicht den anderen.

So wird es immer sein, das ganze Leben lang. Der Kampf der Geschlechter wird dauern, solange es Männer und Frauen gibt. Die Ehe, gerade auch die leidenschaftliche und glückliche, ist ein ständiges Auf und Ab mit großen Hoch- und Tiefebenen. Und das ist gut so; denn wenn alle Tage die Sonne schiene, freute man sich nicht einmal mehr über das schöne Wetter. Eine platte Wahrheit, aber so ist der Mensch. Gute Ehen mögen zwar im Himmel geschlossen werden, aber sie werden auf Erden geführt.

Die meisten Ehen, die über längere Zeit dauern, müssen mit Krisen leben und lernen es auch. Erst wo sie sich unerträglich zuspitzen, nicht mehr weichen wollen und nicht mehr gelöst werden können, sind andere Notwendigkeiten am Platz. In solchen Situationen brauchen Paare Hilfe – meistens bei Dritten. Dabei gehen die Bemühungen in alle möglichen Richtungen, und entsprechend vielfältig sind die herkömmlichen Therapien. Diese müssen gar nicht einmal schlecht sein. Es ist keineswegs so, daß in einer Partnerschaftskrise nur der Fachmann helfen kann. Oft ist es mit Hilfe bewährter Ratschläge und populärer Therapien den Betroffenen möglich, auch ohne fachliche Beratung und die damit häufig verbundenen Wartezeiten und Kosten auszukommen.

Auf diese Therapien ist hier nur kurz einzugehen. Sie sind im Prinzip bekannt und sollen nur stichwortartig ins Gedächtnis gerufen werden. Nennen wir sie Therapie ›R‹, ›L‹, ›Z‹, ›K‹, ›G‹:

- Therapie ›R‹: Richtlinien, Regeln, Rituale.
- Therapie ›Z‹: Zeit, Zuwendung, Zärtlichkeit.
- Therapie ›L‹: Liebe, Lust, Leidenschaft.
- Therapie ›K‹: Kompromiß, Kooperation, Kommunikation.
- Therapie ›G‹: Geduld, Glauben, Gebet.

Es ist kein Zweifel, daß die Pflege zärtlicher Gefühle auch zur Lösung von Konflikten auf anderen Ebenen beitragen kann, vor allem dann, wenn vorausgehende Regeln und Richtlinien ihre zeitweilig wirksame Heilkraft eingebüßt haben. Wenn bewährte Regeln und veränderte Einstellungen nicht mehr helfen, kann das Bemühen um konkrete Alternativlösungen, Zwischen- oder Drittlösungen den Konflikt noch aufheben. Es müssen neue Strategien erworben und Möglichkeiten der Konfliktlösung trainiert werden.

Konflikttraining

Die wichtigste Technik, einen Konflikt zu bereinigen und zu überwinden, ist das Gespräch. Wir können grundsätzlich zwei verschiedene Gesprächssituationen unterscheiden: das Gespräch über Gemeinsames und das Gespräch über Trennendes. Über Gemeinsames sich auszutauschen, ist erfreulich und ergiebig. Es bedarf keiner besonderen Regeln. Wichtiger und problematischer ist das Gespräch über Trennendes, die Auseinandersetzung in Konfliktsituationen. Mit ihnen werden viele Partner nicht fertig. Konflikte aber gibt es in jeder Ehe über Kleinigkeiten oder wirkliche Krisenpunkte, wobei die ersteren oft nur die Symptome der letzteren sind. Streiten läßt sich über alles, und auch in einer glücklichen Ehe wird gestritten. Aber der Unterschied zwischen einer glücklichen und einer unglücklichen Ehe liegt darin, wie gestritten wird. Konstruktiver Streit

bleibt bei der Sache, um die es geht und macht daraus nicht eine Kette von Kernexplosionen bis zurück zu dem Tag, an dem man sich kennenlernte:
- Konstruktiver Streit pauschaliert nicht, sondern konkretisiert.
- Konstruktiver Streit verletzt und demütigt nicht, sondern trennt Person und Sache, wobei nur über die zweite gestritten wird.
- Konstruktiver Streit ist offen und nicht verdeckt, ist direkt und nicht anklagend.
- Konstruktiver Streit läßt jeden Partner von sich selbst und seiner Auffassung der Dinge, aber nicht vom andern und der Qualität seiner Meinungen und Motive reden, weil das eine zu Selbstausdruck, das andere zu Fremdabwertung führt.
- Konstruktiver Streit wird am selben Tag beendet und nie nachgetragen.

Jede Verhärtung von Gegensätzen im wechselseitigen Rollenverhalten oder in unterschiedlich und schließlich unvereinbar ausgeprägten Wesenszügen bietet den idealen Nährboden für destruktive Konflikte.

Leider ist das Gespräch in alten Ehen häufig erstorben oder wird durch gegenseitige Monologe ersetzt, auf die kein Echo kommt. Dann wundert sich der eine von Zeit zu Zeit, daß der andere plötzlich explodiert und seinen Gefühlen Luft macht.

So ist es auch bei Walter, der sich die leicht vorwurfsvollen Reden bis zu einem gewissen Punkt anhört. Wenn es ihm zuviel wird, explodiert er und lädt nun die so lange zurückgehaltene Meinung auf einmal ab, dann aber verschärft und überspitzt.

Erika reagiert völlig bestürzt und fällt aus allen Wolken: »Ja, das habe ich ja gar nicht geahnt, warum hast du denn nichts gesagt?« Wenn Walter schon so wenig sagt, erwartet er um so nachdrücklicher, daß dies Wenige gehört und respektiert wird. Erika dagegen hat viele Meinungen, die auch häufig wechseln. Sie lebt unbekümmert und entscheidet munter drauflos, begründet ihre Meinung mit vielen Worten und geht dann davon aus, daß ihr Partner derselben Meinung ist, wenn er nicht deutlich widerspricht. Da sie in Gesellschaft ohnehin die Konversation allein bestreiten muß, hat sie sich daran gewöhnt, die Initiative und auch im übertragenen Sinne, das letzte Wort zu haben. Sie hat ihn mit ihrer Äußerungsfreudigkeit allmählich untergebuttert und zu einem männlichen Mauerblümchen gemacht.

Walter ist etwas bequem und entsprechend ungeübt im Meinungsbilden und -äußern. Erika ist forsch und munter und war immer schnell mit der Zunge dabei. Sie hat es gern, wenn man ihr zuhört, ohne ihr zu widersprechen. Seine Bequemlichkeit hat ihre Neigung noch gesteigert und umgekehrt. Hinzu kommt, daß Walter ein im Grunde ruhiger und anspruchsloser Mensch ist, der schon von seiner Mutter her gewohnt ist, daß ihm Entscheidungen abgenommen werden. Da er ein wenig verwöhnt wurde, war ihm dies auch recht. Er hat bei seiner Frau diese Neigung einfach fortgesetzt. Erika ihrerseits braucht diese impulsive Entscheidungsfreudigkeit. Im Grunde ist sie ängstlich. Dies überspielt sie mit ständigem Reden und unentwegten Aktionen. Darum erträgt sie es auch so schwer, daß jemand gleich schnell, gleich redegewandt und gleich entscheidungsfreudig ist. Sie könnte dabei den kürzeren ziehen und verunsichert werden. Im Grunde sucht sie durch dieses Verhalten Sicherheit, ja sogar Überlegenheit zu gewinnen, weil sie sich unsicher und ängstlich fühlt. Sie betreibt deswegen immer ihre Selbstbehauptung und Selbstsicherung. Dies hätte sie bei Walter aber gar nicht nötig. Er erkennt sie auch so an und hängt sehr an ihr. Gäbe er sich ein bißchen mehr Mühe, dies auch mit Worten zu zeigen und sie dadurch immer wieder zu bestätigen, so hätte sie das ständige Reden nicht nötig. Die Unterschiede würden sich konstruktiv ergänzen und, statt sich weiter zu polarisieren, allmählich annähern und dadurch konfliktfreier und erträglicher werden.

Paare haben es schwer, eine dauerhafte und ergiebige Kommunikation miteinander zu führen. Die Gründe sind vielfältig: Zum einen erschöpfen sich die Themen mit der Zeit, denn die Lebensthemen jedes Menschen bleiben dieselben und wiederholen sich. Zum anderen erweist sich das, was zunächst als willkommener Gegensatz und interessante Ergänzung gedacht war, als Reibungsmoment und Spannungsursache. Selbst konstruktive Ergänzungen im Sinne eines Partners, der pflegt, und eines, der sich pflegen läßt, eines, der unterhält, und eines, der sich unterhalten läßt, eines, der Außenkontakte macht, und eines, der die Binnenatmosphäre kultiviert und so weiter, polarisieren sich bis zur Unerträglichkeit. Es kommt zu Kollisionen, also Übersteigerungen gegenseitiger Erwartungen bis zur Unerfüllbarkeit. Hier hilft nur, daß Erwartungen zurückgenommen werden. Beide Partner können ihre Konflikte lösen, indem sie sozusagen auf den Nullpunkt zurückkehren und noch einmal neu anfangen. Darum erinnern sich Paare gern ihrer Anfangszeit. Nur meist ziehen sie nicht die Konsequenzen daraus, ihre eigenen eingefleischten Erwartungen und Forderungen zurückzunehmen und den andern zu respektieren, wie er ist. Dies würde ihnen die Freiheit zu einer ergiebigen Kommunikation gestatten. So decken sie den andern mit einem immer dichter werdenden Netz von Forderungen und schließlich Überforderungen, von Pflichten und Erwartungen und – falls nicht erfüllt – von Vorwürfen und Anklagen ein und schließlich zu, bis jede Kommunikation erstickt. Dieses Netz muß durchschnitten, die Maschen gelichtet und das Gewebe durchsichtiger gemacht werden. Dazu können die Partner selbst einiges tun.

Da heute Ehen – falls sie nicht geschieden werden – eine erheblich längere Durchschnittsdauer haben als vor hundert Jahren, als im Durchschnitt eine Ehe fünfzehn Jahre währte, ist dieses immer erneuerte Bemühen um konstruktive Kommunikation für den Bestand der Ehe und das Glück der Partner lebenswichtig. Es käme darauf an, auch in der Darstellung destruktiver Beispiele einige konstruktive Streitmodelle oder Gesprächssituationen sichtbar werden zu lassen. Da, wo Krisen positiv und fruchtbar verarbeitet werden, erweisen sie sich regelmäßig als ehebelebend und eheverbessernd. Aber nur da, wo sie bewältigt werden und wo man aufhört, die Unterschiedlichkeit und den Konflikt zu ignorieren oder destruktiv zu lösen, ist dies möglich.

Schließlich erfordert das aggressive Potential in jeder Dauerbeziehung auch die Bereitschaft zu immer neuer Versöhnung und Verzeihung. Nicht jeder Konflikt ist sprachlich zu lösen. Solange beide sich noch in die Arme fallen und den Konflikt vergessen können, weil die Liebe zueinander stärker ist, hat die Beziehung ihre Chance. Auch dieses Modell der Konfliktlösung sollte sichtbar gemacht werden. Gerade hierin kann sich schließlich doch noch zeigen, daß es nicht nur destruktive Folgen haben muß, wenn Gegensätze sich anziehen, sondern daß das Spannungsmoment der Ehe auch der Liebe dienlich sein kann – nämlich über ›den kleinen Unterschied‹ und seine Faszination. Er ist wahrscheinlich nach wie vor für die meisten Paare der Magnetismus, der sie zueinander zieht und beieinander hält und dazu führt, daß sie sich trotz aller Gegensätze und allen Streites immer wieder versöhnt in die Arme fallen.

In jeder Gegensätzlichkeit, die zur Krise führt, sollten folgende zehn Punkte berücksichtigt werden, um daraus wirklich zu lernen.

1. In einer Krise muß man Liebe neu lernen.
2. Lernen ist Arbeit, die nur Spaß macht, wenn der Lernstoff interessant ist oder die Lernbemühungen erfolgreich sind.
3. Das Lernen der Liebe geschieht durch Konzentration auf den Partner und den Versuch, das liebenswert zu finden, was ihm wesentlich ist.
4. Das Lernen der Liebe erfolgt – wie jedes Lernen – nicht auf einmal, sondern in kleinen Schritten.
5. Wie jedes Lernen erfordert das der Liebe Absehen von sich selbst und rückhaltlose Zuwendung zum Gegenstand beziehungsweise zum Partner.
6. Ähnlich dem Hochbegabten ist der jugendlich Verliebte beschenkt, ehe er sich bemüht.
7. Der normale Mensch, vor allem je älter er wird, muß sich um das Glück bemühen und vorweg investieren, ehe er es bekommt.
8. Die Erwiderung des Gegenstandes der Bemühungen – beim sachlichen wie beim personalen Lernen – wird in dem Maße wahrscheinlich, in dem der Verzicht auf eigene Interessen und eigenes Glück gewagt wird.
9. Glück setzt die Bereitschaft voraus, auf Glück zu verzichten.

10. Nicht nur die totale Harmonie, sondern das Gelingen jedes kleinen Lernschrittes kann Glück bedeuten. Glück ist keine Schlagsahnetorte, die vor einen hingesetzt wird, sondern eine Sprache, die man erlernt, ein Muskel, den man trainiert, eine Landschaft, die man durchwandert, ein Baum, den man ersteigt, ein Mensch, den man entdeckt.

Konfliktvermeidung

Roswitha, 38 Jahre alt, ist immer noch sehr attraktiv. So attraktiv, wie eine Frau nach zweimal sieben Jahre Ehe und drei Kindern sein kann. Sie versteht es, sich ihrem Typ entsprechend zu kleiden. Die anmutigen Bewegungen sind zwar etwas müder geworden. Aber im knappen Jeansanzug wirkt sie noch ebenso anziehend wie im kühn dekolletierten Folklore-Kleid auf dem letzten Betriebsfest ihres Mannes.

Seine Kollegen sehen das. Ihr Mann hat sich daran gewöhnt. Die Ehe ist zur Routine geworden. Er zieht eine jüngere Schönheit vor. Seit zwei Jahren hat er ein Verhältnis mit einer Mitarbeiterin aus der gleichen Firma. Sie ist heute so alt, wie die Ehefrau damals war, als ihr Mann beschloß, sie zu heiraten. Roswitha ist unglücklich. Sie fühlt sich vom Leben betrogen.

Ihre ›bildhafte Schönheit‹ war von Anfang an ihr ›Kapital‹ gewesen. »Ich hatte von Kind an nie Schwierigkeiten, mit anderen Kontakt zu finden. Ich hatte immer viele Freundinnen und Freunde, später Verehrer und Männer, die mich zum Tanzen oder Essen einluden«, erzählt sie. »Eines Tages bekam ich den ersten Heiratsantrag. Ich war nicht viel zu Hause, nahm die Schule nicht wichtig und machte wenig engagiert meine kaufmännische Lehre zu Ende. Alle waren nett zu mir, die Lehrer in der Berufsschule, die Kollegen und Vorgesetzten. Sogar mein Chef interessierte sich für mich und vermittelte mir nach dem Abschluß eine Stellung.«

Auf einem Betriebsfest lernte sie den Leiter einer anderen Abteilung kennen. Sie bewunderte ihn schon lange, aber er hatte zunächst nichts von ihr wissen wollen. »Nun waren wir schnell Feuer und Flamme. Schon eine Woche nach diesem

Fest bat er mich um mein Jawort. Ich gab es ihm. Ein Vierteljahr später waren wir verheiratet. Ich arbeitete noch ein halbes Jahr weiter. Dann wollte mein Mann, daß ich zu Hause bliebe. Das erste Kind war unterwegs. Jetzt haben wir zwei Jungen und ein Mädchen. Bald bin ich vierzig und der Lack ist ab.«

Obwohl Roswitha alles tat, um ihr einziges ›Kapital‹ mit Hilfe von Gymnastik und Kosmetik zu pflegen, ihr Image durch aktuelle Kleider und modische Accessoires zu stützen, hinterließ die wachsende Gleichgültigkeit ihres Mannes Kummerspuren in ihrem Gesicht. Mit den Schulproblemen der Kinder stand sie allein da. Die Isolierung tat ihr immer deutlicher weh. So suchte sie Gespräche. Bei einer berufstätigen Freundin brach sie in Tränen aus. Hier fand sie mehr Verständnis als bei ihrem Mann.

Es mußte etwas geschehen. Die Freundin riet zu einem Halbtagsjob in der Boutique einer Bekannten. Roswitha nahm sich Bedenkzeit. Als sie sich im Geist in einem Kleidershop sah, ging ihr etwas Entscheidendes auf: Kleider, schöne Verpackungen für Frauen zu verkaufen, wäre eine Fortsetzung ihrer bisherigen Haltung mit anderen Mitteln. Was hatten ihr Kosmetik und Kleider genützt? Sie hatte den äußeren Menschen gepflegt und den inneren vernachlässigt. Das war es. Sie wollte nicht länger ein wandelnder Kleiderständer sein, Aushängeschild für ihren Mann bei offiziellen Anlässen, Echo seiner Wünsche, ohne eigene Persönlichkeit.

Plötzlich war sie neugierig auf sich selbst. Als erstes meldete sie sich in einer Elternschule an. ›Frauen um fünfunddreißig‹, hieß ein Kursus, in dem man mit Gleichgesinnten, Gleichverunsicherten, mit Müttern heranwachsender Kinder, nach zehn bis fünfzehn Ehejahren die Situation vergleichend definieren konnte. »Später«, nahm sie sich vor, »hänge ich einen Kursus über partnerschaftliches Verhalten in der Familie an.«

Zu Hause begann sie, ihren Mann beim Abendessen vorsichtig nach den beruflichen Ereignissen des Tages zu fragen. Sie berichtete ihm sehr konkret vom Schulalltag der Kinder. Über die Elternschule hörte sie von einem Arzt, der eine Urlaubshilfe für die Sprechstunde suchte. Sie meldete sich. Man wurde sich einig. »Es ist ja nur ein Versuch«, sagte sie, als sie ihre Mutter um Hilfe für die Kinder bat. Ein bißchen Stolz klang in ihrer Stimme. »Vielleicht gefällt es mir so gut, daß ich eine Ausbildung zur Arzthelferin nachholen kann«, fügte sie zögernd hinzu. »Vielleicht ist dies der Weg.«

Sie nahm sich vor, das Leben noch einmal neu, für sich selbst, zu lernen. Wer hatte das bloß gesagt, das Wort von der ›schönen Seele‹?

Der Fall Roswitha ist ein typisches Beispiel für die Entwicklung schöner Menschen. Ihr Leben beginnt sorglos und unkompliziert. Schon als Kind fällt ihnen die Sympathie der Mitmenschen zu. Sie haben keinen Grund, das Leben als schwer, tückisch oder widerstandsreich zu empfinden. Sie setzen sich nicht mit seinen Härten auseinander, nehmen Schule und Ausbildung leicht. Da die meisten Mädchen auf irgendeine Art, wenn nicht schön, so doch hübsch sind, ist dies ein typisch weibliches Problem. Hier liegt die Ursache für das geringe Berufs- und Bildungsinteresse der Teenager bis heute. Und hier sehe ich auch die Ursache, warum schöne Frauen nur selten klug sind. Hätte Roswitha sich weiter gebildet, da sie ja den Betrieb ihres Mannes kannte, an seinen Sorgen Anteil genommen, wäre sie ihm eine urteilsfähige Partnerin geworden, hätte sich die Beziehung zwischen beiden womöglich vertiefen lassen.

Liebe will wachsen. Sie fällt uns nur zum geringeren Teil zu, zum größeren ist sie Bemühung. Roswitha müßte begreifen, daß sie sich ihr Glück nicht schenken lassen kann, sondern daß sie es jetzt endlich selbst schmieden muß. Ihre Kinder werden bald groß sein und sie nicht mehr brauchen. Ihr Mann hat sich im Augenblick anders orientiert, aber auch diese Beziehung wird in Krisen kommen. Darum sollte sie – ohne die Reste ihrer Schönheit zu vernachlässigen – ihrer inneren Schönheit Aufmerksamkeit widmen. Diese Schönheit strahlt vor allem der aus, der innerlich ausgeglichen und heiter ist. Roswitha versucht zu Recht, selbständig zu werden und auf eigenen Füßen zu stehen, ganz gleich wie die Ehe weitergeht. Dazu wird sie hart arbeiten, sich weiterbilden, sich um die Lösung ihrer seelischen Probleme und die Verarbeitung ihrer persönlichen Belastung bemühen müssen. Schönheit kann nämlich auch ein Fluch sein: Weil sie die Illusion vom leichten Leben vermittelt.

Die Nachttischlampe blendete ihr die Augen, als Anni zum zweitenmal die gleiche Stelle in dem Buch las und dennoch den Faden verlor. Sie war müde: Müde vom langen Tag mit Einkaufen, Saubermachen, Kochen, Kindergewusel, Waschen, Garten, Nähen, müde, wieder einen Abend allein zu Hause zu sein, geben und geben zu müssen und selbst zu wenig zu bekommen.

Sie ließ das Buch sinken, schob sich das Kissen unterm Kopf zurecht und malte sich aus, was eine halbe Stunde früher oder später – wie immer an diesen Abenden, wenn ihr Mann sich zu einer Kollegenbesprechung begab – passieren würde. Schon an der Art, wie er den Schlüssel ins Schloß schob, konnte sie seinen Alkoholpegel abschätzen.

Ein Glas mehr als üblich, schätzte sie, als er aufschloß und nicht eben leise hereinkam. Sie löschte das Licht nicht wie sonst und stellte sich auch nicht schlafend. Sie sah ihm kühl entgegen, als er mit verlegenem Lächeln hereinkam, sich auf den Bettrand setzte und die Situation mit einer Routinebegrüßung zu retten versuchte.

Sie wehrte die Umarmung, in die sie sich früher noch hatte flüchten können, ab. Sie stand auf, rollte ihr Bettzeug zusammen und ging ins Nähzimmer. Sie etablierte sich auf der Besuchscouch. »Wir sprechen uns beim Frühstück«, sagte sie mit Herzklopfen, aber bestimmt, und schloß die Tür hinter sich zu.

Anni und Heinz waren seit sechs Jahren verheiratet. Sie hatten zwei Kinder, der Junge war vier, das Mädchen war zwei. Als sie sich kennenlernten, verstanden sie sich großartig. Der jungenhafte Volksschullehrer war vielseitig interessiert, von schneller Auffassung und raschem Temperament. Sie war Heilgymnastin, ruhig, eher schwerfällig, geistig weniger interessiert. Sie ließ die Dinge wie ihren Mann an sich herankommen, freute sich, den Beruf aufgeben und sich ganz dem Haushalt widmen zu können.

Nur langsam wurde beiden der Unterschied im Tempo, im Lebensanspruch und in der Intelligenz klar. Während er sich mit ehrgeizigem Fleiß zum Realschullehrer hocharbeitete, wuchs ihre Resignation.

»Ich spiele keine Rolle mehr für ihn«, ging ihr auf, »seine

Gesprächspartner sucht er im Kollegenkreis und bei den Eltern. Ich habe ihm nichts zu bieten. Ich erlebe ja auch nichts!«

Dieser Entfremdungsprozeß war schleichend. Sie begann sich für die diffus gefühlte Unterlegenheit mit Desinteresse und Müdigkeit zu rächen. Je aktiver er wurde, um so passiver reagierte sie. Er empfand das als provozierend. Er ärgerte sich, blieb abends immer häufiger und immer länger weg. Er kompensierte Überdruß und Wut mit Alkohol.

Am nächsten Morgen gab es keine frischen Brötchen, und es stand kein Kaffee auf dem Tisch, den sie sonst eigens für ihn gekocht hatte, sondern Tee, den sie trank.

»Ich möchte, daß du auszieht«, sagte Anni. Sie starrte auf den Brotkorb unter der Hängelampe und folgte mit den Augen dem Karomuster der Wachstuchdecke. »Ich fühle mich so leer, zurückgelassen, allein. Was bin ich dir noch wert? Wir können uns nicht mal mehr streiten. Wir sprechen kaum noch miteinander. Ich halte das nicht mehr aus. Ich will nicht mehr auf dem Abstellgleis warten. Wir teilen die Kinder, ich biete dir an, daß ich vorübergehend beide betreue, bis du eine Wohnung hast und Dierk zu dir nehmen kannst. Kerstin bleibt bei mir, sie ist noch zu klein. Vielleicht wissen wir in einem halben Jahr besser, wie es weitergehen soll.«

Schon kurze Zeit danach stellte sich ein rätselhafter Umschwung ein. Heinz hörte auf zu trinken und begann, sich über sein mögliches Verschulden Gedanken zu machen. Anni kam mit einem anderen Mann in Kontakt, von dem sie sich gut verstanden fühlte. Aber je länger diese Beziehung dauerte, um so mehr erinnerte sie sich an ihren Mann und die glückliche Zeit am Anfang ihrer Ehe. Sie machte, ohne daß es zu einer Wiederannäherung gekommen wäre, mit ihrem Freund Schluß und blieb mit den Kindern allein.

Nach einem weiteren Monat setzten sich die Getrennten zusammen und zogen Bilanz. Sie beschlossen, gemeinsam in Urlaub zu fahren, um festzustellen, ob sich in der Zwischenzeit bei beiden genug geändert hatte, um einen zweiten Anfang zu wagen – einen neuen Anfang vielleicht.

Ehe man sich zermürbt oder restlos entnervt, ist der Ausweg einer zeitweisen Trennung durchaus heilsam. Auf eine nach außen rätselhafte Weise scheinen Anni und Heinz sich trotz ihrer charakterlichen Unterschiede und der durchlebten Konflikte zu lieben.

In jeder Liebe liegt ein Geheimnis, das man nicht erklären kann. In diesem Fall ist es die Ergänzung zwischen einem anregenden, geistig beweglichen, aber auch etwas labilen und beeinflußbaren Partner, der Halt und Ruhe bei einem beharrlichen Gemüt sucht.

Sie andererseits braucht in ihrer etwas schwerfälligen und dennoch vital ansprechbaren Temperamentseigenart jemanden, der sie bereichert, umwirbt, der Beweglichkeit ausströmt und mit dem sie sich wohl auch in Gesellschaft ein wenig zieren und mit dem sie ihre eigenen Mängel kompensieren kann.

Gute Partnerschaft beruht immer auf sich ergänzenden Bedürfnissen, die Ausgleich von Einseitigkeiten bewirken. Daraus muß nicht zwingend Liebe hervorgehen. Jener Kern von Zärtlichkeit und Zuwendungsbereitschaft aber, der bei Anni und Heinz erhalten blieb, ist im Verein mit dieser Ergänzung eine Basis, auf der man den Wiederbeginn aufbauen kann. Oft merken Ehepartner erst im Stadium der Trennung, was sie einander wert sind.

Wie lange der neue Versuch von Anni und Heinz währt, muß die Zukunft erweisen. Andere Fälle ähnlicher Art zeigen, daß oft erst der zweite Versuch, der natürlich nicht ungetrübt von Enttäuschung ist, zu reiferen Einsichten befähigt als der erste hohe Aufschwung der Gefühle. Verliebtheit muß sich zu Liebe, der Wunsch, miteinander zu leben, zum Willen, dies Leben zu gestalten, läutern.

Als Harald das Haus verlassen hatte, räumte Charlotte das Frühstücksgeschirr ab, spülte die zwei Tassen, bürstete die Brettchen ab, räumte das Brot in den Kasten, die Marmelade ins Bord und stellte Wurst und Käse in den Kühlschrank zurück. Sie ging zur Haustür, obwohl der Briefschlitz noch nicht geklappert hatte. Die Post war noch nicht da. Ziellos streifte sie durch die Wohnung.

Im Bad blieb sie vor dem Spiegel stehen: »Ich könnte mal wieder zum Friseur gehen«, dachte sie. »Aber wozu? Für wen?« Harald sah das doch nicht. Früher hatten wenigstens

mal die Kinder eine – wenn auch eher ironisch-liebevolle –
Aha-Bemerkung gemacht, so von der Art wie: »Oh, wir haben
frische Farbe im Haus!« wenn sie die grauen Haare hatte ›weg-
tönen‹ lassen.

Charlotte reinigte mechanisch das Waschbecken und hängte
den Wischlappen wieder an seinen Platz. Auf der Heizung lag,
wie jeden Morgen, Haralds Schlafanzug. Obwohl sie ihn unzählige Male gebeten hatte, er möge den Pyjama selber ins
Schlafzimmer zurücktragen, vergaß er es regelmäßig. Manchmal dachte Charlotte, daß er das nur tat, um sie zu ärgern.
Diese kleinen Ärgernisse waren so ziemlich die einzigen Gefühle, die sie noch hatte. Der Alltag war Routine.

Seitdem die Kinder aus dem Haus waren und nur noch ab
und zu am Wochenende hereinschauten, seitdem auch am
Haus nichts mehr zu verbessern war, flossen die Tage zäh
dahin. Frühstück, Tisch abräumen, Betten machen, Böden
saugen, Staubwischen, Fenster putzen, Waschbecken scheu-
ern, einkaufen, Laub fegen, Unkraut rupfen, Äpfel ernten,
einkochen und Essen vorbereiten. Wenn Harald nach Hause
kam, wurde gegessen. Die Gespräche waren spärlich. Der
Amtsstubenklatsch interessierte sie nicht, da sie ohnehin die
Kollegen, um die es ging, nicht kannte.

Nach dem Abendbrot ließ Harald sich prompt im Fernseh-
sessel nieder und stand den ganzen Abend nicht mehr auf. Sein
Raucherhusten ging ihr ebenso auf die Nerven wie der wahllos-
passive Konsum von Sport und Komödie, Western und Tages-
schau. Wenn sie vorschlug, mal ins Kino zu gehen, schützte er
Müdigkeit vor. Wenn sie zur Abwechslung mal in ein Restau-
rant gehen wollte, schmeckte es ihm bei ihr plötzlich am
besten.

Harald und Charlotte sind seit 23 Jahren verheiratet. Er verdient das Geld, und sie erzog die Kinder. Eine klare Arbeitsteilung. In den ersten Jahren hatte sie reichlich zu tun und war
abends rechtschaffen müde. Als die Kinder größer und die
Bausparverträge fällig wurden, planten sie ihr Fertighaus. Die
Einrichtung hielt Charlotte weitere Jahre in Atem. Aber eines
Tages ist auch ein Haus fertig. Und dann bekommt der Alltag
eine Monotonie, die kaum zu ertragen ist.

Alles ist komplett, perfekt. Das Leben bleibt stehen. Statt Liebe herrscht Langeweile. Harald machte einen schwachen Versuch, sich einmal pro Woche in die Skatrunde seiner Kollegen abzusetzen. Das erzeugte bei Charlotte neue Probleme: eine Mischung von Haß und Traurigkeit über das Alleingelassenwerden. Die Vorwürfe am nächsten Tag ersparte er sich, indem er seine Alleingänge mit Rücksicht auf sie wieder aufgab.

Doch wurde die Langeweile zu zweit noch untragbarer als die allein. Wenn man zu zweit ist, ist der Partner schuld. Warum, so fragen sich beide innerlich, fällt dem anderen nicht einmal ein, was man unternehmen, spielen, erzählen könnte. Warum ist dem Partner die Zeitung, das Fernsehen oder die Bastelei im Keller wichtiger als ich.

Ist man dagegen allein, erwartet man weniger und tut mehr. Vielleicht ordnet man die Fotos vom letzten Urlaub und klebt sie endlich ein, telefoniert mit einer Freundin, die man lange nicht getroffen hat, blättert in Urlaubskatalogen und stellt Preisvergleiche an.

Langeweile, dachte Charlotte, entfernt Menschen voneinander so weit, daß sie sich eines Tages nicht mehr lieben. Aber das ist schließlich kein Scheidungsgrund. Der Verdacht stieg in ihr auf, daß in Wirklichkeit nicht der Partner einen langweilt, sondern daß man sich selbst zuwenig Inhalt gegeben hat. Ob es Sinn hat, darüber mit Harald zu sprechen?

Langeweile muß nicht unbedingt durch den Abnutzungsprozeß vieler Ehejahre entstehen. Wie bei Harald und Charlotte ist Langeweile vielmehr ein Ergebnis von Tabus und angestauten Affekten. Irgendwelche Bereiche sind in dem gegenseitigen Dialog, der eine Ehe bedeutet, ausgespart. Und nicht selten sind es gerade die wichtigsten, die später zu ernsthaften Konflikten führen oder ein belebendes Engagement auslösen können.

Muß man eigentlich über alles miteinander sprechen? Hat nicht jeder das Recht auf geheime Reservate? Ich meine, daß sich daran eine Ehe bewährt oder daß sie daran scheitert, ob die Partner lernen, neue Bereiche zu erschließen, auch solche, die mit den Deckeln von Tabus bedeckt sind.

Es gibt zum Beispiel mehr Ehepartner, als man glauben sollte, die nie miteinander über ihre eigenen Sexualprobleme gesprochen haben. Es gibt Millionen Paare, die nie über religiöse Dinge sprechen, obwohl ja auch nichtreligiöse Menschen religiöse Probleme haben. Die Auseinandersetzung gerade über diese Probleme ist etwas vom Wichtigsten für eine Ehe und etwas vom Verbindendsten auch, weil es doch so intim – im anderen Sinne des Wortes – ist wie kaum etwas anderes.

Langeweile ist also gar nicht so sehr eine Folge der Gewöhnung als eine Frage dessen, daß Tabus umherliegen wie Tretminen, zwischen denen der Durchgang immer schwieriger wird, so daß man keinen Schritt mehr wagt auf dieses brisante Gelände und dann überhaupt lieber ganz für sich bleibt.

Die Chance für Harald und Charlotte liegt also darin, daß jeder seinen Standpunkt definiert, daß er ihn findet, falls er noch keinen hat, und daß die Partner dann versuchen, über wesentliche Fragen und Erfahrungen miteinander ins Gespräch zu kommen, und daß sie neue gemeinsame Interessen finden. Gelingt dies nicht, wird auch diese Ehe verkümmern wie so viele andere.

Elfie und Georg waren nun schon zehn Jahre glücklich verheiratet, wie man so sagt. Beide waren Frühaufsteher und stimmten in ihren Interessen überein. Sie hatten sich auf die übliche Arbeitsteilung geeinigt: Er verdiente als Außendienstleiter einer Elektrofirma das Geld, und sie hielt ihn von allen Haushaltspflichten frei. Auf diese Weise gewannen sie viel Zeit füreinander.

Ein Telefonanruf genügte, um die Idylle zu zerstören. Als der Geschäftsfreund am späten Sonnabendvormittag am Telefon nach George fragte, hatte Elfie ein merkwürdiges Gefühl. Ihr Mann war erst gegen Morgen nach Hause gekommen, nicht ganz nüchtern. Sie hatte ihn ausschlafen lassen. Beim Frühstück war er etwas einsilbig gewesen. Stockend hörte sie ihn fragen: »Was haben Sie gesagt?« und: »Wie kam das eigentlich? Ich kann mich kaum noch erinnern.«

Elfie stellte ihren Mann zur Rede: »Heute nacht hast du etwas erlebt, das du mir nicht erzählen möchtest. Ich will es wissen. Ich spüre, daß es uns beide betrifft.«

Elfie setzte sich auffordernd ins Wohnzimmer. Ihr Mann folgte, und so stockend, wie er am Telefon gefragt hatte, sagte er: »Ich muß dich um Verzeihung bitten. Es ist etwas passiert, das ich mir nicht erklären kann. Du weißt, daß es gestern um einen wichtigen Auftrag ging. Als ich ihn in der Tasche hatte, lud ich die Herren zum Essen ein. Danach gingen wir in ein paar Lokale. Schließlich landeten wir in einem Nachtclub, ›Belle de Nuit‹. Und dort... na ja, da gibt es Appartements... Wir hatten ziemlich viel getrunken... In einem dieser Appartements erwachte ich. In meiner Brieftasche fehlte ziemlich viel Geld. Ich bin selbst noch ganz erschrocken. Ich verspreche dir, daß so etwas nie wieder vorkommt!«

In den nächsten Tagen brach Elfie immer wieder in Tränen aus. Sie konnte nicht begreifen, daß ihr Mann etwas, das ihnen beiden so viel bedeutet hatte, mit einer fremden Frau geteilt hatte. Sie fühlte sich verletzt und gedemütigt. Nun würde sie ihm nicht mehr vertrauen können. Wenn er versuchte, sie in den Arm zu nehmen, empfand sie Abscheu und wandte sich ab.

Sie zog sich immer mehr zurück. Sie mochte auch nicht mehr mit ihm sprechen. Georg bereute, daß er seiner Frau von diesem Seitensprung, der mehr ein Unglück als ein Abenteuer gewesen war, berichtet hatte. Zuerst war er ganz erleichtert gewesen. Aber je mehr sie sich innerlich von ihm entfernte, um so mehr geriet er in Schuldgefühle und Isolation. Manchmal stellte er sich vor, wie es ihm wohl gehen würde, wenn Elfie ihn betrogen hätte. Dann konnte er ihr Verhalten plötzlich verstehen.

In der nächsten Zeit gab Georg sich alle Mühe, jeden Konflikt zu vermeiden. Er kehrte pünktlicher aus dem Geschäft heim als sonst und vermied Reisen. Da sie nicht gut miteinander sprechen konnten, zeigte er ihr seine Zuneigung durch Blumen, kleine Geschenke, eine überraschende Einladung zum Abendessen. Aber die Beziehung blieb gestört. Elfie verweigerte sich ihm, körperlich und seelisch.

Georg fühlte sich schuldig am Unglück seiner Frau. Er sah, daß sie litt. Die stummen Abende verbrachte er auf dem Sofa und blätterte in Illustrierten. »Die Ehe heutiger Prägung ist nächst dem Krieg die größte existierende Unglücksquelle«, las er da, »und zwar gerade deswegen, weil sie als obligatorische Glücksquelle, als Liebes- und Lebenserfüllung deklariert ist.«

Hatte Elfie nicht einzig von ihm Glück und die Erfüllung ihrer Bedürfnisse erwartet? Er hatte sie verletzt. Er hatte versucht, sein Verhalten zu erklären, er hatte sie um Verzeihung gebeten. Was konnte er sonst noch tun? Verhielt sie sich nicht wie ein trotziges kleines Mädchen, das ihn bestrafen mußte? Allein konnte er sie nicht aus ihrer Depression befreien. Er brauchte Hilfe.

Georg ging zum Telefon. Er wählte die Nummer der Telefonseelsorge, von deren Tätigkeit er irgendwann einmal in der Zeitung gelesen hatte. Die Stimme am anderen Ende der Leitung war weiblich. Elfie strickte stumm an dem roten Pullover für ihre Tochter. Sie konnte das Telefongespräch nicht ignorieren.

Georg erzählte von seiner Ehe, seinem Malheur und den Folgen. Das verständnisvolle Eingehen der Dame am Telefon auf seine Not half ihm, ungeschminkt von seiner Betroffenheit zu sprechen, wie er sie Elfie gegenüber nicht hätte darstellen können.

Als er eingehängt hatte, sagte er schüchtern: »Morgen melde ich uns bei der Eheberatungsstelle an. Die Telefonnummer habe ich. Komm mit, laß mich nicht allein hingehen.«

Georgs Verhalten zeugt von menschlicher Reife und wirklicher Liebe zu seiner Frau. Was geschehen war, konnte er nicht rückgängig machen. Gerade weil die Ehe bisher so gut war, konnte Elfie den Fehltritt ihres Mannes nicht verstehen und geriet in tiefe Trauer.

In solchen Fällen gilt es zunächst zu erforschen, warum der betrogene Ehepartner so überaus heftig reagiert. Es kommen mehrere Möglichkeiten in Betracht. Zum einen kann eine starke Abhängigkeit vom Partner zum Verlust des Gefühls von Sicherheit und Geborgenheit führen. Der hintergangene Partner fühlt sich aufs Spiel gesetzt. Er hat Angst: So etwas könnte sich wiederholen.

Ein anderer Grund ist der verletzte Stolz. Auch der Besitzerstolz. Man betrachtet den Partner als sein Eigentum, das jetzt jemand anderem übereignet wurde. Ein dritter Grund kann auch physische Abscheu bei der Vorstellung sein, daß der intime Partner eine sehr enge Berührung mit einem anderen gehabt hat. Er ist ›benutzt‹ und ›befleckt‹ und wird in diesem Zustand verminderten Wertes wieder ›abgeliefert‹.

Es kann aber auch die Gefühlsreaktion überstarken Nachtragens sein, mit der man den anderen in Schach hält, um – unbewußt – zu verhindern, daß er sich noch einmal eine derartige Freiheit herausnimmt.

Im Falle von Elfie wurde bald klar, daß es sich um eine Mischung von tiefer Verletztheit und einer Zweckdepression handelt, die den anderen binden und vor Wiederholung warnen soll. Da Georg den einmaligen Seitensprung ernsthaft bereute, würde Elfie unrecht tun, ihm diese Reue nicht abzunehmen, ihm nicht zu verzeihen und nicht noch einmal neu anzufangen.

Ein Ehebruch muß nicht das Ende einer Ehe sein. Wichtig ist vor allem, daß beide ihre Gefühle offen aussprechen und einander anvertrauen, was sie an unverarbeiteten Erlebnisresten haben. Dann sollten sie nicht an das Schlimme von gestern, sondern an das Gute von morgen denken. Wer die Bereitschaft aufbringt, einen neuen Anfang zu wagen, dem wird meistens auch die Gnade geschenkt, daß er gelingt.

Sie hatte per Telefon um einen Termin beim Herrn Doktor gebeten und die Nummer drei erhalten. Trotzdem saß sie um zehn vor neun als erste im Wartezimmer. Sie schaute sich um. Die struppige Zimmerlinde auf der Fensterbank bekam entweder zuviel oder zuwenig Wasser. Sie paßte in diesen lieblosen Raum mit den kunstlederbezogenen Bänken und den häßlichen Stühlen.

»Warten ist schon schlimm genug«, dachte Eva, »besonders in meiner Situation. Warum müssen dann auch noch die Wartezimmer so scheußlich sein?« Aber sie hatte ein schwieriges Problem. Sie war schon einmal hier gewesen. Der Arzt hatte ihren Verdacht auf eine Schwangerschaft noch nicht bestätigen können und ihr deshalb eine Spritze verabreicht: »Kommen Sie in sieben bis zehn Tagen wieder!« Die Zeit war um, und es hatte sich nichts geändert.

So wie sie sich fühlte, hatte sie allen Grund, sich zu fürchten. Als endlich die Ziffer drei über der Tür aufleuchtete, legte sie die Zeitschrift, in der sie sowieso nicht gelesen hatte, auf den Tisch zurück und erhob sich. »Bitte, nehmen Sie Platz«, sagte der Arzt, nachdem sie das Sprechzimmer betreten hatte. Nach der Untersuchung waren die letzten Zweifel beseitigt. »Sie müssen sich auf allerhand vorbereiten«, hörte sie den Mann im weißen Kittel sagen, »Sie bekommen tatsächlich ein Baby.«

Als Evas Ahnung Gewißheit wurde, war sie gerade sechzehn Jahre alt. Ihr Freund war achtzehn und hatte soeben seinen Facharbeiterbrief in der Textilbranche erworben. Später wollte er Ingenieur, aber nun sollte er Vater werden und ahnte noch nichts. Die Zukunft, bisher strahlend wie eine Mailandschaft, glich plötzlich eher einer finsteren Mauer. Die beiden waren verliebt, aber das bezog sich auf zwei und nicht auf drei Personen.

Eva hatte Angst vor der Reaktion ihres Freundes. War das Glück, das sie beide empfunden hatten, nun vorbei? Würden sie sich gegenseitig die Schuld zuschieben, sich Vorwürfe machen, einen Schwangerschaftsabbruch versuchen, sich vor den Eltern verstellen, ihre Probleme allein lösen müssen?

Am Abend holte Eva ihren Freund ab. »Wir bekommen ein Baby«, platzte sie eher heraus, als ihr lieb war. Sie hatte gesagt: »Wir.« Wie immer, wenn Adi unsicher war und Zeit gewinnen wollte, sagte er zunächst einmal: »Du spinnst!«

»Typisch Mann«, konterte das Mädchen. »Wenn man mal was Ernstes mit euch besprechen muß, dann spinnt man gleich. Du bist genau wie mein Vater, mit dem kann man auch nicht reden.«

Aber dann redeten sie doch und beschlossen, bevor sie getrennt nach Hause gingen, ›diese Alten‹ zu Rate zu ziehen. Immerhin hatten die mehr Erfahrung, und was nun würde, hing schließlich weitgehend von ihnen ab.

Nach einer Woche der sauren Gesichter wurde Evas Mutter als erste aktiv. Sie lud Adis Eltern ein und hielt sämtlichen Versammelten eine Standpauke. Ob sich die Kinder und die Eltern eigentlich darüber klar wären, was nun alles auf sie zukäme: Abtreibung oder Hochzeit? »Und wenn Hochzeit«, fragte sie ihre Tochter, »weißt du eigentlich, was das für dich bedeutet? Ein junges Mädchen muß, wenn es heiratet, über Nacht eine Menge Belastungen zugleich tragen.

Außer der Lehre mußt du zusätzlich einen Haushalt bewältigen, ihr müßt eine Wohnung suchen und einrichten, wahrscheinlich seid ihr gezwungen, Möbel auf Raten zu kaufen, du mußt dich von uns trennen und das Leben mit einem neuen, ganz andersartigen Menschen aufnehmen. Bevor ihr euch richtig kennt, kommt schon das Kind. Ihr müßt eure Gewohnheiten radikal umstellen. Kino und Diskothek sind erst mal vorbei. Und was du alles zu lernen hast: Waschen, Nähen, Kochen, Putzen, Säuglingspflege und Erziehung.«

Die Mutter hatte sich richtig in Rage geredet. Aber plötzlich sagte Adi mit ganz ruhiger Stimme: »Ich bin ja auch noch da. Waschen, Kochen und Putzen ist ja schließlich keine reine Frauenarbeit mehr, oder? Wieso sollten wir das eigentlich nicht zusammen schaffen?« Adis Eltern, die auch jung geheiratet hatten, erboten sich, bei der Wohnungssuche zu helfen und den jungen Leuten finanziell unter die Arme zu greifen.

Evas Eltern fiel ein Stein vom Herzen. Obwohl bisher niemand das Heiraten beabsichtigt hatte, schien es doch die passabelste Lösung zu sein. Ihr Ruf und der ihrer Tochter war gerettet. Und waren sie nicht auch ein bißchen schuld, daß Eva sich von ihnen entfernt hatte? Wieviel oder wie wenig Zeit hatten sie sich eigentlich für Gespräche mit der Tochter genommen?

Frühehen haben aus zwei Gründen einen schlechten Ruf: Erstens werden sie fast nie freiwillig geschlossen. In 85 bis 90 Prozent der Frühehen ist ein Kind unterwegs. Selbst wenn man unterstellt, daß zwei Drittel später auch ohne den drängenden Nachwuchs geschlossen worden wären, bleibt noch eine ziemlich hohe Anzahl, die besser unterblieben wären. Der zweite Grund für den schlechten Ruf der Frühehen liegt darin, daß sie häufiger geschieden werden als der später eingegangene ›Bund fürs Leben‹.

Man könnte daraus schließen, daß die Frühehe ein modernes Übel ist, das man verhindern oder erschweren sollte. Ich bin im Gegenteil der Meinung, daß man Frühehen, wie die von Eva und Adi, erleichtern sollte.

Als Frühehen im engeren Sinn bezeichnet man Ehen, bei denen beide oder ein Partner das einundzwanzigste Lebensjahr noch nicht vollendet haben. Die Zahl dieser Ehen hat sich in den letzten fünfzig Jahren um das Zwölffache erhöht. Man wird in den kommenden Jahren mit einer weiteren Zunahme rechnen müssen. Die Herabsetzung der Volljährigkeitsgrenze wirkt als zusätzlicher Antrieb zur Eheschließung. Die Ursachen für die Zunahme der Frühehe sind in einem komplizierten Geflecht gesellschaftlicher und biologischer Tatbestände zu sehen.

Die massivste Ursache ist sicher die biologische Akzeleration, die Reifungsverfrühung. Die Jugend wird heute zwei Jahre früher erwachsen und sexuell reifer als vor einem halben Jahrhundert. 75 Prozent der jungen Mädchen haben keine Bedenken mehr gegen voreheliche Beziehungen, und 84 Prozent der jungen Männer hatten vor der Ehe durchschnittlich drei Partnerinnen. Nicht die Frühehe ist schuld an ihrem oft vorzeitigen Ende, sondern die erschwerten Bedingungen, unter denen sie geschlossen wird.

Nach einer neuen Untersuchung sind Frühehen jedoch besser als ihr Ruf: 75 Prozent erweisen sich nach fünf Jahren als krisenfest. Die Partner bejahen ihre derzeitige Bindung. Deshalb ist das Verhalten des jungen Vaters imponierend. In einer kritischen Situation sagt er: »Ich bin auch noch da!« Ein Wort, das in einer Ehe häufig fallen muß, wenn eine ähnliche Situation zu meistern ist.

Endlich waren die Ferien da. Die Kinder hatten sich schon am Tage zuvor davongemacht. In drei Wochen wollten sich alle wieder zu Hause treffen, um dann noch acht gemeinsame Tage nach Dänemark zu fahren. Nun waren auch Renas Koffer gepackt. Das Auto stand vor der Tür. Rena ging noch einmal prüfend durch die Wohnung. Ihr Mann folgte, als ob er etwas sagen sollte und sich nicht traute. »Bitte, denk an die Blumen!« sagte sie. »Und falls du auch verreist, mach die Fensterklappen zu und zieh bitte die Stecker heraus.«

»Typisch Rena«, dachte Peter. »Sie denkt an alles. Zum ersten Mal in unserem gemeinsamen Leben will sie allein verreisen. Und prompt fällt die Familie auseinander. Ob die Kinder auf dem Ponyhof glücklich sind – ohne Vater und Mutter? Und ich? Ich will jetzt gar nicht mehr woanders hin, ich will dahin, wo sie sein wird. Ich muß es ihr sagen. Ich will mit!«

Peter stellte sich vor seine Frau, legte ihr die Hände auf die Schultern und schaute sie offen an: »Rena, willst du wirklich noch immer allein fahren?«
»Ja«, sagte sie entschlossen.
»Ich möchte dich aber gerne begleiten!«
»Nein!« Sie schüttelte das vom Friseur mühsam geglättete Haar. »Ich muß mit mir ins reine kommen.«
»Rena, warum glaubst du mir nicht? Die Sache mit Janine ist beendet! Du warst sehr großzügig. Die letzten Wochen waren für uns alle sehr strapaziös. Du brauchst nun wirklich Erholung. Wir beide brauchen Erholung. Laß mich versuchen, das gutzumachen. Ich bin zu dir zurückgekehrt aus freien Stükken. Jetzt brauchen wir Zeit für uns. Wir müssen wieder lernen, miteinander zu leben. Das möchtest du doch auch.«
Rena sah Peter nach diesem eindrucksvollen Plädoyer für die Gemeinsamkeit nachdenklich an. »Gut« sagte sie nach einigem Zögern. »Aber ich bestimme das Ziel. In diesem Urlaub paßt du dich mal an!« Er nickte stumm. Peter (vierzig) und Rena (siebenunddreißig) sind seit 15 Jahren verheiratet, die Kinder feierten jüngst ihren zwölften und zehnten Geburtstag. Peter hatte seinen Ingenieur über den zweiten Bildungsweg gemacht, Rena ist Grundschullehrerin. Die Ehekrise brach im Höhepunkt einer beruflichen Krise ihres Mannes aus. Den Posten, den Peter anvisiert hatte, bekam ein anderer.
Auf einer Dienstreise lernte Peter die Studentin Janine kennen. Die Französin studierte schon seit Jahren Deutsch, war lebenslustig und ein bißchen ›schlampert‹, aber sehr charmant und auf kapriziöse Art undurchschaubar. Alles in allem war sie das Gegenteil von Rena, die solide, verläßlich, offen und ein Kamerad ist, mit dem ein Mann durch dick und dünn gehen kann.
Zunächst tolerierte Rena die neue Beziehung, aber als ihr Mann dann noch auszog, geriet sie in tiefe Depressionen. Aus Selbstschutz setzte sie zunächst sich, später ihrem Mann eine Frist. Noch bevor das Jahr herum war, entschied sie sich für die Scheidung. Ein glatter Schluß schien ihr leichter als die Ungewißheit des Wartens. Sie plante ihre Reise und die der Kinder und informierte ihren Mann. Und da passierte, womit sie nicht gerechnet hatte: Peter kehrte in die Familie zurück.

Während Rena dies alles in ihren Gedanken noch einmal nachvollzog, suchte Peter sich erleichtert Hemden, Socken, Freizeit- und Badezeug zusammen und warf es in den Koffer. Also hatte Rena ihm vergeben. Er bekam seine Chance.

»Fertig!« rief er ins Nebenzimmer. »Wer fährt?«

»Ich«, sagte Rena. Auf dem Weg gen Süden schlug sie die Route ein, die er in den letzten Monaten so oft gefahren war. Sie setzte ihren Mann offenbar bewußt seinen Erinnerungen aus.

»Wie fahren wir?« fragte Peter. »Und wie weit wollen wir heute kommen?«

»Bis Göttingen«, sagte Rena.

»Warum ausgerechnet bis Göttingen?« fragte ihr Mann sichtlich unbehaglich.

Sie schwieg eine Weile. Dann sagte sie mit gepreßter Stimme, aber irgendwie auch beinahe heiter: »Weil ich jetzt endlich Janine kennenlernen will!«

Der Fall für Peter und Rena steht für viele. Es handelt sich um einen Ehekonflikt, der sich in einer bestimmten Lebensphase und unter bestimmten Umständen nahezu zwangsläufig entwickelt.

Häufiger, als man denkt, sind Ehen betroffen, die sich durch zehn oder fünfzehn Jahre scheinbar glücklich entwickelt haben.

Die Lebenskrise des Mannes in den Fünfzigern ist seit langem bekannt. Seltener bewußt ist die nicht weniger schwerwiegende Krise um vierzig, die besonders jene Männer gefährdet, die auf der Höhe ihres beruflichen Erfolges stehen. Je höher die Stellung ist, desto früher zeichnen sich auch Grenzen der Entwicklung und das Maximum des Erreichbaren ab.

Diese Krise ist, verglichen mit der in den fünfziger Jahren, deshalb schwerer, weil sie nicht nur den Charakter des Illusionären hat. Der ältere Mann holt die Träume seiner Jugend nach, ist aber meist nicht bereit, seiner Träume wegen die Ehe aufs Spiel zu setzen. Der Vierzigjährige jedoch spielt ernsthafter mit dem Gedanken, ein neues Leben zu beginnen.

Wenn die Frau jetzt falsch handelt, kann es ihr passieren, daß sie den Mann an die meist jüngere Konkurrentin verliert.

Sie ist die ideale Möglichkeit für den Wechsel der Zielrichtung, der in diesem Alter für den Mann nahezu unausweichlich ist. Denn für sein Streben nach Anerkennung und Erfolg, nach Eroberung und Bewunderung, das er 15 oder 20 Jahre im Business ausgetobt hat, braucht er neue Betätigungsfelder, um der beruflichen Enttäuschung auszuweichen.

Für Peter war die Eroberung der so andersgearteten Französin eine starke Bestätigung seines angeschlagenen Selbstwertgefühls. Daß er zu seiner Familie zurückgefunden hat, muß nicht unbedingt bedeuten, daß er nie wieder ein Abenteuer sucht. Aber es ist klug, daß Rena nun die Rivalin kennenlernen will. Sie wird begreifen, wo für ihren Mann künftige Verlockungen entstehen können.

Als Monika um zwanzig nach fünf mit Mario die Etage betrat, hörte sie, wie ihr Mann sich im Wohnzimmer räusperte. Der Kleine rannte zu seinem Vater, aber der sagte nur: »Hast du dich wieder schmutzig gemacht? Wie oft soll deine Mutter eigentlich waschen?«

Mario wandte sich enttäuscht ab und blieb an der Tür stehen. Als Monika ins Zimmer kam, hielt Uwe den Zeigefinger der linken Hand in die Höhe, auf der Fingerkuppe war Staub. »Was tust du eigentlich den ganzen Tag?« empfing der junge Ehemann seine Frau. »Wenn ich nach Hause komme, bist du nicht da. Wo warst du? Wenn ich zufällig mit dem Finger über eine Leiste fahre, sehe ich, daß du dich wohl schon den ganzen Tag herumgetrieben hast. Es ist wieder nicht Staub gewischt!«

»Ich war einkaufen«, sagte Monika müde, »freitags ist es immer ziemlich voll.«

»Warum gehst du nicht vormittags? Du teilst dir die Zeit nicht richtig ein. Wir müssen wohl mal wieder zusammen ein Wochenprogramm machen«, sagte Uwe. »Allein schaffst du das ja sowieso nicht.«

»Noch etwas?« fragte Monika aufgebracht. »Ich habe nicht Staub gewischt, ich bin auf Pfiff nicht da, wenn du kommst, ich treibe mich herum, ich kann die Zeit nicht einteilen, ich kann nicht organisieren. Die Einkäufe stehen noch an der Tür. Du kannst sie auspacken. Es wird dir sicher Spaß machen festzustellen, daß ich das Salz vergessen habe, daß der Reis zu kleinkörnig ist, daß der Salat welk und die Butter zu weich ist. Ich kenne deine Sprüche auswendig. Ich habe genug. Ich mache Schluß. Auf Wiedersehen!«

Monika nahm Mario bei der Hand. Sie hatte gewaltiges Herzklopfen. Sie griff nach der Handtasche, legte sich Marios und ihren Mantel über den Arm und zog das Kind mit.

Sie ging nicht zum erstenmal. Sie fuhr, wie schon mehrfach, zu ihrer Mutter. Für diesen Fall hatte sie Zahnbürste, Ersatzkleidung und ihr Sparbuch im Hause der Eltern deponiert. Sie wußte, daß sie willkommen war. Als sie in die vertraute Straße einbog und auf ihr Elternhaus zuging, atmete sie auf: Fünf Jahre Streit und Besserwisserei, fünf Jahre Vorhaltungen und Kritik, fünf Jahre Lieblosigkeit und Nörgelei, das reicht. Montag rufe ich die Anwältin an. Eine Akte existiert ja schon.

Sie hatte noch nicht geklingelt, da ging die Tür auf. »Gut, daß du da bist, mein Kind. Komm herein. Ich mache dir einen Kaffee. Dann besprechen wir alles. Uwe hat eben angerufen. Er droht mit Selbstmord.«

»Was hat er genau gesagt?«

»Er hat gesagt: ›Wenn Monika nicht zurückkommt, nehme ich Mario mit in den Tod.‹«

Mit dieser Drohung hatte Uwe seine Frau schon mehrmals erpreßt. Er stammte aus einer hochintelligenten, aber neurotisch veranlagten Familie. Die Mutter war mehrfach in nervenärztlicher Behandlung gewesen. Die Schwester litt unter Depressionen. Uwe hatte es mit sechsundzwanzig Jahren ungewöhnlich früh geschafft, Ausbildungsleiter in einem großen Industrieunternehmen zu werden. Was ihn für seinen Beruf auszeichnete, Ordnungsliebe, Präzision, Logik, planerische Fähigkeiten, die Programmierung von Abläufen, die Übersicht von ineinandergreifenden Funktionen, hatte zu Hause seine Kehrseite. Was für junge Menschen, die in der Ausbildung stehen, nützlich sein mag, war für seine Frau nicht unbedingt von Gewinn. Präzision und Logik, im Betrieb fast eine Garantie für reibungslosen Ablauf, kann sich in einer menschlichen Beziehung lähmend auf den Partner auswirken. Da mutet der Perfektionstick eher wie eine raffinierte Foltermethode an. Uwes Lust zu kritisieren hatte schon beinahe einen sadistischen Zug.

Monika war nicht länger bereit, sich in Frage stellen zu lassen, sich der manischen Nörgelei und Streitsucht ihres Mannes auszusetzen. Ihre Lebensfreude war dahin, die Schuldgefühle, die Uwe ständig in ihr mobilisierte, würde sie vielleicht wieder abbauen können. Ein Kapital verblieb ihr: Noch war sie jung, fünfundzwanzig Jahre sind kein Alter. Sie war fest entschlossen, das Risiko, das die Selbstmorddrohung ihres Mannes enthielt, einzugehen.

Während Mario friedlich auf dem Fußboden spielte, faßten seine Mutter und die Großeltern ihre Entschlüsse. Mario sollte mit der Oma erst einmal verreisen. Monika wollte die Zeit nutzen und sich eine Halbtagsstelle als Sekretärin suchen. Der Gedanke, die Scheidung einzureichen, schien ihr wie die Verheißung eines neuen Lebens.

Was die Ehe des jungen Paares systematisch ruinierte, war die Rastlosigkeit des Bemühens um Vollkommenheit. Aus diesem intoleranten Anspruch entstand die Rechthaberei des Mannes. Jeder Makel wurde überbewertet, jede Schwäche, jeder Fehler geriet zum moralischen Problem. Der Bogen der Forderungen, vor allem an den Partner, war überspannt. Daraus hätten Uwe und Monika nun herausfinden können, wenn Uwe seine Forderungen reduziert hätte.

Jeder Mensch braucht ein gewisses Maß an Freiheit, Entspannung und ein Klima von Toleranz, Freundlichkeit und Wohlwollen. Zur Ehe gehört Menschlichkeit. Fast täglich erfährt der Eheberater in seiner Praxis, wie verbreitet die ›kriegerische Auseinandersetzung‹ zwischen den Geschlechtern ist, die eigentlich zu gegenseitiger Liebe angelegt sind. In der Ehe ist der Krieg ritualisiert, und zwar so, daß er für den einen schmerzhaft und für den anderen gerade noch erträglich ist. Da Uwe offenbar nicht glücklich sein konnte, durfte Monika es auch nicht sein.

Als Einzelwesen, das nicht fähig war, allein zu sein, hatte Uwe sich allzufrüh und allzufest an Monika geklammert. Damit und mit seinen tyrannischen Ansprüchen überforderte er sie. Aggressionen, die als Folge solcher Überreizung entstehen, führen dazu, daß die Ehepartner einander in immer kürzeren Intervallen abstoßen und aufs neue anziehen.

An den Punkt, an dem das Gefühl entsteht, daß eine Ehe nicht mehr lohnend oder tragbar ist, gelangen die Partner heute früher als ehedem. Sie sehen nicht ein, warum die Ehe, die Garantie des Glücks sein sollte und sich statt dessen als Garantie des Unglücks herausstellt, um jeden Preis weitergeführt werden muß. Monika entschied sich für das Ende mit Schrecken.

Leider kam es schlimmer als erwartet. Monika wurde geschieden. Ein paar Tage später nahm Uwe sich das Leben.

Die Kinder waren an diesem Morgen ausnahmsweise zur gleichen Zeit zur Schule aufgebrochen. Jan hatte sie begleitet und war mit Brötchen für ein gemütliches Frühstück zu zweit zurückgekommen. Isa genoß es nach den langen Monaten der Trennung, die ganze Familie wieder einmal zusammen zu haben. Auch Jan sah seine Söhne häufig mit ganz verträumten Augen an. Er beobachtete sie, und sie schneiten tagsüber etwas häufiger herein als sonst. Im Grunde hatten alle Schwierigkeiten, die Fremdheit zu überbrücken, sich anzusprechen und herauszufinden, was in der Zwischenzeit gewesen war.

Dieses Mal hatte die Trennung besonders lang gedauert. Jans Schiff mußte in Brasilien 14 Wochen auf Reede. So hatte man sich neun Monate nicht gesehen. Das war gegen jede Gewohnheit. Und gegen die Vereinbarung. Isa hatte Jan vor neun Jahren nur unter der Bedingung geheiratet, daß er die beiden nächsten Anmusterungsverträge noch erfüllen, sich dann aber einen Job im Hafen suchen sollte.

Jans Jeans und dem einzigen Ausgehanzug, den er mitgebracht hatte, merkte man die pflegelose Zeit an. Der Anzug hatte dringend eine Reinigung nötig. Isa klopfte ihn aus und leerte die Taschen. In der Innenseite steckten noch Prospekte, ein Stadtplan von Rio im Miniformat, ein Foto in Postkartengröße. Isa nahm es in die Hand. Eine Frau, offenbar eine Mulattin. Isa fielen als erstes die schönen langen Beine auf. Sie hatte eine Art von Faschingskostüm an, glitzernd, wippend, eine Mischung von Folklore und Revue. Die Pose war gestellt, sicher hatte ein Fotograf das Bild gemacht. Isa drehte es um: »Für Jan, den Vielgeliebten, bis zum Wiedersehen – Deine Juanita.«

Isa schluckte. Sie war ihrem Mann seit zehn Jahren treu,

trotz des vielen Alleinseins. Das hatte sie auch von ihm erwartet. So naiv war sie gewesen. Es war schwer, die Gedanken zu ordnen.

Sie dachte an ihre Freundin Klara. Die war mit einem Fernfahrer verheiratet, und sie hatten sich oft über die Vor- und Nachteile ihrer Rollen unterhalten. Busfahrern und Krankenhausärzten mit Nachtschicht, Reisenden, Managern, Technikern, Stewards und Piloten ging es auch nicht viel besser als ihren Männern. Grenzschutz- und Bundeswehrfrauen lebten schließlich auch Monate allein. Die haben auch keinen geregelten Lebensablauf, keine zusammenhängenden Wochenenden, Feiertage und freien Abende. Und wenn die Männer da sind, sind sie abgespannt, müde und ruhebedürftig.

Isa hatte den Seemannsberuf — wenn auch halbherzig — verteidigen gelernt. Immer kam Jan fröhlich und tatendurstig heim, ausgeruht und ohne Anzeichen von Streß. Die Tage mit ihm waren etwas Besonderes, das hatte ihr die langen Trennungen versüßt.

Wie hatte er sie nur so täuschen können? Oder hatte sie sich selbst getäuscht? Hatten sie jemals Verabredungen über eheliche Treue getroffen? Oder war das Thema nie berührt worden, weil sie sich vor der Wahrheit fürchtete? War es nicht unmenschlich zu verlangen, daß ihr Mann sein Bedürfnis nach Zärtlichkeit drei- bis fünfmal pro Jahr — und ausschließlich bei ihr — erfüllt bekam?

Aber wo war da die Gerechtigkeit? Durfte er sich einfach nehmen, was er brauchte, und sie nicht? Wie dachte er eigentlich über ihre Treue? Isa merkte, daß sie etwas Genaues darüber nicht wußte. Daß es nun nötig war, darüber zu sprechen. Daß nun entweder die Lügen oder Täuschungen beginnen würden oder die Wahrheit, die zu ertragen sie erst lernen mußte; oder die Konsequenz besprochen werden mußte: Scheidung.

Isa war dreißig Jahre alt. Jan hatte im Lauf der Jahre dreimal abgemustert und Arbeit an Land gefunden. Lang hat das nie gedauert.

Isa mußte sich die Frage stellen, ob er die Seefahrt mehr liebte als sie. Ob sie mit den Kindern vielleicht nur das Symbol für ein geordnetes Zuhause war, nach dem er sich zumindest in seinen

Briefen sehnte. Immerhin gab er die ganze Heuer für die Sehnsucht hin. Er ließ sich sein Zuhause etwas kosten. Isa und die Kinder waren versorgt. Versorgt, aber allein.

Als die Kinder und Jan nacheinander zum Mittagessen erschienen, ließ Isa sich nichts anmerken. Sie war ein bißchen stiller als sonst. Sie wußte, das Foto aus Brasilien, das sie offen auf Jans Nachttisch gelegt hatte, würde ihr Leben verändern.

Ehefeindlich, ja ehegefährlich sind Berufe, in denen einer nahezu ständig unterwegs ist. Matrosen-, Manager- und Vertreter-Frauen müssen stets damit rechnen, ihre Partner zu verlieren. Nicht nur die Risiken der Trennung, der neuen Begegnung mit anderen Partnern, die Berührung mit anderen Sitten und Gebräuchen sind riskant. Durch jede Reise wird man sich fremd und muß diese Fremdheit nach der Rückkehr erst wieder überwinden. Man muß jedesmal neu zueinander wachsen, und wenn man sich gerade wieder gefunden hat und verständigt, wirft die nächste Trennung ihre Schatten voraus.

Die Partner müssen sich daher die Gefährdungen klarmachen, bevor sie sich fürs Leben binden. Da sie meist nicht die Wahl haben, mitzufahren oder einen ähnlichen Beruf in Abstimmung mit dem Gefährten auszuüben, bleibt ihnen eigentlich nur die Möglichkeit, das Risiko bewußt in Kauf zu nehmen und zu bejahen.

Wenn, wie im Falle von Jan und Isa, allerdings vor der Eheschließung zumindest stillschweigend andere Bedingungen vereinbart wurden, die der Partner dann nicht einhält, und wenn die Untreue des Mannes der Frau eine weitere Enttäuschung zufügt, müssen die Bedingungen neu ausgehandelt werden.

Zwar garantiert die Ehe mit dem Seemann der Familie ein sorgenfreies Leben und erspart der jungen Frau unbefriedigende Tätigkeit in der Fabrik. Doch ist es ihr nicht zuzumuten, wahrscheinlich mehr als zwei weitere Jahrzehnte ohne Partner auszukommen. Gesteht Jan seiner Frau die gleichen Rechte zu wie sich selbst, wird er sie wahrscheinlich verlieren. In diesem Falle dürfte das Risiko für den Mann, der ständig unterwegs ist, beinahe größer sein als für die seßhafte Frau. Die Partner sollten ihre Entscheidung nicht überstürzen.

Gegen drei Uhr nachts schrillte das Telefon. Elke sprang

auf. Ingo war immer noch nicht da. »Ist da Elke?« fragte eine heisere Stimme durch die Leitung. »Ja.«

»Ihr Mann sitzt hier. Er wird wohl kaum allein nach Hause kommen. Sie sollten ihn holen. Und bringen Sie Geld mit!« Elke notierte sich die Anschrift. »Wieviel Geld?« fragte sie noch. Aber der Wirt hatte schon aufgelegt.

Elke zog sich hastig an. Sie ging ins Kinderzimmer und weckte Maren. »Du mußt mir mal helfen«, flüsterte die Mutter ihrer Jüngsten zu. »Vati sitzt in der Kneipe. Wir müssen ihn holen.«

Wenn Maren dabei ist, läßt er mich in Ruhe, dachte Elke. Sie half ihrer neunjährigen Tochter in die Kleider. Sie steckte Geld ein, rief ein Taxi und nahm den Ersatzschlüssel für das Auto mit.

In der Droschke zog sie das schlaftrunkene Kind an sich und sagte: »Du weißt doch, Vati hat dich besonders lieb. Wenn er dich sieht, wird es ihm leid tun, daß er getrunken hat, und er kommt mit nach Hause. Für mich allein ist das sehr schwierig.«

»Ich weiß, Mami«, sagte das Mädchen leise. »Wir machen das schon.«

Elke wußte, daß sie das Kind belastete, aber sie sah keinen anderen Weg. Käme sie allein, würde ihr Mann versuchen, seinen Zug durch die Gemeinde mit ihr fortzusetzen. Und nicht nur das. Enthemmt, wie er in diesem Zustand war, würde er sehr direkt ein anderes Paar ansteuern und versuchen, in Kontakt zu kommen. Dem Mann gegenüber würde er anzügliche Bemerkungen über seine Begleiterin machen. Der Frau würde er sich ziemlich plump nähern.

Wie das endete, hatte Elke in verschiedenen Versionen erlebt. Sie schämte sich entsetzlich. Es gab nichts, was sie demütigender und entwürdigender fand als dieses primitive Anbiedern. Die Gegenwart seiner Lieblingstochter war die einzige Möglichkeit, ihn von solchem Vorhaben abzubringen.

Elke wußte auch dieses Mal, was ihr bevorstand: Eine dunstige Kneipe, ein jovialer Wirt, dessen Rechnung sie nicht kontrollieren konnte, die sie also aus Scham blind bezahlen würde, egal, wie hoch sie war, der Blick der Gäste, Ingos lauter Protest und schließlich das Manöver, ihn aus dem Lokal heraus in den Wagen zu bringen. Ob das Aussteigen vor der Haustür unbemerkt von den Nachbarn bleiben würde, war eine Glückssache. Manchmal endete das Manöver mit animalischem Gebrüll.

Elke machte Szenen dieser Art seit Jahren alle sechs bis vierzehn Wochen durch. Ingo gibt dann viel Geld aus, manchmal 300 Mark an einem einzigen Abend. Eigentlich kann er sich das nicht leisten. Er arbeitet als Angestellter im öffentlichen Dienst. Obwohl er ehrgeizig ist, fühlt er sich häufig überfordert. Immer wenn das der Fall ist, greift er zur Flasche.

Nach außen gibt er sich sozial engagiert. Er betätigt sich sogar in einer Partei. Zu Hause benimmt er sich tyrannisch und versucht, Elke und die drei Kinder zu einer Art von Kadavergehorsam zu drillen.

Mit seinen dreiundvierzig Jahren wirkt er früh gealtert. Elke, die halbtags als Verkäuferin dazuverdient, ist Ende Dreißig, etwas pummelig, nicht eben attraktiv, aber pflichtbewußt und treu. Sie hört sich seine Phantasien über ranke, schlanke Mädchen mit Ekel an. Daß sie ihm zu dick, zu alt und zu artig ist, hat er ihr oft genug gesagt.

Wenn er getrunken hat, entwickelt er Phantasien über Partnertausch. Er besteht darauf, Elke zur Komplizin zu machen. Da er keine Scheidung will, versucht er, sie mitschuldig zu machen. Sie weiß, daß er auf Inserate schreibt und selbst Annoncen aufgibt.

Elke ist eine starke mütterliche Frau. Sie bekommt Halt durch ihren Glauben. Wenn ihr Mann nüchtern ist, hat sie Courage genug, mit ihm zu sprechen. Seine Annäherungen empfindet sie inzwischen als Belästigung. Schon aus ihrem Glauben heraus hat sie Geduld mit ihm geübt. Als kein Gespräch und keine Aufforderung, doch endlich auszuziehen, nützten, faßte sie den Entschluß.

Diese Nacht erleichterte ihr den Schritt, den sie schon seit längerem tun wollte. Sie will Maren kein weiteres Mal zumuten, mit ihr den Vater betrunken aus einer Kneipe zu holen.

Auch für den Eheberater ist es schwer zu beurteilen, ob die Ehe von Ingo und Elke unrettbar zerrüttet ist. Es ist nicht ausgeschlossen, daß Ingo noch zur Vernunft kommt, wenn seine Frau entschieden und konsequent bleibt. Da er sich nicht von ihr trennen will, könnte Elkes Entschlossenheit einen heilsamen Schock auslösen. Wenn sein Alkoholismus eine Flucht vor überfordernden Aufgaben im Beruf ist, besteht noch eine Chance. Weil Elke eine so starke Glaubensbindung hat, könnte es ihr eher als anderen Frauen gelingen, noch einmal eine Dimension der Ehe zu verwirklichen, ohne die keine Partnerschaft auskommt: die der Verzeihung und Vergebung.

Ist der Alkoholismus aber eine Krankheit, sind die Folgen für die Frau unzumutbar und für die Kinder eine Belastung, die sie nicht tragen können, dann ist die Trennung ein vernünftiger Entschluß. Im Falle dieser Familie leidet nicht nur das Kind Maren, sondern auch die beiden älteren Geschwister wurden stark von dem beeinträchtigt, was einer Scheidung immer vorangeht: verunsicherndes Familienklima, enttäuschende Auseinandersetzungen der Eltern, Entzug an Liebe, der mit einem energieaufreibenden Ehekrieg verbunden ist. Die Kinder verlieren Sicherheit, Urvertrauen und Lebensfreude. Denn nicht eigentlich die Scheidung ist für die Kinder eine Katastrophe, sondern die vorangehenden angstauslösenden Vorgänge der Verunsicherung.

Für die Kinder von Elke und Ingo besteht alle Aussicht, daß sie die Trennung der Eltern verkraften, weil sie die erste Etappe der Ehekrise nicht als Kleinkinder erleben mußten. Da sie inzwischen neun, zwölf und vierzehn Jahre alt sind, kann die Scheidung durchaus eine Wohltat für sie sein.

Wenn Ingo die Auflösung der Ehe vermeiden will, muß er sofort eine Entziehungskur durchmachen und dem Alkohol völlig entsagen. Dann würde sich vermutlich auch sein übriges Verhalten ändern und die Ehe womöglich noch gerettet werden können.

Das Windlicht flackerte. Der Abend war milde. Mathias und Margret saßen auf der Terrasse und versuchten, sich über die Veränderung ihrer Gefühle klarzuwerden.

»Für mich ist ein Kind die Möglichkeit, mich selbst zu verwirklichen«, sagte der Mann. Er sah seine Frau herausfordernd an. Eigentlich, meinte er, hätte sie das sagen müssen.

Sie aber sagte: »Für mich ist ein Kind die Möglichkeit, mehr Erfahrungen zu machen. Ohne Kind hätte ich das Gefühl, einen wichtigen Teil des Menschseins nicht erlebt zu haben.

Denk einmal an den Abend bei Elisabeth, als die Musik so laut wurde und Katharinchen sich plötzlich heftig in meinem Leib bewegte. Ich sagte zu dir: Sie tanzt.«

Katharinchen ist inzwischen auf der Welt, sie ist gesund und entwickelt sich gut. Und dennoch hatten sie sich immer weiter voneinander entfernt. Sie verstanden Leute nicht, die immer sagten, daß ein Kind verbindet.

»Uns hat es getrennt«, sagte Margret. »Irgendeine kluge Untersuchung hat ja ergeben, daß ein Kind gerade in den ersten Wochen und Monaten auf täglich 200 Handreichungen angewiesen ist.«

Was da verschwiegen wurde, ist die Anzahl der Zuwendungen, die der Vater eines kleinen Kindes plötzlich haben will. Ihr kommt das manchmal so vor, als träte der Mann in Konkurrenz zu seinem eigenen Nachwuchs. Plötzlich ist er nicht mehr Mittelpunkt.

Sie sagt: »Plötzlich warst du nicht mehr der Mittelpunkt. Und was passiert? Du kriegst Schwierigkeiten im Beruf. Du wirst krank: Magengeschwüre. Und ich muß plötzlich zwei Kinder pflegen. Ich bin jetzt schon jahrelang zu Hause geblieben. Das ist genug. Jetzt bist du an der Reihe!«

Margret und Mathias sind kein Ausnahmepaar. Wie so viele junge Leute aus geschiedenen Familien, hatten sie beide im anderen Partner Vater und Mutter gesucht. Sie erwarteten Zuwendung und Geborgenheit und fühlten sich zu zweit dem Idealzustand der Einheit ziemlich nahe. Nach drei kinderlosen Jahren wurde bei Mathias der Wunsch nach Nachwuchs immer mächtiger. Er stammt aus einer kinderreichen Familie, und bei jedem Treffen fragten seine Mutter und die Geschwister, ob es nun endlich soweit sei.

Margret fühlte sich mit ihrem Mann und dem Beruf als Werbegrafikerin ausgelastet. Sie sehnte sich nicht gerade nach einem Baby, war aber bereit, Mathias und der Familie zuliebe den Nachwuchs einzuplanen. Das stellte sich dann nicht als so einfach heraus, wie sie erwartet hatte. Immerhin unterzog sie sich einer Operation, machte eine Kur, und schließlich konnten sie der Familie eine Erfolgsmeldung machen.

Mathias arbeitete, als das Kind ankam, als Gartenarchitekt.

Margret hatte ihren Job aufgegeben und verdiente in der folgenden Zeit als freie Grafikerin mit. Worüber sie sich früher so selbstverständlich einig gewesen waren, daß jeder von ihnen die Hälfte der neuen Belastungen übernehmen wollte, das wuchs sich bald zum Problem aus. Wenn sie einen Termin in ihrer Agentur hatte, war er regelmäßig verhindert, das Baby zu hüten. Sie fingen an, sich gegenseitig Vorwürfe zu machen. Beide hatten das Gefühl, nicht mehr zu sich selbst zu kommen. Wenn er die Fläschchen sterilisierte und sie die Windeln wusch, waren beide frustriert. Wenn sie den Mut gehabt hätten, ganz zu Ende zu denken, so hätten die beiden einst langjährigen Junggesellen konstatieren müssen, daß sie so viel Beanspruchung eigentlich nicht gewollt hatten.

Was war zu tun? Margrets Forderung stand im Raum. Mathias überlegte: Könnte er nicht zwei Fliegen mit einer Klappe schlagen? Wie wäre es, wenn sie die Rollen tauschten? Er könnte sich selbständig machen, zu Hause bleiben und die Ideen verwirklichen, die er als Angestellter nicht durchsetzen konnte. Margret sollte ihre Erfahrungen in einem festen Job ruhig wieder machen. Vielleicht würde sie nach einem halben Jahr reumütig in den häuslichen Trott zurückkehren.

Margret war über das unerwartete Entgegenkommen von Mathias gerührt. Nun war es ihr schon gar nicht mehr so wichtig, sich durchzusetzen. Aber sie beschlossen, einen Versuch zu wagen.

Als erstes besorgten sie sich in der Nachbarschaft ein junges Mädchen als Babysitter und gingen zum erstenmal seit Jahren wieder zusammen aus...

Eine Ehe ist ein Prozeß mit ungewissem Ausgang. Das gilt vor allem für die Veränderung, die sich daraus ergibt, daß aus einer Ehe irgendwann eine Familie wird. Kinder verändern nicht nur der Quantität, sondern auch der Qualität nach das Beziehungsgefüge einer Ehe. Darum wünschen sich einander heftig liebende Paare mitunter kein Kind, weil es trennt. Und etwas kühlere Partner erhoffen sich von ihm, daß es verbindet.

Schon die Grundhaltung zum Kind überhaupt — ob es von beiden gewünscht wird, nur von einem oder vielleicht noch nicht, ob es ein Junge oder ein Mädchen sein soll, ob es nach den Anlagen des einen oder des anderen Elternteils schlägt — enthält viel Konfliktstoff.

Je weiter die Methoden der Familienplanung fortschreiten, um so höher wird der Anteil der Wunschkinder. Zugleich aber wächst die Zahl der Konflikte darüber, ob und wann ein Kind erwünscht ist. Es gibt Frauen, die es nicht erwarten können. Und es gibt Männer, die in der Kinderzahl Bestätigung und Patriarchenwürde sehen und wenig Verständnis für die Schwierigkeiten der Frau aufbringen, Kinder zu haben und großzuziehen.

Im Fall von Mathias und Margret wünschen der Mann und seine Familie einen Stammhalter. Die junge Frau hat zwar selber nicht den Wunsch, empfindet aber die Erwartung der Familie als normal und legitim. Beide Eheleute waren lange Junggesellen und konnten sich ihr Leben unabhängig gestalten. Unwillkürlich erwartet einer vom anderen, daß er sich schon um das Kind kümmern wird. Margret glaubt, daß ihr Mann sie entlasten werde, weil sie ja schließlich seinetwegen das Kind bekommen hat. Er meint, ihre weiblichen Instinkte würden schon durchbrechen.

In diesem Fall ist die Lösung der beiden Ehepartner das vernünftigste. Da sie beide freiberuflich wie auch fest angestellt arbeiten können, ist die Arbeits- und Aufgabenteilung im Wechsel ein passabler Kompromiß.

Der Möbelwagen stand vor der Tür. Die Männer in den gestreiften Drillichjacken hatten Mühe, den Flügel durch die Haustür zu balancieren. Joachim stand am Fenster und beobachtete das Manöver. »Schade, daß der zweite Flügel nicht hierbleiben kann«, dachte der Musiker. »Wenn ich mit den Kindern spielen will, müssen sie mit ihren Geigen zu mir kommen. Wenn mein Instrument nicht da ist, werde ich mich wie zu Besuch fühlen. Helga würde den zweiten Flügel verkaufen. Hat sie gesagt. Wie gedankenlos von ihr!«

Bis auf die Schritte und Zurufe der Möbelträger herrschte Stille im Haus. Die Kinder waren in der Schule. Helga hatte sich abgesetzt, um nicht Zeuge einer Haushaltsteilung zu werden, die sie nicht billigte.

Die Geschichte mit dem Flügel war typisch für das Ehepaar,

für das an diesem Tag nicht nur das Familienorchester auseinanderbrach. Es war wohl kaum Zufall, daß alle drei Kinder wie ihre Mutter Geige spielten, während sich der Vater, wie seine Mutter, dem Piano zugewandt hatte. Die Kinder verstärkten die Mutter gegen den Vater, der seinerseits durch die emotionale Bindung an seine Mutter erreicht hatte, was er heute war: Orchesterchef.

Joachim dankte seiner Mutter mehr als den äußerlichen Erfolg. Sie hatte ihn, sensibel im Wesen, wach und empfänglich für Musik gemacht. Nach dem Tode des Mannes war er ihr ganzer Lebensinhalt geworden. Alle Liebesgefühle, die mütterlichen, aber auch die erotischen, richteten sich auf den hübschen und begabten Jungen. Er wuchs unter ihrem starken Schutz auf und heiratete schließlich eine Frau, die ihm die Fortsetzung seiner angenehm behüteten Kindheit zu garantieren schien.

Helga war Lehrerin wie seine Mutter, liebte Musik, bewunderte ihn, befreite ihn von all den lästigen Alltagsbesorgungen und himmelte ihn auch nach sechzehn Jahren Ehe noch immer kritiklos an. Sogar als die Familie sich um zwei Söhne und eine Tochter vergrößert hatte, hielt Helga ihrem Mann alle Störungen fern. Haushalt und Nachwuchs füllten sie so stark aus, daß sie die eigene Entwicklung vergaß, mehr und mehr sein Echo wurde. Obwohl Helga ihre Schwiegermutter nicht mochte, übertraf sie sie noch an Fürsorge und Zuwendung.

Als der Sohn das Elternhaus nach einem für beide Teile spannungsreichen Ablösungsprozeß verlassen hatte, gab seine Mutter wieder Klavierstunden. Sie beobachtete die Ehe aus einer gewissen Distanz und verstand es, ihre Kritik an der Schwiegertochter sehr subtil anzubringen. Joachim verteidigte zwar seine Frau, kokettierte aber auf eine für Helga aufreizende Art mit der alten Dame, die er als wesensähnlich, sympathisch und unentbehrlich empfand, wenn auch ab und zu deutlich als aufdringlich und lästig.

Nahezu sechzehn Jahre lang betrachtete Joachim seine Ehe als in Ordnung. Dann lernte er eine jüngere Frau kennen. Sie hatte bei seiner Mutter Klavierstunden gehabt, war wie sie und Helga Lehrerin, hatte ausgeprägte geistige Interessen, verwikkelte ihn in komplizierte Diskussionen und setzte sich mit ihm intensiv über musikalische und pädagogische Themen auseinander.

Joachim war von der starken Persönlichkeit dieser Frau fasziniert. Er eroberte sie keineswegs im Sturm, sondern auf seine sensible, zärtliche Art. Nachdem der Versuch, sich wegen der Familie wieder von ihr zu trennen, gescheitert war, machte er sich die Unterschiede zwischen den beiden Frauen, aber auch seine Bedürfnisse und Erwartungen bewußt.

Seine Frau besaß ihn auf eine mütterlich dominierende, rückhaltlos bewundernde Art. Indem sie alles von ihm fernhielt, machte sie ihn unselbständig, abhängig und bequem. Während Helga sich wie seine Mutter benahm, erwuchs ihm in der Freundin eine Partnerin. Obwohl sie zehn Jahre jünger war, verhielt sie sich erwachsener und reifer. Joachim erkannte, daß diese Frau für ihn die Chance war, sich endgültig ›abzunabeln‹, unabhängig zu werden und sich eine − wie er meinte − Stufe weiterzuentwickeln.

Die Trennung von der Familie fiel ihm schwer. Daß Helga den Flügel, den er so gerne im Haus gelassen hätte, hatte verkaufen wollen, bestätigte ihm ihr rachsüchtiges, infantiles Trotzverhalten. Er konnte sie nicht ändern. Mit seinem Auszug setzte er sie sich selbst aus. Er wollte keine Scheidung, sondern Bedenkzeit. Er nahm sich seine Chance und gab Helga die ihre.

Nicht selten ist die Partnerwahl des Mannes vom Leitbild der Mutter bestimmt. Auch wenn sie sich nicht gerade die Bräute vorführen läßt und für ihn entscheidet, spukt doch ihr Schatten ständig in die Beziehung hinein. So verwöhnend oder beherrschend wie sie, so bewundernswert oder überlegen, so total auf die eigene Person eingestellt, wünscht sich der von der Mutter abhängige Mann auch seine spätere Frau.

Diesem Anspruch und dem ständigen Vergleich mit der Mutter gerecht zu werden, wird einer normalen Frau auf die Dauer weder gelingen noch genügen. Entspricht diese Art der Bemutterung aber ihren eigenen Bedürfnissen, so mag die Ehe eine Weile gutgehen. Die Krise bricht dann − wie bei Joachim und Helga − erst im zweiten Ehejahrzehnt aus, wenn der Mann schließlich doch selbständig geworden ist und plötzlich von der

Frau nicht nur Bemutterung und Verwöhnung, sondern Partnerschaft und Auseinandersetzung erwartet. Da die ältere Frau meistens auch an erotischem Reiz eingebüßt hat, sind solche Ehen besonders gefährdet und werden überdurchschnittlich häufig geschieden.

Gerade bei Gemeinschaften, die vom Einfluß einer starken Persönlichkeit in der Elternfamilie geprägt sind, ist es aber auch wichtig zu wissen, daß Konflikte und Erwartungshaltungen oft nicht eigentlich dem konkreten Partner gelten, sondern einer Erinnerung oder Projektion, einem Spukgebilde aus der Vergangenheit, aus der Familiengeschichte oder frühen Kindheit.

Jeder von uns hat eine Vergangenheit! Hätte Helga sich schon vor ihrer Hochzeit um Vorgeschichte, Familientradition und Kindheit ihres Partners gekümmert, wäre ihr bewußt geworden, daß Joachims Mutter – eine selbständige, starke Persönlichkeit – eine dominierende Rolle spielte. Unbewußt gibt er ihr nun – in der Krise – Gelegenheit, das Pseudo-Witwe-Dasein (wie eine Mutter) zur Entwicklung und Nachreifung ihres Charakters zu nutzen. Ob die Ehe gerettet werden kann, steht dahin.

»Da ist mir doch der Auftrag für den Dachausbau durch die Lappen gegangen!« beschwerte sich Heinrich, als er die Wohnküche betrat. »Und warum? Weil du heute nachmittag nicht, wie ich angeordnet hatte, Telefondienst gemacht hast!« wandte er sich an seine Frau Gisela. Sie stand am Herd, wendete die Koteletts und sah ihren Mann an.

»Sie war einkaufen«, sagte Max, der Schwiegersohn, der schon ungeduldig am Tisch saß. »Auch ich habe ihr schon oft gesagt: Nachmittags zwischen zwei und fünf gehört sie an den Apparat, oder wenigstens in die Nähe, damit sie das Klingeln hört!«

Die Männer waren sich mal wieder einig. Und wenn etwas schiefging, dann natürlich nur deshalb, weil man ihre Anordnungen nicht befolgt hatte, und nie, weil die Konkurrenz vielleicht hundert Mark billiger war oder bessere Lieferzeiten hatte.

Am liebsten hätte Gisela den Inhalt der Pfanne mit der sanften Bemerkung, die Herren möchten doch bitte zukünftig in die Imbißstube essen gehen, in den Ascheimer gekippt. Aber was hätte das gebracht? Einen originalen und einen nachgeahmten Wutausbruch, zwei, drei Tage Schweigen, lakonische Männergespräche bei Bier und Bratkartoffeln, sowie drei deprimierte Frauen.

Gisela mußte Rücksicht auf die Töchter nehmen. Lotti hatte es mit Max sowieso nicht leicht, und Marianne mit ihren siebzehn Jahren würde bei so viel dicker Luft noch weniger nach Hause kommen.

Bis zur Hochzeit der Ältesten war die Ehe von Heinrich und Gisela nicht eben glücklich, aber doch halbwegs in Ordnung gewesen. Mit vier Jahren hatte Gisela die Mutter verloren und war bei der Großmutter aufgewachsen. Sie war sechzehn, als sie Heinrich kennenlernte, neunzehn, als Lotti sich bemerkbar machte.

Für Heinrich war es keine Frage, sofort zu heiraten. Er war Geselle in einer Zimmerei, eben volljährig und fest entschlossen, sich bald selbständig zu machen. Da kam ihm ein geordneter Haushalt zugute, und für Gisela bedeutete die Heirat Sicherheit, Geborgenheit, Familie, eine Aufgabe. Es war ihr durchaus bewußt, daß sie nicht aus Liebe, sondern aus Vernunft mit Heinrich zum Standesamt gegangen war.

Das Kind, der Aufbau des Betriebes und später die zweite Tochter hatten Gisela über Jahre in Atem gehalten. Die Aufgaben waren klar verteilt. Für Heinrich gab es nie den geringsten Zweifel, daß er bestimmte, wer was zu welcher Zeit zu tun hatte. Er gab die Anordnungen und war gewohnt, daß sie befolgt wurden. Gisela brauchte sich um nichts zu sorgen. Das Haushaltsgeld war großzügig bemessen.

Schon von Statur und Rundung war Heinrich Patriarch. Daß er es sein konnte, lag nicht zuletzt an Gisela. Sie war ihm eine gute Hausfrau und für die Kinder eine vorbildliche Mutter. Sie hatte nur einen Fehler, und den erkannte sie selbst zu spät: Sie hatte ihren Töchtern ein Beispiel gegeben, das nicht mehr in die Zeit paßte. Ihr Gehorsam, ihre Unterordnung und widerspruchslose Anpassung hatten die autoritären Ansprüche ihres Mannes nur noch verstärkt.

Das alles merkte sie erst, als Lotti den Gesellen Max heiratete, der dann auch, von ihrem Mann zum Nachfolger bestimmt, ins Haus zog. Max imitierte Heinrich, ohne dessen Persönlichkeit zu haben. Er kommandierte nicht nur seine Frau Lotti, sondern auch seine Schwiegermutter herum, mischte sich in alles ein, maßte sich Urteil und Macht an und bevormundete die Frauen auf unerträgliche Weise.

Täglich nahm Gisela sich vor, mit Max zu sprechen, aber entweder saß Heinrich dabei, oder sie war zu müde, fand die rechten Worte nicht. Sie wurde immer deprimierter, unterdrückte die Wünsche, sich aus dem Haushalt abzusetzen, litt unter Schuldgefühlen über ihre Fluchtgedanken.

Immer häufiger dachte sie an ihre Mutter, die sie kaum gekannt hatte, an die Großmutter, die auch zu früh gestorben war. Und wie so oft, wenn der Leidensdruck für einen Menschen zu groß wird, bahnen sich Überlegungen an, die eine Lösung in Aussicht stellen.

»Mutter und Großmutter im Himmel haben keinen Grund, sich über dich zu freuen, wenn sie dich so traurig sehen«, sagte die beste Freundin ihrer Großmutter, der Gisela auf dem Friedhof begegnete. »Du mußt mit Max sprechen und seine Anmaßung zurückweisen. Du wirst sehen, auch dein Mann wird dich mit neuen Augen anschauen. Und laß es damit nicht bewenden. Mach ernst mit deinem Wunsch, alten Menschen zu helfen. Als Altenpflegerin hast du mit deinen fünfundvierzig Jahren die besten Chancen. Warte nicht mehr, tu es gleich.«

Gisela, die Schüchterne, die Duldsame, fand es leichter, sich über eine eigene Aufgabe durchzusetzen als gegen ihren Mann. Sie bemühte sich um einen Ausbildungsplatz bei der Caritas. Im Frühjahr will sie anfangen.

Das Hauptproblem dieses Paares ist das überholte Eheverständnis des Mannes. Jahrtausende hindurch waren die Frauen Besitztum der Männer, konnten gekauft und abgestoßen, gezüchtigt und in manchen Kulturen sogar getötet werden. Ein Rest davon ist auch in unserer Epoche noch vorhanden. Männer wie Heinrich erwarten, daß die Frau sich ihnen fügt, nur für sie da ist, kein Eigenleben hat. Durch sein Verhalten ermutigt der Handwerksmeister seinen Schwiegersohn, ähnliche

Machtansprüche nicht nur bei seiner Frau, sondern auch bei der Schwiegermutter zu erheben.

Erst das unangemessene Verhalten des Schwiegersohnes erhöht den Leidensdruck der Frau so stark, daß sie sich wehrt. Gisela erkennt erst spät, daß das Leitbild der Ehe sich gewandelt hat, daß es heute von gleichen Rechten und gleichen Pflichten ausgeht und daß auch eine Frau sich die Erfüllung ihrer Bedürfnisse erkämpfen darf, wenn sie sie schon nicht aus Einsicht des Partners von allein bekommt.

Das relative Glück konventioneller Ehe nach dem Muster des vorigen Jahrhunderts beruht allerdings nicht zuletzt darauf, daß der Partner bereit ist, in hohem Maße auf sein individuelles Glück zu verzichten, weil er das Ziel der Ehe für wichtiger hält als seine persönliche Selbstverwirklichung.

Je stärker die Eheleute Wert auf individuelle Entfaltung legen, um so eher werden ihre Interessen kollidieren. Allein dadurch, daß nun keiner mehr dem anderen dienen will, ist der Ehe nicht geholfen. Beide müssen also eine neue Ebene finden, und auch Heinrich wird umdenken müssen – ebenso wie sein Schwiegersohn, wenn beide ihre Ehe retten wollen. Gisela hat sicher recht, wenn sie ihre eigene Selbstverwirklichung suchen will, aber sie kann es nicht mit aller Gewalt und nicht von heute auf morgen. Partnerschaft setzt Gegenseitigkeit voraus, und die Emanzipation der Frau ist nicht möglich ohne die gleiche Emanzipation des Mannes.

Damit es dazu nicht kommen muß, im folgenden meine – auch anderenorts bereits veröffentlichen – Regeln für ein Ehekrisen-Management.

Ehekrisen-Management

Die Verhaltensweisen, mit denen Ehekonflikte sich lösen lassen, sind nun zu detaillieren und aus dem unverbindlichen Bereich allgemeiner Regeln in den konkreten Alltag hinein zu übersetzen. Dabei sollen Erfahrungen der Eheberatung umgesetzt und zu ratschlagartigen Regeln verdichtet werden. Solche Erfahrungsrezepte werden immer wieder verlangt, können jedoch nur unter Vorbehalt gegeben werden. Keine Regel ist von der einen auf die andere Situation übertragbar. Dennoch sind sie als Erinnerungshilfen notwendig, um in der Hitze der Konfliktsituation einen Anhaltspunkt für verändertes Verhalten zu geben. Aus diesem können sich Verschiebungen im Situationsmuster ergeben, durch die mögliche Lösungen hindurchschimmern, die auch vom Partner angenommen werden. Versuchen wir also allem Widerstreben zum Trotz eine Reihe von Hinweisen zu geben, mit deren Hilfe die von Krise und Konflikt betroffenen Ehepartner selbst bei der Lösung weiterkommen und zu einem befriedigenden Verhältnis finden können.

Voraussetzung hierfür ist allerdings auch wieder der gute Wille. Sonst wird die Strategie der Konfliktlösung zu einer neuen Waffe in der Konfliktverschärfung. Regeln und Techniken vermögen Einstellungen nicht zu ersetzen, liebevolle Haltungen nicht überflüssig zu machen. Umgekehrt gerät aber die ehrlichste und tief verwurzelte Liebe oft an ihre Grenzen, wenn sie – ohne es zu ahnen – immer wieder etwas falsch macht und den anderen – ohne es zu wollen – verletzt und zurückstößt.

Wie können wir uns helfen? Indem wir:

Den Konflikt annehmen und bejahen!

Es muß skeptisch stimmen, wenn Eheleute versichern, keine Konflikte zu haben. Sie verdrängen sie wahrscheinlich. Eines Tages werden sie um so heftiger hervorbrechen. Den Partnern fehlt dann die Übung in der Lösung von Konflikten, und sie kommen leichter in die Gefahr der Verzweiflung. Wer Konflikte grundsätzlich akzeptiert, kann ruhiger an ihrer Überwindung arbeiten.

Unsere Gefühle ausdrücken und unsere Interessen bestimmen!

In einer auf Liebe gegründeten Partnerbeziehung ist es sehr wichtig, seine Gefühle auszudrücken, sobald sie entstehen. Der Ausdruck von Gefühlen befreit uns von ihnen, soweit sie uns belasten. Er teilt mit und steigert die Gefühle, soweit sie uns erfreuen. Er klärt unsere Lage, verbindet die Partner und provoziert notfalls Erwiderung, Bereinigung, Besinnung und wieder neue Gefühle, also einen Austausch, wie er zu einer Liebesbeziehung gehört. Kurz, er befriedigt sowohl im positiven als auch im negativen Fall. Auch der Austausch von Ärger und aggressiven Gefühlen kann befreien und verbinden. Wenn ich genau sage, was ich möchte und welches meine Interessen sind, hat der Partner mehr Mut, seine Wünsche und Interessen zu äußern. So können wir uns leichter einigen, können die eigenen Rechte und die Rechte des anderen berücksichtigen.

Aussagen machen und Wertungen vermeiden!

Es bringt nichts ein, den anderen mit wertenden Prädikaten zu belegen: Du handelst egoistisch, immer denkst du nur an dich, du bist rücksichtslos, gemein usw. Vor allem die Verallgemeinerungen und Pauschalierungen sind von Übel. Ganz allgemein kann man nur sagen: Man soll nie nie oder auch immer sagen. Der andere wird dadurch festgelegt und in seiner Freiheit behindert. Wertungen haben es zudem an sich, daß sie in Konflikten den anderen meist herabsetzen und beleidigen. Aussagen sind hilfreicher: Ich fühle mich nicht gut; ich möchte, daß du mir hilfst; ich wünsche mir, daß ich mit dir sprechen könnte und du mir zuhörst. Ich-Mitteilungen dieser Art sind meistens ergiebiger als Du-Mitteilungen wertender Art.

Ursachen kennen und überwinden!

Wenn der andere gereizt ist, haben wir mehr Verständnis für ihn, wenn wir wissen warum. Vielleicht hat er Ärger im Beruf gehabt oder er fühlt sich von uns überfahren, vernachlässigt, im Stich gelassen. Eine Frage kann solche Ursachen klären. Die Antwort erfordert allerdings oft den Mut, sich zu einem Gefühl zu bekennen, zum Beispiel zu dem Gefühl von Sehnsucht und Partnerschaft oder der Enttäuschung über Vernachlässigung. Die Frage muß also behutsam sein. Ursachen erkennen soll Verständnis erzeugen, aber nicht zu moralischen Schuldvorwürfen führen. Das Herumrühren in den Schuttablagerungen von gestern und vorgestern führt zu gar nichts. Konflikte sollten damit enden, daß ein Schlußstrich gezogen wird. Von hier aus schaut man nur in die Gegenwart und in die Zukunft, fängt neu an und faßt Vertrauen. Kenntnis der Ursachen soll dem besseren Verständnis dienen: Der andere handelt nicht aus bösem Willen, sondern unter dem Einfluß einer Vielzahl nicht gleich erkennbarer Einflüsse, die seine Fähigkeit zur Liebe und Partnerschaft beeinträchtigen. Ich selbst bin im Grunde auch nicht anders, und dies kann uns verbinden.

Aktiv zuhören!

Es genügt nicht, nur das zu hören, was gesagt wird. Gerade im Konflikt haben Mitteilungen sozusagen doppelten Boden. Auch hören wir schlechter zu, wenn wir erregt sind. Wir müssen uns ein wenig zwingen, wirklich zuzuhören. Da helfen rückfragende Wiederholungen: Meinst du... Und dann mit eigenen Worten den Inhalt der Aussage des Partners, wie man sie verstanden hat. Hierzu gehört auch das Empfangen von Signalen. Der Partner sagt etwas und meint gleichzeitig noch etwas anderes. Er sagt: Du bist kalt, und er meint: Möchtest du mich nicht einmal in den Arm nehmen? Er sagt: Was tust du eigentlich den ganzen Tag? und meint: Ich muß schwer schuften, und abends können wir eigentlich mehr Zeit füreinander haben und gelöster und glücklicher sein. Unsere Mitteilungen sind voll von unverstandenen und verdeckten Signalen, die wir in einer guten Partnerschaft entdecken und entschlüsseln müssen, wenn es nicht zu Mißverständnissen kommen soll. Dazu gehören auch mimische und gestische Signale, die oft vom Inhalt der Worte abweichen können. Aggression kann Liebeswerbung mit mißglückten Mitteln sein und ist es oft auch.

Offen sein und nichts erzwingen wollen!

Ein wirkliches Gespräch hat nur Zweck, wenn beide wirklich aufgeschlossen sind und nicht die Lösung vorwegnehmen. Wer das Ergebnis schon in der Tasche hat und den anderen nur zur Anerkennung seiner vorgefaßten Meinung zwingen will, zerstört jedes Gespräch und jede Beziehung. Verständigung und Partnerschaft sind nur möglich, wenn Konflikte sozusagen einen offenen Eingang und einen offenen Ausgang haben. Wir gehen mit dem Eingeständnis unserer Ratlosigkeit und Ergänzungsbedürftigkeit hinein und suchen gemeinsam nach einer Lösung, die wir nicht schon vorher kennen.

Wirklich gute Lösungen lassen sich nie erzwingen, sondern immer nur erfühlen, erfinden, erdenken, allenfalls erringen. Positiv streiten bedeutet, daß beide gewinnen können und daß niemand auf die Rollenverteilung von Gewinner und Verlierer aus ist. Dann gibt es nämlich zwei Gewinner, keiner braucht sich erniedrigt zu fühlen. Die gemeinsam gefundene Lösung verbindet.

Entscheidungsfreiheit geben!

Oft schränken wir guten Willens die Entscheidungsfreiheit des anderen ein und sprechen für ihn mit. Gerade wenn wir uns gut zu verstehen meinen, verfügen wir oft über den Partner mit der Folge, daß er sich eingeschränkt fühlt. Der Schwächere wagt sich auf die Dauer nicht dagegen zu wehren und steckt ein. Aber die Beziehung wird dadurch belastet und mit der Zeit sogar vergiftet.

Die Illusion von Harmonie kann gefährlicher sein als die offene Auseinandersetzung, in der jeder seine Meinung sagt und über sich entscheiden darf. In jeder Frage, die den anderen betrifft, muß ich ihn hören und ihn selber Stellung nehmen lassen. Meine Interpretationen seiner Gefühle, seiner Gedanken, seines Willens sind fehl am Platze.

Er muß sich selbst äußern, und ich muß seine Gefühle und Meinungen respektieren.

Nur so lerne ich ihn kennen und behalte ein partnerschaftliches Verhältnis zu ihm. Nur so registriere und akzeptiere ich Veränderungen, die in keiner Partnerschaft ausbleiben. Jeder entwickelt sich weiter.

Wenn diese Entwicklung nicht auseinanderführen soll, muß sie im ständigen Austausch und in der Abstimmung auf neu gewonnene Standpunkte geschehen.

Freude, Dank, Anerkennung zeigen!

Eine Partnerschaft lebt von positiven Erfahrungen und Gefühlen. Alles, was wir als gut empfinden, sollen wir deshalb stark betonen, verstärken, erinnern, wiederholen und neu anstreben. Darüber gerät von selbst das Negative, geraten die Mißerfolge und Mißerfahrungen aus schlecht gelösten Konflikten und ähnliches in Vergessenheit. Nur die breite Basis positiver Erfahrungen und Erinnerungen läßt eine Partnerschaft stabil werden. Dazu können wir durch verstärkte Äußerungen sehr viel tun: Dies gefällt mir gut, ich bin dir dankbar dafür, ich habe mich sehr gefreut darüber, daß du..., usw.

Alternativen durchdenken und Kompromisse bejahen!

Konflikte erfordern zu ihrer Lösung Phantasie. Wenn beide Partner sich in Positionen festgefahren haben, die es dem einen nicht mehr ermöglichen, die des anderen ohne Gesichtsverlust zu akzeptieren, helfen oft ganz neue Vorschläge. Da sie jedoch ohne Anwesenheit eines Dritten von einer Partei eingebracht werden, muß dies behutsam und in Form von unverbindlichen Vorschlägen oder von Fragen geschehen: Können wir uns vielleicht darauf einigen, daß...? Sollten wir einmal versuchen...? Wärst du bereit mitzumachen, wenn...? Dritt- und Zwischenlösungen, also Kompromisse, sind in einer Partnerschaft unvermeidlich. Die Bereitschaft dazu muß vorhanden und ihre Verwirklichung eingeübt sein. Glück in der Ehe ist zu einem großen Teil Verhandlungssache und nichts anderes als die Freude über gelungene Kompromisse, die beiden zum Wohl gereichen.

Wirklich neu anfangen!

Niemals darf einer Gewesenes wieder heraufholen und dem anderen vorhalten. Verletzte Gefühle dürfen nicht zum Nachtragen führen. Der Partner, der spürt, daß ein Problem noch unausgeräumt ist, sollte nicht ruhen, bis der andere befriedigt und versöhnt ist. Versöhnung und Vergebung sind unentbehrlich in den Konflikten einer Partnerschaft, müssen aber zu wirklich restlosem Ausräumen und zu völlig erneuertem Vertrauen führen. Halbes Vertrauen und halbes Vergessen enthalten den Zwang zur Wiederholung in sich und sind deswegen gerade in langdauernden Partnerschaften sehr gefährlich.

Immer das Beste annehmen!

Was eine Beziehung wahrscheinlich am meisten zerstören kann, ist, daß einer dem anderen Böses unterstellt – gleich, ob er es ausspricht oder nicht. Vermutungen haben eine Kraft, die ebenso stark ist wie die von Tatsachen. Daß einer den anderen betrügt, ist schlimm, aber wenn der eine es nur annimmt, ohne daß der andere es tut, so ist dies fast genauso schlimm. Jedenfalls gräbt sich der Wurm des Mißtrauens in die Beziehung und trennt die beiden unvermeidlich. Mag sein, daß der eine einen Anlaß gegeben hat, mag sein, auch nicht – das Mißtrauen wirkt wie ein Spaltpilz, ja wie ein Keil, der sich zwischen die beiden treibt. Schon daß ich Schlechtes über den anderen denke, hängt ihm etwas an, und nach dem alten Sprichwort ›aliquid semper haeret‹ (etwas bleibt immer hängen) wirkt sich die Unterstellung aus.

Zum Glück gibt es auch das Umgekehrte: Wer das Beste über den anderen denkt, wird das Gute in ihm fördern. Das weiß jeder gute Pädagoge: Positive Erwartungen und Vermutungen haben die Tendenz, sich zu bestätigen und eben das auszulösen, was sie hoffnungsvoll entwerfen. Wer den anderen mit seinen guten Annahmen, mit dem positiven Bild, das er sich von ihm macht, über sich selbst erhebt, stärkt seine guten Kräfte. Denn das spürt man: Der andere mag mich und hat eine gute Meinung von mir. Niemals würde ich diese Meinung enttäuschen und widerlegen wollen. So kann ich fast nur gut handeln und die positive Voraussetzung bestätigen. Der Dichter Jean Paul sagte einmal: »Man wird ja nichts so schnell, wie das, wozu man gemacht wird.« Oder der Philosoph Nietzsche präzisiert: »Was du von einem Menschen denkst, entzündest du in ihm.«

Ich habe es also mit meinen Annahmen, meiner guten Meinung und meinen unausgesprochenen Positivurteilen fast in der Hand, wie der andere sich entwickelt. Niemand will schlechter abschneiden und enttäuschen, als der geliebte Mensch von ihm erwartet.

Zu hoch dürfen diese Erwartungen allerdings nicht sein, sonst gehen sie in Illusionen über, und denen wird niemand so schnell gerecht. Die Annahmen müssen also auf dem Boden der Realität bleiben und diesen doch immer ein wenig überschweben und übertreffen.

Dies hat für die Beziehung im Alltag außerdem den unschätzbaren Vorzug, daß auch das Klima im Schatten dieser Annahmen freundlich und positiv ist. Wenn jemand von der Grundeinstellung ausgeht: »Ich bin okay – du bist okay«, so hat er nicht nur selbst ein gutes Selbstwertgefühl – er erzeugt und stärkt es auch im andern. Und dies wirkt sich aus wie Balsam. Wir sind gern in der Nähe von Menschen, die unser Selbstwertgefühl stärken und es nicht ankratzen oder gar verkleinern und zerstören.

Dies gilt besonders für die Zeiten der Trennung. Ich muß mich darauf verlassen, daß der andere treu ist, und unterstelle nichts anderes als diese Treue. Schon das Wissen des andern um diese Erwartung wird seine Treue stärken und ihn hindern, mich zu enttäuschen. Fühlt er sich dagegen von Mißtrauen umgeben, so verletzt ihn dies. Und wenn das Mißtrauen und die Verletzungen zu groß werden, tritt irgendwann der Impuls ein, diesem Mißtrauen auch recht zu geben, nach dem Motto: Schadet meiner Mutter gar nichts, daß mir die Hände frieren. Mit anderen Worten: Der andere erniedrigt meinen Selbstwert, und nun tue ich das auch, denn was hilft es, daß ich einen Selbstwert aufrechterhalte, den der andere gar nicht anerkennt?

Nirgends spürt man die Kraft des positiven Denkens stärker als in einer Liebesbeziehung. Bestätigung und positive Verstärkung sind es, die die Liebe immer wieder stützen und einen dem anderen zum Freund machen. Selbst wenn dieser an sich zweifelt, kommt der Partner einem mit seinem positiven Denken zu Hilfe und sagt – mit Worten oder mit Gesten – : Du bist besser als du von dir selbst denkst, ich vertraue auf dich; du bist einfach gut und wirst es auch gut machen. So etwas trägt durch

Belastungen und Prüfungen, durch Tiefs und Depressionen. Es macht uns den Partner unentbehrlich und schmiedet ein Paar zusammen – mehr als die Leidenschaft und die Hitze des Gefühls, das ja schwankend und launisch sein kann. Die Gewißheit, der andere meint es gut mit mir und ich kann mich auf ihn verlassen, er wird, allem Anschein zum Trotz, das Beste von mir annehmen, und ich werde es ihm beweisen, hat auch nach vielen Jahren noch seine bindende und bestärkende Kraft, selbst wenn die Leidenschaften und das Feuer der ersten Verliebtheit schwinden. Wichtig ist: Dieses Vertrauen bedarf keiner Beweise und Rechtfertigungen. Es ist einfach da und erneuert sich aus sich selbst und aus der gegenseitigen Bestätigung.

Wie das Leben mit der permanenten Krise im Alltag aussehen kann schildert Hisako Matsubara in der Erzählung ›Ehejahre‹:

»Bei uns ist alles ritualisiert. Es fing an mit dem ersten Hochzeitstag. Damals habe ich Michiko eine Tasche gekauft. Weißes Leder mit runder Schnalle. Sie hat sie umgetauscht in eine aus weißem Leder mit eckiger Schnalle. Zum Geburtstag habe ich ihr dann eine Brosche geschenkt. Sie sagte, ich sei geschmacklos, und hat die Brosche umgetauscht. Später habe ich es noch einmal mit einem Ring versucht. Ich war in fünf Geschäften, bevor ich den richtigen fand. Michiko hat ihn trotzdem umgetauscht.

Nein, jetzt schenke ich ihr gar nichts mehr. Sie geht selber und läßt sich drei Blusen zur Ansicht mitgeben. Abends fragt sie mich, welche die schönste sei. Ich wähle die häßlichste aus und sage ihr, die sei am schönsten. Die legt sie dann zur Seite. ›Von den beiden restlichen‹, so fragt sie mich dann, ›welche stünde mir, meinst du, besser?‹ Ich deute auf die, die ich scheußlich finde, und sage, die sei auch nicht schlecht. Dann bin ich sicher, daß Michiko die beiden, die ich ihr nannte, zurückbringt und nur die letzte behält, die ich von Anfang an am schönsten fand.

Zweimal im Jahr macht sich Michiko ans Aufräumen. Sie räumt alle Schränke aus. Danach räumt sie die Schränke wieder ein, aber anders als vorher. Wo meine Unterhosen lagen, liegen jetzt die Handtücher. Wo meine Socken waren, stoße ich auf Windeln. Wo im Wohnzimmerschrank meine Whiskyflasche stand, finde ich nur noch Blumenvasen. Und meine Whiskyflasche ist spurlos verschwunden.

Morgens gibt mir Michiko einen Zettel mit: ein halbes Pfund Butter, zwei Päckchen Nudeln, Reisgebäck, Salz, Schinken geschnitten. Abends komme ich zurück mit meiner Zeitung unterm Arm. ›Hast du alles eingekauft?‹ Ich finde nach einigem Suchen den Zettel. Ich habe ihn noch, schön sauber gefaltet, in meiner Tasche. Ich bin schließlich ein ordentlicher Mensch. Michiko schimpft mit mir: ›Auf dich ist doch kein Verlaß!‹ Wütend geht sie in die Küche. Von dort aus ruft sie: ›Wie gut, daß ich selber alles eingekauft habe.‹

Ich stimme ihr zu. Das ärgert sie. Sie kommt ins Wohnzimmer zurück, wo ich Zeitung lese. Sie macht viel Wind, damit ich nicht lesen kann. Daran bin ich gewöhnt. Das gehört zu unserem Ritual.

Michiko wirft mir meine gesammelten Vergeßlichkeiten vor. Sie beginnt beim ersten Ehejahr. Inzwischen ist etwas in der Küche angebrannt. Sie sagt, ich sei auch daran schuld. Ich schweige und lese.

Beim fünften Ehejahr angelangt, frage ich: ›Fertig?‹ Aber sie hat noch ein paar Jahre in Reserve und fängt trotzdem wieder von vorne an. Ich bin politisch sehr gebildet, weil ich jeden Tag vier verschiedene Zeitungen lesen muß. Jede vertritt eine andere Meinung.

Vor dem Schlafengehen frage ich wieder: ›Fertig?‹ Aber nach acht Stunden Schlaf geht es weiter. Michiko hat sich gut ausgeruht. Glücklicherweise ist dann die Morgenzeitung schon da.

Der Mittlere geht zum Kindergarten, der Älteste zur Schule, ich gehe zur Arbeit. Abends fährt Michiko fort. Ich repariere das Dreirad des Kleinsten.

Sie rekapituliert das Geschehen des Vortages und knüpft an die Morgenstunden an. Ich lese meine Zeitungen, trinke Bier und sehe mir die Nachrichtensendung an. Dann gehe ich ins Bett.

Am dritten Abend wirft mir Michiko verstärkt meine Verwandtschaft vor. Ich murmle vor mich hin: ›Ich kann meine Schwiegereltern auch nicht leiden.‹

Vor Rührung, daß ich etwas gesagt habe, fängt Michiko an zu weinen. Sie weiß genau, daß mich das umwirft. Ich kann weinende Frauen nicht ertragen. Das nutzt sie schamlos aus. Damit ist unser Streit zu Ende.«

Die Strategien zur Meisterung von Ehekrisen hängen eng zusammen mit der Überwindung von Lebenskrisen überhaupt und der Kunst, das Leben zu meistern. Denn eins verbindet alle Menschen: der Wunsch, daß ihnen das Leben gelingt. Aber da hört die Einigkeit auch schon auf. Die Auffassungen darüber, wie man dies erreicht, gehen nämlich himmelweit auseinander. Lebensglück und Lebenserfolg schimmern für die einen in Reichtum und Gold, für die anderen in gesunder Sonnenbräune, für die dritten in Familienglück und privater Idylle. Die einen rackern sich ihr Leben lang ab für viel Geld, das sie weder verbrauchen noch genießen können. Die andern träumen vom Reichtum und bleiben lebenslang arm. Wieder andere wünschen sich Gesundheit und zerstören sie gleichzeitig, weil sie auf Lebensgenuß in jeder Form nicht verzichten wollen. Die dritten, die das Glück in der Intimität des Paares und der Familie erzwingen wollen, überfordern diese und scheitern erst recht.

Die Denker und Weisen aller Zeiten lehren uns deshalb Bescheidung, Verzicht und Askese: Wer nichts vom Leben erwartet, kann nicht enttäuscht werden. Dies ist aber wohl eher ein Ideal für Heilige. In der Wohlstandsgesellschaft richtet sich kaum jemand im Ernst danach. Aber der Wunsch bleibt bestehen, das Leben zu meistern, und es ist nach wie vor die größte Aufgabe, die uns gestellt ist.

Wenn uns das Leben gelingen soll, müssen wir nicht nur eine Kunst lernen, sondern mindestens die folgenden:

1. Die Kunst, Lebensmut und Optimismus zu behalten

Kein Mensch kann ohne Hoffnung leben. Schon die Bibel ist voll davon. Salomon sagt: »Bei allen Lebendigen ist, was man wünscht: Hoffnung.« Und bei Markus heißt es: »Alle Dinge sind möglich, dem der da glaubt.« Die positive Grundenergie unseres Lebens – nenne man sie Hoffnung, Glaube, Lebensmut oder Optimismus – ist die wichtigste Antriebskraft unserer Existenz und zugleich die größte Heilkraft, mit der wir Krankheiten und Krisen überstehen.

Sie zeigt sich darin, daß in unserem Denken die positiven, erfreulichen Gedanken überwiegen, daß wir Negatives schnell verarbeiten und vergessen. Wir versuchen, in allem das Beste zu sehen, und gehen mit Urvertrauen an Menschen und Dinge heran. Gottvertrauen und Selbstvertrauen sind die Vorbedingungen dafür. Sie bewirken sich wechselseitig und schaffen in uns die Kraft, alles, aber auch alles durchzustehen, was das Leben von uns verlangt.

2. Die Kunst, Rückschläge einzustecken und zu verarbeiten

Die Kehrseite der Hoffnung ist, daß sie enttäuscht werden kann. Darum sagt Seneca: »Hoffe nicht ohne Zweifel und zweifle nicht ohne Hoffnung.« Mit anderen Worten: Wir müssen für alle unsere Wünsche, Hoffnungen und Vorsätze mit Rückschlägen und Mißerfolgen rechnen. Niemand kann ihnen entgehen, aber wir können ihnen unterschiedlich begegnen. Der eine wird von ihnen erschlagen, läßt sich hängen, wird passiv und untätig. Der andere akzeptiert und verkraftet sie, er lernt aus ihnen und läßt sich – um so gefestigter – auf neue Risiken und Hoffnungen ein. Was wäre Lebensmut wert, wenn er nicht in der Lage wäre, jedes Minus durchzustreichen und in ein Plus zu verwandeln! In der Tat steckt in jedem Mißerfolg auch etwas Gutes, sogar unverschuldete Schicksalsschläge, Krankheit und Leiden können positiv aufgenommen werden und zu unserem Besten dienen. Sehen nicht oft benachteiligte Menschen fröhlicher und zufriedener aus als verwöhnte?

3. Die Kunst, Humor und Gelassenheit zu bewahren oder zu gewinnen

Humor ist alles andere als harmloser, oberflächlicher, rosaroter Optimismus. Der Humorist Werner Finck sagte einmal: »Humor ist die Lust zu lachen, wenn einem zum Heulen ist.« Oder der Klassiker Jean Paul: »Humor ist überwundenes Leiden an der Welt.« Wahrscheinlich ist es wie bei der Auster: Aus Verletzungen läßt sie Perlen wachsen. Abstand von sich und seinem Leben und Leiden nehmen, nur nicht in Selbstmitleid verfallen, nicht alles zu wichtig nehmen und es dennoch lieben, vor allem das Leben und die Menschen lieben und ja dazu sagen, wenn auch mit einer Träne im Auge – das ist Humor. Humor heißt, wörtlich aus dem Lateinischen übersetzt, Saft. Er ist der wirksamste Heilsaft aus der Apotheke des Lebens und das Ergebnis höchster Lebenskunst. Ohne unernst zu sein, nimmt er doch alles und vor allem sich selbst nicht zu wichtig, sondern kann es aus einem anderen als dem verzweifelt-verwinkelten, allzupersönlichsten Blickwinkel betrachten. Humor verleiht Schwingen, mit denen wir uns über alles Irdische hinweghelben und eine göttliche Gelassenheit gewinnen, die uns über die kleinen Schlaglöcher unseres Lebensweges, aber auch über die großen Abgründe hinwegträgt.

4. Die Kunst, frei und unabhängig zu sein

Viele Menschen gleichen dem späten Zecher, der sich an der Häuserwand nach Hause tastet, dabei auf Abwege gerät und an einer Litfaßsäule landet. Nachdem er sie dreimal umkreist hat, schreit er auf: »Entsetzlich! Lebendig eingemauert!« Dabei brauchte er sich nur umzudrehen, und die Welt läge frei und offen vor ihm. So sind unzählige an immer dieselben kleinen Kreise geklammert und wissen nicht, daß hinter ihrem Rücken eine Welt wartet – so offen und frei, daß sie sich nur umzudrehen und sie zu betreten brauchten. Vorurteile und Gewohnheiten, Anlage und Erziehung, Vorsicht und Rücksicht engen sie ein, und nie erfahren sie, was sie wirklich sein oder tun könnten. Statt ein Licht anzuzünden, beklagen sie das Dunkel. Niemals zuvor und nirgendwo anders gab und gibt es eine Gesellschaft, die soviel Freiheit ermöglicht. Nutzen wir sie! Engagieren wir uns für eigene wichtige Ziele, für andere Menschen, für größere Aufgaben! Dadurch werden wir frei und fühlen uns frei. Solange wir nur die negativen Beschränkungen oder das sehen, was andere machen, laufen wir in vorgezeichneten Bahnen, gleich einem Goldhamster im Käfig, der seine Kreise dreht. Der Mensch kann mehr, und auf irgendeine Weise kann jeder seine ganz persönliche Freiheit entwickeln.

5. Die Kunst, Ziele zu verwirklichen

Unsere Kraft ist größer, als wir denken, wenn wir ein Ziel vor Augen haben. Wer einem Ziel folgt, dessen Seele ist nicht mehr zerrissen, dessen Leben nicht mehr chaotisch und ungeordnet. Es ordnet sich vielmehr wie die Eisenfeilspäne, wenn der Magnet sich ihnen nähert. Wer von einem Ziel durchdrungen ist, wird unangreifbarer und innerlich sicherer. Ziele teilen die Dinge in wesentlich und unwesentlich, vorläufig und endgültig, wertlos und wertvoll. Ganz gleich, ob ich für eine glückliche Familie oder für andere Menschen, für ein Kunstwerk, eine größere Gemeinschaft oder Gottes Reich auf Erden wirke – ich weiß, wozu ich da bin, erfahre Sinn und Sicherheit. Ich kann vielleicht zweifeln, aber ich verzweifle nicht. Ich habe eine Orientierung, die mir und oft genug auch anderen hilft.

Dabei ist es wichtig, die großen Ziele in Teilziele zu zerlegen und jeweils konkrete Vorhaben zu verfolgen. Das Ziel darf nicht zu fern und unsichtbar, sondern die Wege müssen überschaubar und begrenzt sein. Ich nehme mir heute dies, im kommenden Monat das und für das kommende Jahr jenes vor und setze Fuß vor Fuß und Schritt vor Schritt, bis es erreicht ist. Diese Methode einer begrenzten Zielsetzung führt zu unwahrscheinlichen Erfolgen in der Kunst, das Leben zu meistern.

6. Die Kunst, für andere offen zu sein

Niemand lebt allein, jeder ist auf andere angewiesen. Daraus bezieht er seine Aufgaben und den nötigen Austausch, die Erwiderung und Erfüllung. Wir brauchen die anderen, und wir möchten gebraucht werden. Weil es so ist, lohnt es sich, wirklich auch für andere dazusein, Zeit zu haben, ihnen geduldig unser Ohr zu öffnen, Sorgen und Freuden mit ihnen zu teilen. Nichts ist wertvoller als Menschen, auf die man sich ganz verlassen kann. Irgendwann wird jeder sie brauchen, auch wenn dies in Wohlstandszeiten oft nicht so scheint. Aber auch wenn es einem gut geht, lohnt es sich, Kontakte zu pflegen, mit anderen zusammen zu sein, zu feiern oder auch Sorgen auszutauschen: Geteiltes Leid ist wirklich halbes Leid, und geteilte Freude wirklich doppelte Freude. In einem Kreis lieber Menschen wird alles, was einen sonst ereilen kann, leichter zu ertragen sein: Krankheit, Mißerfolge, Enttäuschungen und vor allem – was jeden betrifft: das Älterwerden.

7. Die Kunst, neu anzufangen

Nie veränderte sich die Welt so schnell wie heute. Nur wer beweglich bleibt, kann mithalten: Wer nicht flüssig wird, wird überflüssig. Das gilt für technische, berufliche und politische Entwicklungen – aber auch für die persönlichen Beziehungen: Oft müssen wir uns neu einstellen, müssen verzeihen und vergessen. Nicht wenige beginnen mehrfach ein neues Leben in einem anderen Beruf, mit einem weiteren Partner, in einer veränderten Umgebung. Man kann dies als Tragik erleben, aber darin auch eine Chance sehen. Jeder dieser Neuanfänge ist mit Krisen verbunden. Krisen aber enthalten etwas Doppeltes, so wie auch das chinesische Schriftzeichen für Krise aus zwei Zeichen besteht: eins heißt Gefahr, das andere Chance. »Und jedem Anfang wohnt ein Zauber inne, der uns beschützt und der uns hilft zu leben«, sagt Hermann Hesse und fährt fort: »Es wird vielleicht auch noch die Todesstunde uns neuen Räumen jung entgegensenden. Des Lebens Ruf an uns wird niemals enden. Wohlan denn Herz, nimm Abschied und gesunde!« So kann aus der Kunst, das Leben zu meistern, auch die fast noch größere Kunst erwachsen, das Sterben zu meistern.

Jeder mag seinen eigenen Maßstabkatalog aufstellen, und jeder wird seine begründeten Ansichten haben und seine persönlichen Erfahrungen damit verbinden. Dies soll kein Fertigprogramm für alle Menschen und alle Fälle sein. Mit Recht sagt Goethe: »Wer fertig ist, dem ist nichts recht zu machen. Ein Werdender wird immer dankbar sein.«

In meinen Büchern ›Besser leben – mit weniger‹ und ›Mut zum Glück – richtig entscheiden lernen‹ habe ich nicht nur die Formen der Krisen beschrieben, sondern auch die destruktiven Krisenmeisterungsversuche geschildert: Regression, Aggression, Depression und Resignation. Wir fallen zurück in frühkindliche Formen der Erlebnisverarbeitung, suchen andere haftbar zu machen, verzweifeln oder verzagen. Dieses Instrumentarium ist verbreitet, und deshalb nehmen die Depressionen und Ängste, die Abstumpfungs-, aber auch die Brutalisierungsprozesse zu. Sie zeugen von tiefgehenden und nicht bewältigten Krisen in unzähligen Zeitgenossen. Soweit die genannten Erscheinungen die davon betroffenen Menschen nicht hilflos krank machen, so daß sie der therapeutischen Behandlung bedürfen, sind sie selbsttherapeutisch überwindbar, und ich habe dies in meinem Buch ›Selbsttherapie‹ an fünfunddreißig Beispielen konkretisiert. Der Depressive muß das Tal seiner Depressionen durchstehen, ehe er mitten in der Trauer neue Kraft schöpfen und sein Leben neu in die Hand nehmen kann. Der Angsterfüllte muß, statt wegzusehen, auf das, was er fürchtet, hinsehen und sich damit vertraut machen. Nur was wir akzeptieren, können wir ändern. Der mutlos Resignierende muß – wenn keine Inhalte mehr vorgegeben sind – sich neue Inhalte schaffen – wie hoch immer er den Horizont seines Engagements ziehen mag: vom Hobby bis zum Engagement für den Weltfrieden, von der Arbeitsloseninitiative bis zum Parlamentsmandat. Entscheidend ist, sich neue Ziele zu suchen und nicht eingekrümmt in sich um sich zu kreisen.

Von außen sind Lebenskrisen nur selten lösbar. Mitunter ändern sich die Konstellationen plötzlich so glücklich, daß die tiefste Krisenerfahrung erspart bleibt und es wie eine Überwindung aussieht: ein neuer Arbeitsplatz, eine Aufgabe im Familienkreis, etwa durch ein überraschend ins Leben getretenes Großkind oder ähnliches. Im Grunde aber müssen Krisen persönlich gemeistert werden. So richtig Appelle an die Verantwortlichen in der Politik und Gesellschaft, Regierung und Wirtschaft sind – das Problem der Arbeitslosigkeit, das der nicht berufstätigen Mütter, der frühzeitigen Pensionierung, des Kräfteschwundes durch Alter und Krankheit, des Scheiterns von Partnerschaften läßt sich dadurch nicht generell aus der Welt schaffen. Jeder hat sein eigenes Päckchen nicht nur zu tragen, sondern sorgfältig aufzuknüpfen und zu verarbeiten. Dazu kann er es nicht an die Gesellschaft abschieben. Zumindest den nicht abschiebbaren Rest muß jeder akzeptieren und auf seine Weise zu meistern und zu überwinden versuchen.

Und so könnte er vielleicht sofort mit der Krisenmeisterung beginnen:

Selbsthilfe-Checkliste

Ich mache mir bewußt:
- Krisen sind etwas Menschliches.
- Auch die glücklichste Entwicklung wird Höhen und Tiefen haben.
- Jede Lebensphase hat natürliche Stärken und Schwächen.
- Eine Krise besteht in der Stagnation seiner Persönlichkeitsentwicklung, entweder sich selbst oder die Lage zu verändern.
- Jede Krise enthält die Chance zum Neubeginn. Mögliche Chancen sollten bewußt gemacht werden, um aus ihnen neue Lebenshoffnung zu schöpfen.
- Die Vergangenheit kann verabschiedet werden, um sich für Gegenwart und Zukunft zu öffnen.
- Verlorenem wird nicht nachgetrauert, sondern der Verlust angenommen, um frei zu werden für Neues.
- Verluste werden – auch ungerechterweise erlittene – akzeptiert, um sich über Verbliebenes zu freuen. (Schriftlich könnte z. B. festgehalten werden: Welche Freunde geblieben, welche Glieder gesund sind, welche Existenzweise möglich ist, welche Fähigkeiten vorhanden sind usw.)
- Auch andere Menschen mußten und haben Krisen erfolgreich gemeistert, mußten ebenfalls ihre Lebensverhältnisse gegebenenfalls einschränken oder ihre Erwartungen vom Leben sowie ihre Wünsche ändern.

Ich nehme mir vor:
- Ich bin bereit, mich selbst zu ändern!
- Ich nenne mir einen Termin, an dem ich meine Situation maßgeblich verbessert haben möchte, vielleicht bereits ohne Fremdhilfe auskomme!
- Ich beginne sofort mit der Änderung und ergreife alle nur denkbaren Möglichkeiten, um mein Ziel, gestärkt aus der Krise hervorzugehen, zu erreichen!

Nachwort:
›Ehen vor Gericht‹ beginnen neu

Die Überschrift unseres letzten Abschnittes ist absichtlich doppeldeutig: Einmal haben wir Ehen in der Krise bis vor die Schranken des Gerichts begleitet, sie aber gleichzeitig daran vorbeizuleiten versucht. Zwar ist eine gute Scheidung immer noch besser als eine schlechte Ehe, aber welche Scheidung garantiert schon, daß sie gut wird, wenn man sie beantragt? Sicher ist es erstrebenswert, sie zu vermeiden, so lange und so gut es geht. Aber nur mit dem Vermeiden ist es nicht getan, wenn es nicht zu einer Verbesserung führt.

Dem dient die Eheberatung, aber auch die Informationshilfe, die das Fernsehen in seiner Serie ›Ehen vor Gericht‹ seit 1971 bietet und − nach fünfjähriger Unterbrechung − jetzt weiterführt. Zwar sind die gezeigten Fälle − entgegen einer verbreiteten Meinung − keine wirklichen, aus dem Leben gegriffenen Paarsituationen. Sie sind vielmehr nach Gerichtsakten ausgedacht und in den Grundzügen konzipiert. Mehr als kurze Personenbeschreibungen und einen allgemeinen Handlungsrahmen gibt es nicht: Alle Darsteller haben improvisiert. Auch Richter und Anwälte, aber auch Moderatorin und psychologischer Kommentator konnten ihre Positionen stets in freier Rede entwickeln. Das gibt dieser beliebten Sendung ihre Lebendigkeit und Ursprünglichkeit.

Darauf beruht wohl auch das Vorurteil, es handle sich um realistische Fälle und um eine Live-Sendung. Auch das Letztere trifft nicht zu: Es wird meistens ein halbes Jahr vor der Sendung gedreht. Der Stoff, der auf Grund der improvisierten Darstellung zustande kommt, umfaßt ein Vielfaches der Sendezeit − gelegentlich bis zu sieben Stunden, die dann auf 90 Minuten zusammengeschnitten werden müssen. Insgesamt dauert die Produktion einer solchen Sendung vier bis fünf Wochen; allerdings konnten meistens zwei Fälle in der gleichen Studiozeit hintereinander gedreht werden.

Der Psychologe wird jeweils erst eingeschaltet, wenn das Material ›im Kasten‹ ist, die Gespräche bei den Anwälten und die Verhandlungen vor Gericht also schon abgedreht sind. Regisseur, Moderatorin und Kommentator entscheiden dann gemeinsam, an welchen Stellen die psychologische Vertiefung eingebaut, die rückblickende Deutung nachgereicht, die Prognose oder Beratung vorgesehen wird.

Dies geschieht auch im Blick auf den Zuschauer, der ja nicht nur durchs Schlüsselloch einer spannungsvollen Konfliktentwicklung beiwohnt, sondern anwendbare und praktikable Konsequenzen und Ratschläge aus dem Gesehenen ziehen können soll. Dies muß jeweils in wenigen Minuten geschehen, da ein Fernsehzuschauer natürlich lieber Auseinandersetzungen, Handlungen und Dialoge miterlebt, als sich Kommentare und Deutungen anzuhören. Auf den immer wieder erneuten Wunsch des psychologischen Kommentators nach etwas mehr Zeit, die es erlaubt, mehr in die Tiefe zu gehen, umfassendere Deutungen zu entwickeln und hilfreichere Beratung anzubieten, pflegte der Regisseur Ruprecht Essberger stets zu antworten: »Seien Sie froh, wenn die Leute sagen: ›Den hätte ich noch länger anhören können; wann kommt er wieder auf den Bildschirm?‹, als wenn sie ungeduldig werden und sagen: ›Wann geht dieses Gesicht endlich von der Mattscheibe!‹« Wahrscheinlich hat er damit recht.

In vierzehn Jahren fast siebzig Sendungen: dies verrät, daß ein Nerv beim Zuschauer getroffen wurde. Neugier auf fremdes Schicksal, Schlüssellochperspektive ist nur eine ungenügende Erklärung. Die andere weist auf den Zuschauer selbst und seine verborgenen und − nicht zuletzt durch die Sendereihe − immer wieder an den Tag gelegten Probleme. Alltagskonflikte von Menschen wie du und ich werden gezeigt, und wer sie noch nicht hat, fühlt erschreckt, daß sie auch ihn jederzeit ereilen könnten.

Das kleine Ehetheater oder die große Partnertragödie − nach außen herrscht der Streit um Recht und Unrecht, Macht und Geld, herrscht die juristische Auseinandersetzung vor. Doch dahinter stehen die tieferen seelischen Konflikte. Aggression wird als Liebeswerbung mit mißglückten Mitteln erkennbar, Überdruß am Partner als Ausdruck der eigenen Lebenskrise, Machtkampf als enttäuschte Zuwendung. Den Zuschauer auf diese zunächst verborgenen Zusammenhänge hinzuweisen, ist die Aufgabe des psychologischen Kommentators, die ich in nahezu jeder Sendung zu erfüllen hatte. Sie hat mir zugesagt, und ich habe – vor allem anfangs – nur darunter gelitten, unter der strengen Zuchtrute eines vorzüglichen Regisseurs gegen die Stoppuhr sprechen zu müssen: eine Minute, höchstens anderthalb pro Beitrag. Ich habe gelernt, wie vieles man in kurzer Zeit sagen kann, wenn man muß, und daß der Zuschauer eine Minute als Vortrag erleben kann, für den der Redner im Vortragssaal eine Stunde zur Verfügung hat. Wir haben um Sekunden und Sätze gerungen, und oft blieb sicher das psychologische Filigran auf der Strecke. Wichtiger aber waren – und letzten Endes wohl auch überzeugender – die wesentlichen psychologischen Zusammenhänge, die hier in Holzschnittmanier herausgearbeitet und dadurch markanter wurden. Ich habe viel in dieser Arbeit gelernt.

Im übrigen hat sie mir eine Vielzahl von Zuschriften und Begegnungen und ein für mich kaum faßliches Maß an Vertrauen eingebracht – neben Interviewwünschen, Telefonanrufen zu allen Tages- und Nachtzeiten und – ich leugne es nicht – Belastungen auch der eigenen Ehe, die mit den Problemfällen vibrierte und bis an die Grenze des Erträglichen gespannt war. Man kann in einer solchen Arbeit nicht nur außerhalb stehen, man wird hineingezogen, lebt mit, gibt Herzblut, wenn man ein Mensch und nicht nur eine papierene oder elektronische Existenz ist.

›Ehen vor Gericht‹ – sie haben mittlerweile mein Leben bestimmt, ich bin ohne diese Prägung nicht mehr zu denken (wie auch bei jeder Vorstellung einfließt: »...bekannt aus ›Ehen vor Gericht‹«); und umgekehrt, so hoffe ich manchmal, die Sendereihe auch nicht mehr ohne mich. In diesem Sinne wünsche ich ihr noch weitere Möglichkeiten zur Klärung der oft so verworrenen Eheprobleme.

So mag auch die neue – zunächst ohne absehbares Ende – Produktionsphase der Serie ›Ehen vor Gericht‹ das gleiche unverminderte Interesse der Zuschauer finden, sich ähnlich lange im Programm halten, das ja immer von diesem Interesse getragen werden muß, und vor allem zur besseren Information über das Eherecht und zum besseren Bestand der Ehe beitragen. Die gelegentlich geäußerte gegenteilige Vermutung, daß man aus ihr zu viel über die Tricks der Scheidungen lernen könne und daß dadurch Scheidungen gefördert würden, hat sich in keiner Weise als haltbar erwiesen. Die Jahre ohne ›Ehen vor Gericht‹ waren mindestens genau so scheidungsintensiv wie die vorangegangenen. Mögen die folgenden eher zu einem Rückgang der explosiv gestiegenen Scheidungsziffern führen!

Wenn dieses Buch mit seinen Argumenten dazu beitragen kann — um so besser. Soweit der Autor es kann, will er es ebenfalls tun. Da immer wieder beim Fernsehen oder beim Verlag nach seiner Anschrift gefragt wird, von Paaren und Einzelpersonen, die psychologischen Rat oder therapeutisches Geleit suchen, sei zum Abschluß seine Anschrift genannt:

Dr. Ulrich Beer
Diplom-Psychologe und Diplom-Graphologe
Steinbruchstraße 26
D-7821 Eisenbach 3
Telefon (07657) 1703

Anhang

Adressen

Wer in einer Ehe- oder Partnerschaftskrise steckt, wird oft die Hilfe von Fachleuten nicht entbehren können. Die Bundesrepublik ist mit einem Netz von Beratungsstellen und privaten Beratungspraxen durchzogen, über deren Anschrift das Branchenverzeichnis des Telefonbuches an jedem Punkt des Landes Auskunft gibt. Hier seien nur die wichtigsten Zentraladressen jener Institutionen und Verbände genannt, die auch für den Bereich der Ehe-, Partnerschafts- und Familienberatung zuständig sind. Von ihnen lassen sich eventuell weitere Auskünfte einholen und Adressen ermitteln:

Freie Wohlfahrtspflege, kirchliche und andere Verbände

Bundesarbeitsgemeinschaft der Freien Wohlfahrtspflege e. V., Franz-Lohse-Str. 17, 5300 Bonn 1.
Arbeiterwohlfahrt Bundesverband e. V., Oppelner Str. 130, 5300 Bonn 1.
Diakonisches Werk der Evangelischen Kirche in Deutschland, Stafflenbergstr. 76, 7000 Stuttgart 1.
Deutscher Caritasverband e. V., Karlstr. 40, 7800 Freiburg i. Br.
Deutscher Paritätischer Wohlfahrtsverband, Heinrich-Hoffmann-Str. 3, 6000 Frankfurt a. M.
Deutsches Rotes Kreuz e. V., Friedrich-Ebert-Allee 71, 5300 Bonn.
Arbeiter-Samariter-Bund Deutschland e. V., Sülzbergstr. 140, 5000 Köln 41.
Bundesarbeitsgemeinschaft der überörtlichen Träger der Sozialhilfe, Warendorferstr. 26, 4400 Münster (Westf.).
Deutscher Verein für öffentliche und private Fürsorge, Am Stockborn 1 – 3, 6000 Frankfurt a. M.
Sozialdienst katholischer Frauen – Gesamtverein, Agnes-Neuhaus-Str. 5, 4600 Dortmund 1.
Verband Deutscher Wohltätigkeitsstiftungen e. V., Fuggerei 56, 8900 Augsburg.

Familien- und Frauenorganisationen

Evangelische Aktionsgemeinschaft für Familienfragen, Meckenheimer Allee 162, 5300 Bonn 1.

Familienverbund der deutschen Katholiken, Adenauerallee 134, 5300 Bonn 1.
Deutscher Familienverband, Poppelsdorfer Allee 86, 5300 Bonn 1.
Bund der Familienverbände e. V., 6437 Kirchheim-Heddersdorf.
Deutscher Frauenrat – Bundesvereinigung deutscher Frauenverbände und Frauengruppen gemischter Verbände, Südstr. 125, 5300 Bonn 2.
Deutscher Frauenring e. V., Wall 42, 2300 Kiel.
Deutscher Hausfrauenbund, Adenauerallee 193, 5300 Bonn 1.
Elly-Heuss-Knapp-Stiftung, Deutsches Mütter-Genesungswerk, Hauptstraße 22/24, 8504 Stein.

Literatur

Das Schrifttum über Fragen von Liebe, Ehe, Partnerschaft ist in den letzten Jahren ins Unübersehbare angewachsen. Eine vollständige Literaturliste würde ein eigenes kleines Buch ergeben. Bücher können zwar Probleme nicht lösen, aber sie haben sich doch häufig genug als handfeste Lösungshilfe und vor allem als wertvoll zur Durchleutung und Klärung von Problemen erwiesen. Auch kann nicht ein Buch alle Fragen beantworten. So ist die Einordnung in einen großen Kreis von Autoren und Titeln, die sich auf gleiche und ähnliche Themen richten, durchaus sinnvoll.

Arndt, Bettina: ›Am Ende der Liebe steht die Liebe.‹ München und Bern 1988.
Bach, Georg R. / Ronald M. Deutsch: ›Pairing. Intimität und Offenheit in der Partnerschaft.‹ Reinbek 1979.
Beer, Ulrich: ›Das Partnerbuch. Hilfen für Krisen und Konflikte.‹ 2. Aufl. Düsseldorf 1988.
– : ›Ehekriegsspiele.‹ München 1988.
– : ›Alter schützt vor Liebe nicht. Glückliche Partnerschaft in der zweiten Lebenshälfte.‹ Freiburg i. Br. 1988.
Berne, Eric: ›Spielarten und Spielregeln in der Liebe. Psychologische Analyse der Partnerbeziehung.‹ Reinbek 1974.
Branden, Nathaniel: ›Liebe für ein ganzes Leben. Psychologie der Zärtlichkeit.‹ Reinbek 1985.
Brauer, Joachim / Heinz J.P. Mehl / Karl H. Wrage: ›Frau und Mann. Partnerschaft, Sexualität, Empfängnisregelung.‹ Gütersloh 1976.
Dreikurs, Rudolf: ›Die Ehe, eine Herausforderung.‹ Stuttgart 1982.
Dzierma, Hans M.: ›Verheiratet und trotzdem frei. Rechtsratgeber.‹ Reinbek 1984.
Ell, Ernst: ›Warum sich gleich scheiden lassen? Konzepte für eine neue Ehe.‹ Tübingen 1975.

Eskapa, Shirley: ›Eine Andere. Ehefrau contra Geliebte.‹ München 1987.
Eysenck, Hans J.: ›Das Partnerbuch. Anleitung zum Glücklichsein. Ratgeber.‹ München 1985.
Fischalek, Fritz: ›Faires Streiten in der Ehe. Partnerkonflikte besser lösen.‹ Freiburg i. Br. 1986.
Forward, Susan/Joan Torres: ›Liebe als Leid. Warum Männer ihre Frauen hassen und Frauen gerade diese Männer lieben.‹ Gütersloh 1988.
Frisch, Helga: ›Ehe. Eine Pastorin plädiert für neue Formen der Partnerschaft.‹ Frankfurt a. M. 1987.
Frisé, Maria: ›Auskünfte über das Leben zu zweit.‹ Frankfurt a. M. 1986.
Gambaroff, Marina: ›Utopie der Treue.‹ Reinbek 1984.
Greenwald, Dorothy und Bob: ›Manchmal kann ich dich nicht ausstehen. Wie man trotzdem eine gute Ehe führt.‹ München 1984.
Hauck, Paul: ›Glück im Ehealltag. Konflikte erkennen und lösen.‹ Düsseldorf 1987.
Heigl-Evers, Anneliese/Franz Heigl: ›Geben und Nehmen in der Ehe. Eine tiefenpsychologische Studie.‹ Frankfurt a. M. 1975.
– : ›Gelten und Geltenlassen in der Ehe. Eine tiefenpsychologische Studie.‹ Frankfurt a. M. 1985.
Hemling, Heinz: ›Partnerwahl, Partnerschaft. Psychologische Erkenntnisse, die das Zusammenleben in Freundschaft und Ehe erleichtern.‹ Frankfurt a. M. 1977.
Kloehn, Ekkehard: ›Die neue Familie. Zeitgemäße Formen menschlichen Zusammenlebens.‹ München 1987.
Leigh, Wendy: ›Ich geh' fremd, gehst Du mit? Untreue in der Partnerschaft.‹ München 1986.
Mandel, Karl: ›Frieden in der Ehe.‹ Düsseldorf 1984.
Mandel, Anita/Karl Herbert Mandel/Enrst Stadten/Dirk Zimmer: ›Einübung in Partnerschaft.‹ München 1975.
– : ›Einübung der Liebesfähigkeit.‹ München 1975.
Maslin, Bonnie/Yehuda Nir: ›Die Kunst der Ehe.‹ Freiburg i. Br. 1988.
Merz, Hannelore: ›Einmaleins der Partnerschaft. Wie man miteinander glücklich wird.‹ Freiburg i. Br. 1986.
Metral, Marie-Odile: ›Die Ehe. Analyse einer Institution‹. Frankfurt a. M. 1981.
Meves, Christa: ›Ehe-Alphabet.‹ Freiburg i. Br. 1986.
Mitterauer, Michael/Reinhard Sieder: ›Vom Patriarchat zur Partnerschaft. Zum Strukturwandel der Familie.‹ München 1984.
O'Neill, Nena und George: ›Die offene Ehe. Konzept für einen neuen Typus der Monogamie.‹ Reinbek 1975.
Partner, Peter: ›Das endgültige Ehebuch für Anfänger und Fortgeschrittene.‹ München 1987.
Peseschkian, Nossrath: ›Psychotherapie des Alltagslebens. Training, Partnerschaftsbeziehung und Selbsthilfe.‹ Frankfurt a. M. 1985.

Richter, Horst Eberhard: ›Patient Familie. Entstehung, Struktur und Therapie von Konflikten in Ehe und Familie.‹ Reinbek 1972.

Rogers, Carl R.: ›Partnerschule. Zusammenleben will gelernt sein. Offenes Gespräch mit Paaren und Ehepaaren.‹ Frankfurt a. M. 1982.

Rogoll, Rüdiger: ›Lieben und lassen. Herz und Verstand in der Partnerschaft.‹ Freiburg i. Br. 1988.

Ruthe, Reinhold: ›Glück in der Ehe. Zusammenleben will gelernt sein.‹ Freiburg i. Br. 1987.

Scarf, Maggie: ›Autonomie und Nähe. Grundkonflikte der Partnerschaft.‹ München 1988.

Sellner, Judith und James: ›Zusammenleben will gelernt sein. Ein Ehe-Überlebenstraining.‹ Interlaken 1987.

Sommerauer, Adolf: ›Damit Liebe gelingt. Mein Rat in Ehefragen.‹ Freiburg i. Br. 1988.

Stein, Florian: ›Vergebliche Liebesmüh. Oder die Kunst, zu zweit und trotzdem glücklich zu leben.‹ München 1986.

Siwhart, Judson: ›Wie sage ich, ich liebe Dich? Hilfen für das Gespräch mit dem Partner.‹ Wuppertal 1979.

Toman, Walter: ›Familienkonstellationen. Ihr Einfluß auf den Menschen.‹ München 1987.

Wahlroos, Sven: ›Familienglück kann jeder lernen.‹ Frankfurt a. M. 1980.

Watzlawick, Paul: ›Vom Schlechten des Guten. Oder Hekates Lösungen.‹ München 1986.

Willi, Jürg: ›Die Zweierbeziehung. Spannungsursachen, Störungsmuster, Klärungsprozesse, Lösungsmodelle.‹ Reinbek 1975.

— : ›Therapie der Zweierbeziehung.‹ Reinbek 1978.

— : ›Ko-evolution. Die Kunst gemeinsamen Wachsens.‹ Reinbek 1985.

Wolf, Werner: ›Alltagsbelastung und Partnerschaft. Eine empirische Untersuchung über Bewältigungsverhalten.‹ Freiburg/Schweiz 1987.